普通高等学校“互联网+”立体化教材

大学生运动与健康教程

（微课版）

《大学生运动与健康教程》编委会　编

邱　敏　杜秀磊　李爱霞　主编

北京体育大学出版社

策划编辑：王 健
责任编辑：魏国旺
责任校对：张如甲
版式设计：李宇霞

图书在版编目（CIP）数据

大学生运动与健康教程 /《大学生运动与健康教程》编委会编 . — 北京：北京体育大学出版社，2017.8（2020.6 重印）
ISBN 978-7-5644-2705-4

Ⅰ . ①大… Ⅱ . ①大… Ⅲ . ①体育—高等学校—教材②健康教育—高等学校—教材 Ⅳ . ① G807.4 ② G647.9

中国版本图书馆 CIP 数据核字（2017）第 200481 号

大学生运动与健康教程　　**《大学生运动与健康教程》编委会　编**

出版发行：北京体育大学出版社
地　　址：北京市海淀区农大南路 1 号院 2 号楼 4 层办公 B-421
邮　　编：100084
网　　址：http://cbs.bsu.edu.cn
发 行 部：010-62989320
邮 购 部：北京体育大学出版社读者服务部 010-62989432
印　　刷：三河市聚河金源印刷有限公司
开　　本：787mm × 1092mm　1/16
成品尺寸：185mm × 260mm
印　　张：20.5
字　　数：461 千字
版　　次：2017 年 8 月第 1 版
印　　次：2020 年 6 月第 4 次印刷
定　　价：38.00 元

《大学生运动与健康教程》
编委会

主　编　邱　敏　杜秀磊　李爱霞

副主编　林先乐　梁超杰　陈　灿　封　雷

编　委　陈冬冬　刘佳颖　王彦旎　陈　强

杨军红　陈思君　刘倩倩　周　杨

刘家俊　张大为

前　言

体育课是大学生的必修课，是大学课程体系中的重要组成部分，在大学生成长和成才过程中起着举足轻重的作用。随着我国大学体育教育改革的不断深化，广大体育工作者对大学体育教育进行了跨学科、多层次、多角度的探讨和研究，涌现出很多新的体育教学思想、体育教学理念和体育教学方法。

《高等学校体育工作基本标准》(教体艺〔2014〕4 号)明确提出：落实立德树人根本任务，加强高等学校体育工作，切实提高高校学生体质健康水平，促进学生成为德智体美劳全面发展的新时代接班人。《大学生运动与健康教程》(微课版)这本教材是我们根据《高等学校体育工作基本标准》的具体要求，结合大学生实际情况而编写的，为积极推进大学体育课程教学改革，使大学生掌握科学锻炼的体育知识，熟练掌握一至两项终身受益的体育锻炼项目，养成良好的终身锻炼习惯。

在编写过程中，我们认真学习和领会《中共中央国务院关于深化教育改革全面推进素质教育的决定》和《全国普通高等学校体育课程教学指导纲要》的文件精神，解放思想，大胆创新，本着“健康第一”的指导思想，使本教材内容更加贴近学生的实际情况，充分体现了因材施教的原则。本教材具有以下特色。

1. 理念新颖

本教材遵循“健康第一”“终身体育”的理念，在理论上，紧紧围绕体育与健康进行阐述；在实践上，在兼顾一些常见运动项目的同时，还重点介绍了休闲运动项目和民族传统体育项目，使学生在学习的过程中，能够选择一些自己感兴趣的运动项目，提高学生参加体育课程的积极性，从而促进学生身心健康的不断发展。

2. 内容精练

本教材围绕大学体育课程建设的目标，摒弃了一些陈旧、繁冗的内容，突出重点项目和优势项目，既能帮助学生掌握终身体育的运动技能，又能让学生了解一些新兴体育项目。

3. 科学性强

本教材以最新的体育教学研究成果为依据，理论阐述力求严谨、科学，实践技能讲解力求实用、合理，具有较强的科学性。

由于编者水平有限，教材中若有不妥之处，恳请广大读者给予批评与指正，以便我们对教材进行修订和完善。

目 录

体育健康常识篇

运动技能学练篇

休闲体育健身篇

民族传统体育篇

体育
健康常识篇

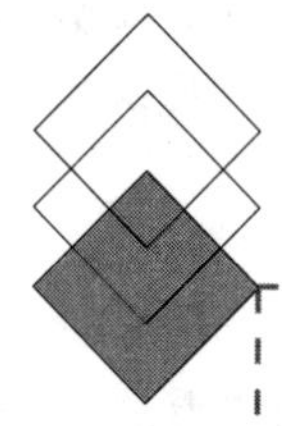

第一章 大学生健康的重要性

第一节 什么是健康

健康是人类最大的财富，其重要性人人皆知，然而对于什么是健康，真正说得清的人却为数不多。人们普遍认为，一个人只要不生病、不吃药、不打针就是健康的。随着社会的进步与发展，人们普遍对健康有了更加深刻和全面的认识。健康不仅是没有疾病或不虚弱，而且是身体上、精神上和社会适应方面的完美状态。健康包括身体健康、心理健康、社会适应良好和道德健康。

身体健康：指躯体结构和功能正常，具有生活自理能力。

心理健康：指个体能够正确认识自己，能及时调整自己的心态，使心理处于良好状态，以适应外界的变化。

社会适应良好：指能以积极的态度和行为去适应社会生活的各种变化。

道德健康：指能够按照社会规范的准则和要求来支配行为，能为人类的幸福做贡献。

由此可见，真正意义上的健康应该是确保高质量生活的一种最佳身心状态。

随着社会的进步，人们还在不断地给健康赋予新的内涵。健康是现代社会最重要的目标，现代健康的概念不仅仅是指个体的健康，而且还应包括所有人群乃至全社会的健康。

一、健康五要素

对于健康的认识，美国学者劳森还提出了“健康五要素”。他认为，个体应当在身体、精神、智力、情绪、社交五个方面都处于健康和完美状态，才称之为真正的健康。

身体健康

（一）身体健康

身体健康不仅指无疾病，还包括充足的体能。体能是一种满足生活需要并有足够的能量完成各种活动、任务的能力，具备这种能力可以预防疾病、增进健康、提高生活质量。

（二）精神健康

精神健康主要包括理解生活基本目的的能力及关心和尊重所有生命体的能力。

（三）智力健康

智力健康指在长期的学习和生活中，大脑能始终保持活跃状态。有许多方法可以使大脑活跃敏捷，如听课、与朋友讨论问题和阅读报刊、书籍等。努力学习和勤于思考还能使人有一种成就感和满足感。

（四）情绪健康

情绪涉及我们对自己的感受和对他人的感受。情绪健康的主要标志是情绪的稳定性。情绪的稳定性是指个体应对日常生活中人际关系和环境压力的能力。当然，生活中偶尔情绪高涨或情绪低落均属正常，关键是在生活的大部分时间里要保持情绪稳定。

（五）社交健康

社交健康指形成与保持和谐人际关系的能力。此能力可使人在交往中有自信感和安全感。与人友好相处，会使自己少生烦恼、心情舒畅。

健康的五个要素相互联系、相互影响。例如，身体不健康会导致情绪不健康；缺乏精神上的健康会引起身体和智力的不健康等。

二、HELP 哲学观与健康

如何保障人类的健康生活？HELP哲学观的提出为当今社会保障人类健康生活提供了理论基础。“HELP”是四个英文单词的首字母，理解HELP理论的内涵将有助于人们养成健康的生活习惯，并影响其终身。

“HELP”中的“H”代表健康，即Health。健康是生命的根本，要使人们认识到健康的重要性，认识到健康的生活习惯是机体健康的根本保证，只有从根本上理解和认识健康的含义，才能有效地付诸行动，并保持良好的生活习惯。良好的生活习惯将会有效地促进身心健康的发展，并使机体具有良好的状态。

“HELP”中的“E”代表每个人，即Everyone。具备追求健康的意识很重要，关键是要使每个人认识到健康的重要性，进而使每个人都能养成良好的生活习惯，并影响周围的人。这里强调每个人，最终目的是消除国民的健康差距，促进全民健康。

“HELP”中的“L”代表一生，即Lifetime。年轻时人们可能并没有意识到吸烟、酗酒、运动不足等不利于健康的行为对机体危害的严重性，等到疾病发生时，才意识到这种行为的后果。要使人们认识到不良健康行为具有累积性，从生命的早期就应开始重视健康行为，树立终身体育意识，这将使人受益终身。健康的生活习惯实施的时间越早、越长，机体的受益时间就越持久。长期的健康生活习惯甚至还能改变某些疾病的遗传易感性。

“HELP”中的“P”代表个人，即Personal。迄今为止，世界上还没有能包治百病的灵丹妙药；同样，促进身心健康、提高身体素质也没有单一的行为或运动处方。健康的生活习惯应基于个人需求，每个人都要根据个人的习惯，对个人行为做出调整。指导者要了解被指导者的具体情况，做到因人而异，并循序渐进。

三、亚健康

（一）亚健康的概念

现代医学根据人的身体健康情况，把健康人称为“第一种人”，把患病者称为“第二种人”，把处于健康与疾病之间的人称为“第三种人”，又称“第三状态”或“亚健康状态”。亚健康状态是指机体虽无明确的疾病，却呈现出活力降低、功能减退的一种生理状态。它是一种暂时性的生理功能失调，常常会引起精神紧张综合征、疲劳综合征、疼痛综合征等。亚健康状态的主要表现：疲乏无力、焦虑不安、易激怒、情绪不稳定、适应能力差、失眠、胃口不佳、懒散、注意力不集中、理解判断能力差、社交障碍等。

（二）亚健康状态的调控（图1-1-1）

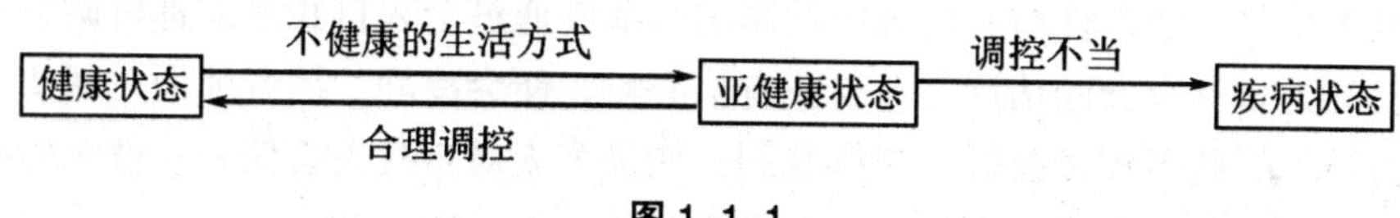

图1-1-1

（1）改变不良生活习惯，如戒烟、限酒，从而避免来自外界的不良刺激。

（2）保持体内生物钟的稳定，做到劳逸结合、作息规律，防止加重身心疲惫。

（3）适度增加体力活动的强度和体育锻炼的时间，给躯体加大些“负荷”，不仅可以增强心肺功能，还能使人产生愉悦感。

（4）加强营养，定时进餐，尤其要重视早餐，注意提高早餐的质量。

（5）通过旅游活动，如春踏青、夏赏花、秋登山、冬赏雪等，经受大自然的洗礼，增强体质，陶冶情操。

（6）通过自我心理调适，逐渐提高对外来刺激的承受能力，增强心理抗病力，以心理健康带动躯体健康。

（7）广交朋友，尽量将自己置于朋友的快乐世界中，成为他们中的一员。据调查表明，有些处于亚健康状态的人就是被朋友的友谊之手拉回到健康者行列的。

（8）症状较重，不能自我调控时，请及时就医，必要时进行一些对症治疗。

第二节　影响大学生健康的因素

一、影响大学生健康的主观因素

主观因素是影响大学生健康的内在因素，主要包括大学生的认知态度、自我意识、性格特点、自控自理能力等。这些因素的不同会使人对同一事物采取不同的态度，从而对心理健康产生不同的影响。

（一）认知态度

人的心理健康受情绪的影响，而情绪受人的认知态度支配。不同的学生，由于所受的学校教育及生活经历不同，形成了不同的认知态度与价值观，产生了不同的情感体验，从而对心理健康产生不同的影响。例如，经过高考录取入校的学生，对所录取的系与专业不满意是比较常见的事。有些学生经过一段时间的学习，逐步转变了认知观念，对所学专业适应了；但有的学生因现在的专业和其原来理想的专业与抱负存在较大差异，感到痛苦万分。

（二）自我意识

外界事物和生活事件对心理健康的影响，都要通过个人自我意识进行调节。当人们对自己的力量有充分的估计，对自我有信心时，便会冷静、沉着地面对现实，凭借自己的力量去战胜困难和挫折，夺取胜利；如果个人对自我失去信心，就无力面对现实的挑战。许多事实表明，有些学生无力应对学习上的困难和生活上的打击，并非由于智力或能力低下，而是由于自卑或对自我丧失信心。

（三）性格特点

性格特点对应对生活事件的发生有着重要作用。有研究发现，处事稳重、自制力强的人，不善于应对突发事件；而攻击性强、容易激动的人，往往能机智灵活地应对突发事件，并保持心理的平衡。

（四）自控自理能力

由于大学生活较为自由，学生的自控自理能力决定了学生的学习习惯和生活习惯。大学生要有足够的自控能力去抵制吸烟、赌博等不良行为，有足够的自理能力处理好休息、学习、娱乐、健身之间的关系，做到劳逸结合、适当运动、节制上网、按时作息。

二、影响大学生健康的客观因素

客观因素是影响大学生健康的外部环境因素。不同于小学、中学的封闭环境和简单的人际交往，大学生处在一个与现实社会相联系和相互作用的环境之中，环境的变化必然带来个人生理和心理的变化。

（一）社会因素

市场经济大潮冲击着每个人的头脑，许多人的行为方式和思维方式发生了变化。时代的变迁把各种复杂的矛盾呈现在人们面前，如生活与职业选择之间的矛盾、理想与现实之间的矛盾、竞争意识与平均分配之间的矛盾、自强意识与攀附关系之间的矛盾、合理需要与现实条件之间的矛盾等。由于大学生缺乏社会生活的磨炼，心理承受能力差，面对这么多的问题，不知所措，这时就极易产生严重的心理失衡现象，甚至导致心理疾患。影响心理健康，造成心理健康障碍的社会因素比较复杂，主要有早期教育与家庭环境、生活事件与环境变迁、心理冲突与不良人格等。

（二）学校因素

如今有少部分学校忽视对学生进行必要的人生观、价值观教育和良好的行为训练，导致一些学生既不能对自己的行为做出客观评价，又不能对复杂的社会现象做出恰当的反应。许多学生为在激烈的高考竞争中取胜而闭门苦读，家长的过度溺爱、学校的保护性教育和自身生活阅历的缺乏，使这些“天之骄子”的心理异常脆弱，心理承受能力不堪一击。特别是近年来，随着生活水平的提高，一些独生子女在家过着衣来伸手、饭来张口的生活，其养尊处优、唯我独尊的性格，与高校生活独立自主、公平竞争、优胜劣汰的环境要求形成了强烈的反差。现实与理想的差距使他们深深地感到失落，内心极为焦虑不安。有的学生消极地把自己封闭起来，在陌生的环境中形单影只、自暴自弃，更有的学生因在竞争中失败而悲观失望。

（三）人际交往因素

人际交往包括与老师和同学的关系、与朋友和伙伴的相处方式、恋爱问题等。由于大学提倡自由和自理，所以大学中的人际关系比中学要复杂和多变。正确处理好与他人的关系，将自己融入学校自由、活泼、积极、向上的氛围中，不将自己孤立于集体之外，这是保证身心健康的重要因素。

恋爱问题是大学中人际交往的一个重要部分，不少大学生都将恋爱称为大学的“必修课程”。由于许多大学生尚未建立起对情感的理性认识，没有处理感性问题的经验，遇到挫折又不能及时地调整自己的心态，因此，恋爱问题成为影响大学生心理健康的重要问题。

第三节　树立“健康第一”思想

一、健康的概念

联合国世界卫生组织（WHO）对健康下的定义是：“健康不但没有身体疾患，而且有完整的生理、心理状态和社会适应能力良好。”我国著名医学家傅连章认为，健康的含义应包括如下的因素：① 身体各部位发育正常，功能健康，没有疾病；②体质坚强，对疾病有高度的抵抗力，并能吃苦耐劳，担负各种艰巨繁重的任务，经受各种自然环境的考验；③ 精力充沛，能经常保持清醒的头脑，精神贯注，思想集中，对工作、学习都能保持有较高的效率；④ 意志坚定，情绪正常，精神愉快。人生活在世上有许多财富，健康应该是第一财富。因为失去了这种财富，其他所有的财富都没有依存的基础。居里夫人说过：“科学的基础是健康的身体。”一个忽视健康的人，就等于与自己的生命开玩笑。当今，我们生活在一个竞争激烈的时代，这个时代给奋斗者提供了广阔的天地。不少人在拼搏，但是有的人从健康“银行”里“预支”过多，以致疾病缠身，甚至搭上性命。但是真正的聪明人，懂得如何加强自我保健，用心照料自己的身体，让自己有一个健康的身心，然后在这座“青山”上栽种“财富”的幼苗，播下“事业”的种子，再尽心尽力地耕耘、浇灌，最后收获成功的人生。

二、健康教育的概念

健康教育是指：通过有计划、有组织、有系统的社会活动和教育活动，促使人们自觉地采纳有益于健康的行为和生活方式，消除或减轻影响健康的危险因素，预防疾病、促进健康和提高生活质量。健康教育在过去被认为是普及卫生知识，所以称之为卫生教育或卫生宣传。近年来，随着医学模式的转变，健康概念的扩展，人对健康教育的认识也在不断地深化。健康教育强调行为的改变，而卫生宣传通常是指卫生知识的传播。健康教育的核心是教育人们树立健康意识、养成良好的行为习惯和生活方式，以降低或消除影响健康的危险因素。健康教育应该提供改变行为所必需的知识、技能与服务，并且促使人们合理地利用这些服务。健康教育中，必须首先着眼于学校，关注青少年的身心健康、健康意识和行为方式的改变，还必须着眼于家庭、社区和政府部门，以期获得有效的支持，促使个体、群体和全社会的行为改变。

三、正确理解“健康第一”的指导思想

“健康第一”是针对健康与教育和学习的关系而言的。健康或健壮的身体是一切教育的基础，体育应优先于智育，毛泽东同志在《体育之研究》中写到，“体强 壮而后学问道，德之进修勇而收效远”，可见健康与教育和学习的关系是第一和第二的关系。这种关系并不是说教育和学习不如健康重要，只是说明教育和学习应在健康的基

础上进行；失去健康的教育和学习又有什么意义和价值呢？

“健康第一”的指导思想是面向整个学校教育提出的，是指学校各项教育、教学工作都要以学生的健康为出发点和落脚点，也就是说德育、智育、体育、美育都应该把保证和促进学生健康放在教学工作的首位，都对学生的健康负有责任。

“健康第一”的指导思想强调了体育和健康教育结合的内容论和方法论，使“健康第一”的思想与体育科学的建设有了紧密的连接点，也使健康维护和增进的效益延伸到了终身体育的空间；使学校教学与学校工作，运动学习与身体锻炼都有了紧密结合的基础，特别是将培养学生意志和社会性列入了健康的范畴，更使体育为素质教育服务的特殊作用得以明确，使“教学内容的教材化”有了新方向。

四、高校体育教育应树立“健康第一”的指导思想

《中共中央国务院关于深化教育改革全面推进素质教育的决定》中明确指出：“健康体魄是青少年为祖国和人民服务的基本前提，是中华民族旺盛生命力的体现。学校教育要树立健康第一的指导思想，切实加强体育卫生工作，使学生掌握基本的运动技能，养成坚持锻炼的习惯。”我国第六次全国教育工作会议上也提出了“健康第一”的思想，要求学校各学科、各项工作都要贯彻“健康第一”的思想。

高校作为培养高素质人才的基地，体育教育应该全面贯彻“健康第一”的指导思想，把健康教育和素质教育与体育教育有机地融为一体，完成为国家现代化建设培养合格的建设者和接班人的历史重任。有句谚语说得好：“有两种东西丧失之后才发现它们的真正价值——青春和健康。”的确，青春充满活力，健康带来生机。不过，即使处于青春年华，如果失去健康也会花落叶枯，过早凋零；假若青春已逝，只要身心健康，也会“竹叶青青不肯黄，枝条楚楚耐寒霜”，永葆青春。虽说健康是生命的基础，是成才的基石，大家都应该十分重视它，但是，什么是健康，怎样获得和保持健康，并不是每个人都懂得的。不少人都是在一旦失去健康之后，才从切肤之痛中有所领悟。人类已经跨入知识经济的新时代，在充满竞争与挑战的新世纪里，拥有大批的高素质的人才是一个国家可持续发展的优势。健康的体质是思想道德素质和科学文化素质的物质基础，是高素质人才的物质基础。“以人为本、健康第一”是新世纪合格人才和提高人类生活的新理念。

许多社会学者的研究表明，随着社会的发展进步，人类正沿着文化—科学—经济—健康—长寿这个文化历史的轴心，螺旋式地向前发展。人类对健康的认识过程也是由靠老天、靠医生、靠自己而转变，医学由过去的“疾病学”正向“健康学”的方向发展。人才学对人才的评价标准，也明确地提出把健康放在首位的观点。早在 20 世纪 70 年代末期，联合国教科文组织就提出新时代人才的三项基本标准，即“健康的体魄、高尚的道德品质和丰富的科学文化知识”。21 世纪的国际竞争，就是高素质的国民和专门人才的竞争。没有高素质的国民和专门人才，就很难占领激烈竞争的制高点。

因此，高校体育教学的改革，首先，必须明确以“全面促进学生身心发展”为目标的“健康第一”的指导思想。“健康第一”是衡量学校体育教学得失成败的惟一标

准，也是推动学校体育教学全面发展的根本动力，抓住了这个中心，也就抓住了学校体育教学的本质。其次，促进学生身心全面发展是体育教学的最高目标。针对体育学科的特点以及科学健身的基本原理，实现这个目标必须做到三个保证：① 保证全体学生获得运动健身的教育并进行有效的身体活动；② 保证学生健身活动开展的时间和相关的设施、器材等条件；③ 保证学生运动的持续性和规律性。如果我们把“健康第一”作为学校体育教学的一级目标的话，那么，“三个保证”则是将这一目标具体化的二级目标体系，它是从理论到实践、从目标到实施的重要环节。因此，高校体育教学改革要以“健康第一”为指导，按照“三个保证”的要求，从课程建设、教学模式、教学内容和手段以及教学管理等方面进行改革和创新，使高校体育突出“健康第一”的主题，以适应社会主义现代化建设的需要。

五、高等院校贯彻“健康第一”指导思想的几点具体措施

（1）全面实施《国家学生体质健康标准》，把健康素质作为评价学生全面发展的重要指标。加快建立符合素质教育要求的考试评价制度，发挥其对增强青少年体质的积极导向作用。

（2）广泛开展“全国亿万学生阳光体育运动”。鼓励大学生走向操场，走进大自然，走到阳光下，形成人人参与与体育锻炼的热潮。

（3）深入推进高等院校体育课程改革，创新教育理念。也就是说要打破以传统的运动项目划分内容的做法，从身体发展、运动参与、运动技能、心理健康、社会适应5个学习领域重新构建高校体育课程体系和标准。把培养学生的健康意识、终身锻炼意识、全民健身意识、与人交往合作意识作为重点，充分照顾到学生的兴趣爱好，满足学生要求，重视学生的主体地位，关注学生的个体差异，确保人人享受体育与健康的乐趣。

（4）举办多层次、多形式的学生体育运动会，积极开展丰富多彩的体育活动。要因地制宜地经常开展以班级为单位的学生体育活动和竞赛，做到人人有体育项目、班班有体育活动、校校有体育特色。进一步办好体育传统项目学校和高等学校高水平运动队，充分发挥其对大学生体育的示范带动作用。

（5）加大学校体育设施建设，加强与社会体育资源的整合与利用，为广大学生扩展更多更大的体育活动空间。

第四节 践行“终身体育”理念

终身体育思想主要来源于终身教育观念和注重个体的文化观念。终身教育的思想已成为很多国家实行教育改革的一个指导方针。体育是终身教育不可缺少的重要组成内容。终身体育着重解决的是学生在校期间的体育教育能否使其终身受益的问题。终身体育的核心在于使体育教育贯穿于人的一生，使学前体育、学校体育和社会体育等教育层次构成终身体育的教育全过程。因此，学校体育是终身体育的基础阶段。

一、高校体育在终身体育中的重要作用

高校是培养人才的基地，体育教育是培养人才的基础。合格的人才除具有高尚的思想道德和渊博的专业知识外，还必须具有健康的体魄。人才是知识的载体，而人才需要健康作为物质基础。体育可以有效地改善和提高人体的健康状况，保持身体健康必然要坚持不懈地、经常性地进行体育锻炼。但终身体育行为的形成还需要养成锻炼的习惯、了解相关的人体知识和掌握一定的健身方法，这些都是高校体育教育和教学的重要内容。可见，高校体育教育是学生终身体育习惯养成的一个最重要、最关键的阶段。

高校是学生接受教育的重要阵地，其教育内容对学生的影响深远。高校体育教育应当不失时机地加强学生主体意识的培养，利用锻炼身体的过程，提高其独立锻炼身体的能力，强化终身体育观念，使其掌握锻炼身体的知识与正确方法，使高校成为养成终身体育行为习惯的实际场所。在终身体育的长河中，高校体育特别是体育教学能为学生终身进行体育锻炼做好智能储备，并提高其身心素质。可见，高校体育教育在终身体育中具有重要意义。

二、终身体育教育的措施

（一）终身体育意识的培养

世界新技术革命的挑战和激烈的人才竞争，要求人才必须有强健的体魄和充沛的精力。要高校学生养成终身体育的意识，并从根本上认识到终身体育不仅是社会发展的需要，而且也是个人生存、享受和发展的需要。

（二）终身体育兴趣的培养

在高校学生中进行终身体育教育，首先要激发学生参与体育活动的热情，因而培养学生对体育的兴趣和爱好十分重要。另外，在强调提高兴趣的同时，还应注重学习创造性和学习主动性的培养，使学生积极主动地体验体育运动的乐趣，养成锻炼的习惯，自觉地坚持体育锻炼。

（三）终身体育习惯的培养

终身体育习惯是经过反复练习形成的、不需要意志努力和监督就能维持锻炼的自动化行为模式。如果人们经过体育实践之后，能形成终身体育锻炼的习惯，那么终极性的体育动机—终身体育动机也就形成了。高校体育应使学生及早养成终身体育锻炼的习惯，养成锻炼习惯是奠定学生终身体育基础的关键。

（四）终身体育能力的培养

终身体育教育应重视对学生能力的培养，在体育课中以传授知识技能为主，以掌握科学锻炼方法、知识为目标，重点加强对学生各种能力的开发，使学生今后在各种生活条件下自觉锻炼，真正实现终身体育的长久目标。

（五）加强高校体育与健康教育的结合，提高终身体育的质量

终身体育内容不仅限于体育，还应包含健康教育的思想、理论和方法。应加强学校体育与健康教育的结合，将身体锻炼、运动技能及健康理论融为一体，进行体育健康教学，使学生掌握多方面有关健康、健身的知识与方法，并积极投身于健身活动中，成为身心健全的健康人，提高学生终身体育的质量。

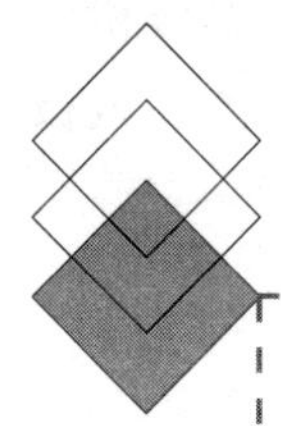

第二章 大学生锻炼与健康

第一节 体育锻炼项目的选择

一、体育锻炼的内容

体育锻炼的内容极为丰富，根据锻炼目的的不同，主要分为以下几类。

（一）健身运动

健身运动是指为增进健康、增强体质、预防疾病而进行的体育锻炼。这类内容主要是促进身体的正常发育、身体各部分的协调发展、各器官系统机能的增强，提高身体素质和提高身体的基本活动能力，如走、跑、跳、游泳、舞蹈、体操及各种球类活动等。

（二）健美运动

健美运动是指在健康的基础上通过特制的方式为创造美的体型、姿态、风度、气质而进行的体育锻炼。这类内容不仅可以增进健康，还可以培养审美能力和身体的表现能力，如举重、哑铃操、技巧、韵律操等。

（三）娱乐性体育

娱乐性体育是指为了调节精神、丰富文化生活而进行的体育活动。这类活动能使人身心愉快，既锻炼了身体，又陶冶了情操，如活动性游戏、踢毽子、钓鱼、郊游、爬山等。

（四）格斗性体育

格斗性体育是指为掌握和运用格斗的攻防技术（包括军事技术）而从事的体育锻炼。这类内容既能强身，又能达到自卫的目的，如擒拿、散手、短兵、拳击、刺杀、射击等。

（五）医疗康复体育

医疗康复体育又称体育疗法，其对象是体弱有病者，目的是祛病健身和恢复机体特定功能。这类活动一般应在医生的指导下进行，主要内容有健步走、慢跑、太极拳、健身气功及各类医疗体操等。

不同运动健身方式的强度范围、持续时间和运动频率

二、体育锻炼内容的选择原则

体育锻炼内容的选择必须从锻炼者的年龄、性别、身体条件、职业特点、运动基础和兴趣爱好等实际情况出发，注意锻炼者所处的地域特点，体现体育锻炼的实效性与安全性。

（一）根据年龄选择体育锻炼内容

年龄阶段不同，人体的机能也不同。中老年时期，人体各组织器官逐渐老化，运动器官机能减弱，关节韧带的灵活性差，不宜完成幅度过大、用力过猛的动作，可选择一些相对平稳的运动项目，如健步走、慢跑、太极拳等，以避免运动损伤的发生。青壮年时期，人体各系统的功能均达到高峰期，运动适应性强，能承受较大的练习强度，可选择一些对抗性强、跑动较剧烈的运动项目，如球类运动、爬山比赛等，以增加练习者体育锻炼的兴趣。少儿时期，人体正处于生长发育阶段，促进身体的全面发展是锻炼的首要问题。由于少儿的骨骼硬度小、韧性大，所以不宜进行负重练习；由于心肺功能不够完善，所以不要过分从事剧烈运动，少进行憋气性动作练习和静力性练习。

（二）根据性别选择体育锻炼内容

男女身体结构有着明显的差异。男性肌肉发达，其总重量约占体重的42%，而女子只占36%左右，故男子能承受的运动负荷要比女子大，适宜完成力量、速度、跳跃等练习动作；女子则适宜完成平衡、柔韧等练习动作。因此，男子可选择一些体现阳刚之气的举重、拳击等运动项目，女子可选择健美操、体育舞蹈、瑜伽等柔韧性运动项目。

（三）根据身体健康状况选择体育锻炼内容

练习者身体的健康状况是选取锻炼内容的主要依据。锻炼前应通过体质监测、医学诊断和病史调查等方法来了解锻炼者的健康状况。对从事康复体育锻炼的人来说，运动量不要过大，其参与锻炼的主要目的是恢复身体机能，或是为保持身体机能不致过分下降。对于一些有特殊慢性疾病的人，要有针对性地选择适合自己的体育锻炼项目。体重超过正常标准者可选择长跑、长距离游泳、健美运动及专为肥胖病设计的运动处方，以达到减肥的目的；体重偏瘦者可选择举重、健美、体操等项目以使身体健壮、丰满起来。

（四）根据锻炼者的职业特点选择体育锻炼内容

由于社会分工不同，不同职业者劳动的性质差别较大，因此，要根据不同职业者的劳动特点选择相适应的体育锻炼内容。例如，脑力劳动者在工作时经常要维持弯腰伏案的姿势，颈部前倾，脑供血受阻，易出现颈、背、腰部肌肉的酸痛；由于经常要低头含胸，呼吸机能降低，肌肉缺乏活动，出现体力下降等。针对这些特点，脑力劳动者应以动作舒展的户外运动锻炼为主。不同特点的体力劳动者，锻炼的内容也应具有特异性，其主要特点是：对劳动中负担较重的部位和肌群的锻炼应以舒展和放松练习为主；对劳动中负担较轻或基本无负担的部位和肌群，可适当加大活动强度，注重身体各部位和身心的协调发展。

（五）注意锻炼者所处地域特点

我国幅员辽阔，不同地区的地理气候条件、体育区域特色等均有不同，锻炼中要因地制宜，从各地的实际情况出发，有针对性地安排练习内容。我国居民多在室外进行身体锻炼，因此受季节气候的制约较大，要依据自然环境的变化，调整和变更锻炼计划和锻炼内容。

第二节 体育锻炼原则与方法

一、体育锻炼的基本原则

体育锻炼原则是体育锻炼客观规律的反映，也是体育锻炼者安排锻炼计划、选择锻炼内容、运用锻炼方法时必须遵循的基本准则。以下六项原则是人们在体育锻炼实践中总结出来的经验，为体育锻炼者达到理想的健身效果提供了科学的指导。

（一）自觉积极性原则

自觉积极性原则是指体育锻炼者要有明确的健身目标，充分认识体育锻炼的价值，自觉积极地进行体育锻炼活动。体育锻炼的积极性是体育锻炼者进行自主锻炼的重要前提，是由被动锻炼转为主动锻炼的“催化剂”，是推动自我体育锻炼不断深入的内在动力。

（二）实效性原则

实效性原则是指体育锻炼时应根据体育锻炼者的年龄、性别、健康状况、运动基础、职业特点等实际情况，合理地选择锻炼内容、方法和安排运动负荷，科学地进行体育锻炼，以取得最佳的锻炼效果。

（三）经常性原则

经常性原则是指应长期地、不间断地进行体育锻炼。长期的体育锻炼能使人体的结构和机能产生适应性变化，增强体质，提高机体免疫力。短时间的体育锻炼虽然能对身体产生一定的影响，但停止体育锻炼，这种良性影响会很快消失。因此，体育锻炼贵在坚持，不能期望在短时间内取得显著效果。要想保持旺盛的体力和精力，就必须长期坚持体育锻炼。

（四）循序渐进原则

循序渐进原则是指体育锻炼者必须遵循人体自然发展、逐步适应的基本规律，从实际出发，合理安排运动负荷，渐进地提高锻炼水平。在体育锻炼过程中，运动技能的学习应由易到难、由简到繁，运动量的安排应由小到大、逐渐提高。运动负荷的大小因人、因时而异。运动负荷是否适宜，对体育锻炼效果的好坏起很大的作用。即便是同一个人，在不同的机能状态、不同的时间段，对运动负荷的承受能力也不尽相同。因此，进行体育锻炼时应循序渐进，随时调整运动负荷，逐步提高自己的锻炼水平。

（五）全面性原则

全面性原则是指体育锻炼者必须追求身心的全面和谐发展，使身体形态、机能、身体素质及心理素质等方面得到全面协调的发展。人体是由多个系统构成的一个整体，它们均按“用进废退”的规律发展。体育锻炼能促进机体的新陈代谢，使各组织、器官与系统和谐地发展，达到身心均衡发展的完美状态。

（六）安全性原则

进行任何形式的体育锻炼都要注意安全，如果体育锻炼安排得不合理，就容易引起伤害事故的发生。安全性原则要求锻炼者在体育锻炼的过程中始终注意保护自己，做到安全第一。

二、体育锻炼的基本方法

（一）变换锻炼法

变换锻炼法是在体育锻炼的过程中，通过变换运动项目、变换运动形式、变换强度和变换运动时间等，来提高锻炼效果的一种锻炼方法。采用变换锻炼法可以有效地调节生理负荷、提高锻炼兴趣、强化锻炼意志、克服疲劳和厌倦情绪。运用变换锻炼法时，常采用各种辅助性练习、诱导性练习和转移性练习，还可以配合乐曲，充分利用日光、空气和水。

（二）重复锻炼法

重复锻炼法是指按照一定负荷标准，重复进行某项练习的方法。重复锻炼的次数和时间，是决定锻炼效果的关键。确定和调节重复的次数和时间，应考虑项目的特点和锻炼者的身体状况。

（三）间歇锻炼法

间歇锻炼法是指在进行重复锻炼的基础上，两次练习之间按照严格规定的间歇时间进行休息，是提高锻炼效果的一种常用的锻炼方法。间歇时间的长短，主要以运动负荷价值阈为准。运动负荷超过上限时，间歇时间应长，以防止运动负荷继续上升，运动过多地消耗体力；运动负荷在下限时，间歇时间应短。后次锻炼应在前次锻炼的效果未减退时进行。

（四）循环锻炼法

循环锻炼法是指把多种类型的动作和具有不同练习效果的手段，把若干个练习，组成一组锻炼项目，锻炼者按照一定的顺序循环往复地进行锻炼的方法。

（五）综合锻炼法

综合锻炼法是在进行身体锻炼的过程中，为促进身体全面发展，把能对身体各个部位起到不同锻炼效果的几个或更多的运动项目联系起来，形成一个可影响身体数个部位乃至全身所有部位的运动方法，如慢跑—单足跳—掷实心球—立卧撑—跳绳的综合锻炼法。

第三节 体育锻炼计划的制订

按照一定的计划进行体育锻炼，可以克服体育锻炼中的盲目性和片面性，有利于提高体育锻炼的质量，养成良好的锻炼习惯。

一个完整的锻炼计划包括锻炼的目标、内容、方法和时间等。下面就大学生在制订个人锻炼计划中最突出的三个问题，即锻炼内容的合理搭配、锻炼次数和时间的分配，以及周锻炼计划做简要介绍。

一、锻炼内容的合理搭配

制订锻炼计划时，在选择锻炼内容上，应注意以下几点：

（1）注意把课外锻炼的内容和体育课的学习内容结合起来，注意复习、巩固和提高体育课所学的内容。

（2）注意把个人兴趣与实际需要相结合。既要发展、提高自己感兴趣的或擅长的项目，又要努力克服自己的弱项和不足。

（3）注意不同身体素质之间以及身体素质练习与其他活动的有机结合，如速度与力量练习的结合，力量与耐力练习的结合，身体素质锻炼与运动技术学习的结合等。在一般情况下，每次锻炼应安排一项活动性游戏（如球类活动），再选择一两项身体素质练习。当以长跑练习为主时，可搭配上肢力量和腰腹力量练习，在练习中间或最后以球类活动做调节。

二、周锻炼次数和时间的安排

根据学校特点，大学生在制订锻炼计划时，一般以一年或一学期为锻炼周期，以此来确定每周早操、课外活动的锻炼次数及每次锻炼的时间。（表 2–3–1）

安排时应注意以下几点：

（1）期末准备考试和考试期间，仍要坚持经常性的体育锻炼，但周锻炼次数和每次锻炼的时间，以及锻炼强度和量都要相应地减少；

（2）早操时间不宜过长，一般不超过 30 分钟。早操运动强度应小些，不要进行剧烈运动，以不出现疲劳为度；

（3）课外活动时间为 1 ~ 1.5 小时，课外活动应在晚饭前半小时结束；

（4）若在睡眠前进行锻炼，应主要结合洁净身体的冷水浴进行锻炼，不宜进行剧烈运动，以免影响睡眠。

表 2–3–1　体育锻炼周次数和时间

	有体育课时				无体育课时			
	早　操		课外活动		早　操		课外活动	
	次 / 周	时间 / 时	次 / 周	时间 / 时	次 / 周	时间 / 时	次 / 周	时间 / 时
春（秋）学期	3 ~ 5	0.5	2 ~ 3	1.5	3.5	0.5	3 ~ 4	1
夏（冬）考试期			2 ~ 3	1			2 ~ 3	1
暑（寒）假			3 ~ 4	2			3 ~ 4	2

注：表中时间均指每次锻炼时间

三、周锻炼计划

锻炼计划制订起来比较复杂，大学生只要掌握了周锻炼计划，就可以在实际中运用。这种方法简便易行。现以一年级某男生为例，该生以全面发展身体和复习、巩固体育课内容为目标，制订的周锻炼计划见表 2–3–2。此表以安排早操和课外活动为主，表中各项内容均应有一定的强度、量和时间要求，具体因人、因时、因地酌定。注意，课外体育活动尽量不要安排在有体育课的当天进行。

表 2–3–2　周锻炼计划（示例）

	早　操	课外体育活动	备　注
一	晨跑 1200 米；24 式太极拳练习		
二		耐力跑 2000 米；篮球活动 20 分钟，引体向上或腰腹力量练习	
三	晨跑 1200 米；24 式太极拳练习		

续　表

	早　操	课外体育活动	备　注
四	晨跑 1200 米；24 式太极拳练习		
五		30 ~ 50 米折返跑 3 ~ 5 次，立定跳远或跨跳练习，复习体育课内容（健美），篮球活动 20 分钟	
六	晨跑 1200 米；24 式太极拳练习		
日		野外活动或球类活动	

第四节　体育锻炼与心理健康

健康是幸福人生的载体。众所周知，体育有健身功能，有利于增强体质、体能，但我们还需要认知体育锻炼对心理健康的促进作用。人生道路是曲折的，每个人在生活、学习和工作中，都要面对不同的压力和挫折，容易出现心理障碍。体育锻炼可以改善情绪，消除心理障碍。现代青年学生，应了解体育锻炼在促进心理健康中的作用，达到生理、心理、社会适应三位一体的完美状态。

一、心理健康的定义与评价标准

（一）心理健康的定义

1946 年，国际心理卫生联合会将心理健康定义为：在身体、智能及情感上与他人心理健康不相矛盾的范围内，将个人心境发展成最佳状态。

健康诸要素之间的关系实际上是身心之间的关系。它们关系密切，相互作用，相互依存，身体健康有助于心理健康，心理健康维护身体健康。

美国心理学家马斯洛和密特尔曼提出了以上心理健康的 10 条标准：

（1）有充分的自我安全感；

（2）对自己有较充分的了解，并能恰当地评价自己；

（3）生活理想切合实际；

（4）与周围环境保持良好的接触；

（5）能保持自身人格的完善与和谐；

（6）具备从经验中学习的能力；

（7）保持良好的人际关系；

（8）能适度地宣泄和控制自己的情绪；

（9）能在符合机体要求的前提下，有限度地发挥个性；

（10）在不违背道德规范的情况下，适当满足个人的基本需要。

（二）大学生心理健康的标志

1. 智力正常

智力是各种能力的总和，包括观察、记忆、思维、想象、操作等能力，是生活、学习、工作的基本条件，也是适应社会环境的保证。

2. 具有情绪控制能力

人的情绪是所有心理活动的背景条件和其他心理过程的体验。情绪是心理健康与否的标志。心理健康的大学生应该经常保持愉快、开朗、乐观、知足的心境，对未来充满希望，能主动调节、适度表达和控制过激情绪。

3. 能对自己做出客观的评价

客观评价自己，对自我状态、环境、未来的发展方向有一个清醒的认识，摆正自己的位置，自信、自觉地发展自己。

4. 保持良好的人际关系

人际关系最能体现和反映心理健康状况。心理健康的学生乐于也善于与人交往，对别人尊重、信任、友爱、宽容、理解，具有协调、合作精神，助人为乐，诚信至上。

5. 心理行为符合年龄特征

不同年龄阶段有不同的心理行为表现。心理健康的人，其认知、情感、言行、举止都符合现所在年龄段。大学生应该是精力充沛、勤奋好学、反应敏捷、喜欢探索的时代骄子。

二、体育锻炼促进心理健康

体育锻炼与心理健康，两者相互统一，相互促进。体育锻炼对心理健康的促进作用是多方面的，概括起来有以下几点。

（一）改善情绪状态

情绪状态是衡量体育锻炼对心理健康影响的主要标志。人们生活在错综复杂的社会环境中，经常会出现忧愁、紧张、压抑等情绪反应，体育锻炼可以转移人的不愉快的情绪，使人摆脱烦恼和痛苦。高校学生面对学习、考试、求职的压力，经常参加体育锻炼可消除自己的焦虑，减小压力。

（二）提高智力水平

经常参加体育锻炼，人的注意力、记忆力、反应、思维和想象等能力都能得到提高，并能使人情绪稳定，性格开朗，疲劳下降，能提高人的智力水平。

（三）确立良好的自我意识

自我意识是个人主观上对自己的身体、思想和情感的整体认识。它由许多要素组成，包括“我是怎样的人？”“我主张什么？”“我喜欢什么？”等。坚持体育锻炼可强壮体格，改善身体表象，提高自尊心、自信心。

（四）培养坚强的意志品质

意志品质是指一个人的果断性、坚韧性、自制力以及勇敢顽强和主动独立等精神。体育锻炼能使人在不断克服不良气候、完成动作不力、意外障碍、胆怯、畏惧、疲劳和运动损伤等主客观困难的过程中，培养坚强的意志品质，并将这一品质迁移到日常的学习、生活和工作中去。

（五）消除疲劳

疲劳是综合性症状，与人的生理、心理因素有关。当一个人的情绪消极或任务繁重时，都会感到生理与心理的疲劳。高校学生为理想奋斗，学习压力大，极易造成身心疲劳和神经衰弱。体育锻炼能使身心得到放松，疲劳得到缓解或消除。

（六）有助于心理疾病的治疗

美国一项调查显示，在1750名心理医生中，80%的人认为体育锻炼是缓解抑郁症的有效手段，60%的人认为应该将体育锻炼作为消除焦虑症的方法。在高校学生中，有不少人由于学习和其他方面的挫折引起焦虑症和抑郁症，体育锻炼对这些心理疾病的预防和缓解都有一定的帮助。

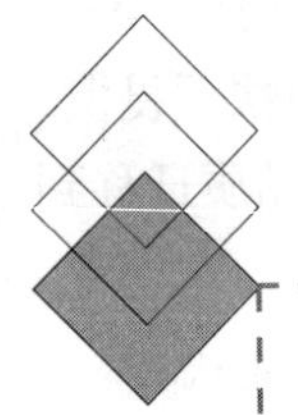

第三章 大学生锻炼与保健

第一节　锻炼中损伤预防与处理

体育锻炼可以增进健康，预防疾病。然而，事物的存在和发展必然有其两面性，在体育锻炼中也常有运动损伤的出现。对于体育锻炼中遇到的损伤，应辨证施治，否则会造成不良后果。掌握运动损伤预防和处理的知识，才能在体育锻炼中少受伤或不受伤，从而充分体验运动的乐趣，取得理想的锻炼效果。

一、挫　伤

（一）挫伤部位及征象

挫伤多发生在头部、胸部、四肢，因为这些地方经常暴露在外面，易遭受碰、跌、撞、打、摔等，受伤后局部红肿、疼痛，皮肤破裂的当时就出血，没有破裂的会出现青紫瘀血。

（二）挫伤的主要原因

运动前准备活动做得不够，肌肉关节没有得到充分活动；运动时用力过猛，超过了肌肉、关节、韧带的负荷极限；参与活动的人员过于拥挤或没有按正确的方法进行；场地不平或器械设备不安全以及没有做好保护工作也可能导致挫伤。

（三）挫伤处置

发生挫伤后应根据情况及时处理。如果皮肤出血应立即停止运动，先用碘伏将伤口消毒，用净布包扎。如果受伤部位红肿疼痛，可先用冷水或冰块进行局部冷敷，抬高受伤部位，必要时加压包扎，防止继续出血，并送医院进行诊治。24 小时后改用热敷，用按摩来活血、消肿、止痛，待伤势减轻后再做针对性的活动。

二、肌肉损伤

（一）肌肉损伤征象

肌肉损伤分主动收缩和被动拉长所造成的两种损伤。主动收缩损伤是由于肌肉做主动的猛烈收缩时，其力量超过了肌肉本身所能承担的负荷；而被动拉长损伤主要是肌肉牵伸时超过了肌肉本身的伸展程度。肌肉损伤如果是细微的损伤，则症状较轻；如果是肌纤维完全断裂，则症状较重。一般表现为伤处疼痛、局部肿胀、压痛、肌肉紧张或痉挛、功能障碍等。

（二）肌肉损伤的主要原因

准备活动不充分，肌肉生理功能尚未达到剧烈活动所需的状态就参加剧烈活动；体质较弱，运动水平不高，肌肉的弹性、伸展性和力量较差，疲劳过度；运动技术掌握不足，姿势不正确，动作不协调，用力过猛，超过了肌肉的活动范围；气温过低或过高，场地太硬等。

（三）肌肉损伤处置

肌肉损伤的治疗要依具体情况而定，少量肌纤维断裂者，应立即冷敷，局部加压包扎，并抬高患肢。肌肉大部分或完全断裂者应采用加压包扎后立即送医院进行手术缝合。

三、关节韧带损伤

（一）关节韧带损伤征象

关节韧带损伤后，一般表现为压痛、自感疼痛，轻者发生韧带部分纤维的断裂，重者则韧带纤维完全断裂，引起关节半脱位或者完全脱位，从而出现关节功能障碍。

（二）关节韧带损伤部位及原因

上肢关节以肩关节、肘关节、腕关节损伤最为常见，如掷标枪引枪后错误的翻肩动作造成肩关节、肘关节扭伤；下肢关节以髋关节、膝关节、踝关节损伤较多，如从高处跳下，因平衡缓冲不够使得膝关节、踝关节受伤，做“下桥”练习时过分提腰造成腰椎损伤等。

（三）关节韧带损伤处置

发生关节、韧带扭伤时，应在 24 小时内采用冷敷，必要时加压包扎，24 小时后采用热敷、按摩、针灸治疗，待疼痛减轻后可增加功能性练习。对急性腰部损伤，如果出现剧烈疼痛，切不可轻易处理，可让患者平卧，并用担架送医院就诊。

四、关节脱位

（一）关节脱位原因与征象

因受外力作用，使构成关节的上下两个骨端失去正常的位置关系，出现了错位现象，叫作关节脱位，又称为脱臼。关节脱位可分为完全脱位和半脱位（或称错位）两种。严重的关节脱位，伴有关节囊撕裂，甚至损伤神经。运动中发生的关节脱位大多是间接外力撞击所致。例如，摔倒时用手撑地，引起肘关节或肩关节脱位。关节脱位后常出现畸形，与健肢相比不对称，因软组织损伤而出现炎症反应，局部疼痛、压痛和关节肿胀，并失去正常活动功能，甚至发生肌肉痉挛等现象。

（二）关节脱位处置

用长度和宽度相称的夹板固定伤肢。如果没有夹板，可将伤肢固定在自己的躯干或健肢上，防止震动，随后及时送往医院治疗。切记，如果没有把握做整复处置时，不可随意做整复，以免再度受伤。

五、骨　折

（一）骨折征象

骨折可以分为完全性骨折（骨完全断裂）和不完全性骨折（骨未完全断裂，如裂缝骨折）两种，是运动中一种比较严重的损伤。骨折后的症状主要表现是：肿胀和皮下瘀血，功能障碍，出现畸形和假关节，并有压痛和震痛。骨折后肢体丧失了原来的功能，再加上剧烈疼痛和肌肉痉挛，肢体不能活动。

（二）骨折原因

运动时发生骨折的原因是身体某部位受到直接或间接暴力，或由肌肉强烈收缩所致。常见的骨折部位有肱骨、尺骨、桡骨、手指骨、胫骨、腓骨和肋骨等。

（三）骨折处置

一旦出现骨折，切勿随意移动患肢，应立即进行急救，先用夹板或其他代用品固定伤肢，动作要轻巧、缓慢，不要乱拉乱拽，以免造成错位，影响整复。如果是上肢骨折，可用木板托住伤肢，用绷带扎紧骨折的上下两端。如果是下肢骨折，先将伤腿轻轻放好，然后用宽布条或褥单将两条腿缠在一起，慢慢抬到硬板担架上，送往医院救治。如果是头部、颈部或脊椎骨发生骨折，运送时就更要小心，以免损伤神经和脊椎而造成肢体瘫痪。此时应立即拨打急救电话送医院就诊。

六、脑震荡

（一）脑震荡征象及原因

脑震荡是指头部受到外力冲击后，大脑机能失调，引起意识和机能的暂时性障碍。在运动中，头部相撞或撞击硬物，或从高处跌下时头部撞地，都可能造成脑震荡。受伤时表现为：神志不清，脉搏徐缓，肌肉松弛，瞳孔稍大但能对称，神经反射减弱或消失；清醒后，患者常有头痛、头晕、恶心呕吐感；平时情绪烦躁，注意力不易集中，出现耳鸣、心悸、多汗、失眠、记忆力减退等症状。

（二）脑震荡处置

立即让患者平卧，冷敷其头部；若有昏迷，用手指按压人中穴、内关穴、合谷穴；若呼吸发生障碍，立即进行人工呼吸。上述症状处理后，若患者出现反复昏迷或耳鼻口出血、两瞳孔放大且不对称时，表示病情严重，应立即护送至医院救治。在运送途中，要让患者平卧，头部固定，避免颠簸。

轻微的脑震荡一般都可自愈，无须住院治疗，但要注意休息和必要的药物治疗，保持情绪稳定，减少脑力劳动。

第二节　锻炼中常见的生理反应

一、运动中腹痛

（一）原因和征象

运动中腹痛的发生与运动者的个体特征和运动项目有较大的关系，一般在长距离耐力项目中发生率较高。其主要原因是准备活动不充分，开始时运动过于激烈，或者跑得太快，内脏器官功能尚未达到运动状态，致使脏腑功能失调，引起腹痛；也有因运动前吃得过饱、饮水过多及腹部受凉，引起肠胃痉挛；少数因运动时间过长或过于激烈，使下腔静脉压力上升，引起血液回流受阻，或者因肝脾瘀血、膈肌运动异常，致使两肋部胀痛。

（二）处理和预防

1. 处　理

如果没有器质性病变迹象，一般可用减慢跑速、加深呼吸、按摩疼痛部位或弯腰跑等方法处理，疼痛常可减轻或消失。如疼痛仍不减轻，甚至加重，就应该停止运动，可揉按内关穴、足三里穴、大肠俞穴等穴位。如仍不见效，应送医院做进一步检查。

2. 预　防

遵循体育运动的科学原则，运动量要循序渐进；饭后1小时方可进行运动，做好准备活动，在冬季长跑时更要做好充分的准备活动后再脱掉运动外套；运动时要调整好动作与呼吸的节奏；夏季运动要适当补充盐分；对于各种慢性疾病引起的腹痛应就医检查，病愈前应在医生和体育教师指导下进行锻炼。

二、肌肉痉挛

（一）原因和征象

在体育锻炼时，肌肉受到寒冷的强烈刺激时，可能发生肌肉痉挛。肌肉痉挛常在游泳或冬季户外锻炼时发生。准备活动不够或肌肉收缩与放松不协调，均可发生肌肉痉挛；也有因情绪过分紧张所致。肌肉痉挛时，肌肉突然变得坚硬、疼痛难忍，而且一时不易缓解。

（二）处理和预防

1. 处　理

对痉挛部位的肌肉做牵引。例如，腓肠肌痉挛时，立即伸直膝关节，并配合按摩、揉捏、叩打以及点压委中穴、承山穴、涌泉穴等穴位，促使痉挛缓解和消失。

2. 预　防

运动前做好准备运动，对容易发生痉挛的部位，事先应做适当按摩。夏季进行长时间运动时要注意补充水；冬季锻炼时要注意保暖；游泳下水前应先进行淋浴；游泳时不要在水中停留时间过长；疲劳和饥饿时，不要进行剧烈运动。

三、延迟性肌肉酸痛

（一）原因和征象

延迟性肌肉酸痛的原因之一是运动时肌肉活动量过大，引起局部肌纤维及结缔组织的细微损伤以及部分肌纤维的痉挛所致。这种酸痛不是在运动结束后即刻发生，一般出现在运动后 24 小时内，24 ~ 72 小时达到高峰，5 ~ 7 天后基本消失。由于这种酸痛现象只是局部肌纤维的细微损伤和痉挛，不影响整块肌肉的运动功能，而且酸痛后经过肌肉内部对细微损伤的修复，肌肉组织会变得更加强壮，以后进行同样的负荷将不易发生酸痛。

（二）处理和预防

1. 处　理

① 热敷与按摩，对酸痛的局部肌肉进行热敷，促进血液循环及代谢过程，有助于损伤组织的修复及痉挛的缓解，按摩使肌肉放松，促进血液循环，缓解肌肉痉挛和修复损伤；② 口服适量维生素 C，维生素 C 可促进结缔组织中的胶原合成，有助于修复损伤的结缔组织；③ 针灸、电疗等也有一定的缓解作用。

2. 预　防

锻炼时，应根据自身的身体状况安排锻炼负荷，尽量避免局部肌肉负荷过重；锻炼时，要充分做好运动前的准备活动和运动后的整理活动。

四、运动中暑

（一）原因和征象

在高温环境中进行长时间体育锻炼易发生中暑，尤其在温度高、通风不良、头部缺乏保护、被烈日直射的情况下，更容易发病。中暑早期可有头痛、头晕、呕吐现象，逐步发展为体温升高、皮肤灼热干燥。严重者可出现精神失常、虚脱、抽搐、心律失常、血压下降，甚至昏迷而危及生命。

（二）处理和预防

1. 处　理

首先将患者搀扶到阴凉通风处休息，同时采取降温消暑手段，如解开衣领、额部冷敷做头部降温、喝些清凉饮料，并补充生理盐水或葡萄糖生理盐水等。严重患者经临时处理后，应迅速送往医院进一步治疗。

2. 预　防

在高温炎热季节锻炼时，应适当减少运动量和锻炼时间；避免在烈日下长时间锻炼，夏季在室外锻炼时应戴白帽，穿宽松薄衣；室内锻炼时，应保持通风，并备有低糖含盐的饮料。

五、运动性贫血

（一）原因和征象

血液中红细胞数与血红蛋白量低于正常值，称为贫血。因运动引起的血红蛋白量减少，即称为运动性贫血。其发病主要原因为：① 运动时，由于肌肉对蛋白质和铁的需求量增加，一旦需求量得不到满足即可引起运动性贫血；② 运动时，由于脾脏释放的溶血卵磷脂能使红细胞的脆弱性增加，加上剧烈运动时血液流动加速，易引起红细胞破裂，致使红细胞的新生与衰老之间的平衡遭到破坏，从而导致运动性贫血。

运动性贫血发病缓慢，其临床表现有头晕、恶心、呕吐、气喘、体力下降以及运动后心悸、心率加快、脸色苍白等。

（二）处理和预防

1. 处　理

如运动中（后）出现头晕、无力、恶心等现象时，应适当减小运动量，必要时暂停运动，并及时就医。

2. 预　防

遵守循序渐进和个别对待原则，合理调整膳食。如运动时经常有头晕现象出现，应及时诊断医治，以利于正常参加体育锻炼。

第三节　锻炼中疲劳判断与消除

一、判断疲劳的简易方法

一般可根据以下三个方面对疲劳进行评定：

（1）根据运动者的各种自我感觉症状（如疲乏、头晕、心悸、恶心等）加以评定；

（2）根据疲劳的客观体征（如面色、排汗量、呼吸、动作和注意力等）进行评定；

（3）根据身体各器官系统的生理、生化指标变化的情况（如心率、心电图、脑电图、肌电图、肺活量、血压、握力和尿蛋白等）进行评定。

在学校体育教学和训练中，还可以采用比较容易的方法来判断疲劳程度。（表 3–3–1）

表 3–3–1　疲劳程度的标志

内　容	轻度疲劳	中度疲劳	重度疲劳
自我感觉	无任何不适	疲乏、腿痛、心悸	除疲乏、腿痛、心悸外，还有头痛、胸痛、恶心，甚至呕吐等征象。有些征象存在时间较长
面　色	稍　红	相当红	十分红或苍白，有时呈紫蓝色
排汗量	不　多	较多，特别是肩带部分	非常多，尤其是整个躯干部分以及汗衫和衬衣上可出现白色盐迹
呼　吸	中等程度加快	显著加快	呼吸表浅（其中有少数深呼吸出现），有时呼吸节奏紊乱
动　作	步态稳定	步伐摇摆不稳	摇摆现象显著，在行进时掉队，出现不协调动作
注意力	比较好，能正确执行指示	执行口令不准确，改变方向时有时会发生错误	执行口令缓慢，只有大声口令才能接受

二、消除疲劳的常用方法

疲劳是一种生理现象，又是一种运动量的标志。从某种意义上说，运动训练是以疲劳为媒介而不断提高身体训练水平的。科学研究证实，疲劳与恢复是运动后的必然过程。如果大强度训练后不能采取消除疲劳的适当措施，疲劳就会积累，不仅使运动成绩下降，还会成为疾病和伤害事故的诱因。运动后及时消除疲劳、恢复体力，才能有效地提高训练水平。尽快消除运动性疲劳主要有以下几种方法。

（一）睡　眠

睡眠是消除疲劳的最好方法之一。一般每天不少于 8 ~ 9 小时，并应安排一定的午休时间。在大运动量和比赛期间，睡眠时间还可以适当增加。

（二）积极性休息

休息是除睡眠外消除疲劳的另一种积极手段，对由于紧张训练和比赛引起的肌肉和精神疲劳有良好的缓解作用。积极性休息的方法和内容很多，例如，在公园、湖滨或海边散步，听音乐，观看演出，钓鱼，下棋和参观游览等。

（三）按　摩

按摩是消除运动性疲劳的重要手段之一。一般采用手法按摩，进行全身或局部的按摩，有损伤的还可以兼做治疗，均有良好效果。按摩对放松肌肉、消除肌肉酸痛和恢复体力效果极佳。

（四）物理疗法

训练后采用淋浴和局部热敷是一种简易的消除疲劳的方法。淋浴时水温不能过高，一般以温水浴（水温 40℃左右）为佳，时间 15 ~ 20 分钟为宜，温水浴有良好的镇静作用，能促进血液循环和放松肌肉，以达到消除疲劳的目的。如有条件，还可以采用蒸汽浴、干燥空气浴和旋涡浴等恢复手段。热敷能减少肌肉中酸性代谢产物的堆积，消除肌肉僵硬、紧张以及酸痛。热敷的温度以 47℃ ~ 48℃为宜，时间约 10 分钟。

第四节　女大学生生理特征与保健

一、女子生理特点

（一）女子运动系统的特点

女子身高、体重一般低于男子。与男子相比，女子躯干长、四肢短、肌肉比重小、脂肪比重大、胸廓小；但女子盆骨宽、重心低、关节韧带富有弹性、椎间盘厚、柔韧性好。

（二）女子呼吸系统的特点

女子与男子相比，呼吸肌力量较弱、胸廓狭窄、耐力差、呼吸深度浅、肺通气量小，因此肺活量小于男子，最大摄氧量和氧债最大值均低于男子。

（三）女子心血管系统的特点

女子心脏体积较小，心脏重量较男子轻，心脏容积也比男子小，所以女子的心输出量小，安静时的心率比男子高，心脏收缩力量比男子弱，血压比男子低。

此外，女子还有月经、妊娠、分娩、哺乳等生理过程和特点。

二、女子运动卫生

（1）女子进入青春期以后，身体形态、机能、素质和心理等方面均发生了变化，尤其是生殖系统变化最大。因此，男女生上体育课应区别对待。

（2）由于女子运动系统、心血管系统和呼吸系统的机能都不及男子，因此，运动项目、运动内容、运动负荷和体育教学手段与方法，一定要符合女子的特点。

（3）女子的胸廓小、肩带窄、肌肉力量差、重心低，故应加强力量训练。

（4）女子的有氧与无氧代谢功能较差，在进行速度和耐力练习时，应掌握适宜的运动强度和持续时间。

（5）注意发展女子的腰背部肌肉、腹部肌肉、骨盆底部和后部肌肉。女子的这些肌肉较为薄弱，有意识地加强以上肌肉的锻炼，有利于保持子宫的正常位置。

三、月经期的体育锻炼

在月经期，人体一般不会出现异常的变化。因此，月经正常的女子在月经期可以随班上体育课，建议只做些轻微活动，如做广播体操、打乒乓球、打羽毛球或软式排球等。参与这些活动，不仅可以改善盆腔的血液循环，减轻盆腔的充血现象，而且有助于经血的排出。此外，丰富多彩的体育活动，还可以调节大脑皮质的兴奋与抑制过程，从而减轻全身的不适感。

一般情况下，月经期身体的反应能力、适应能力、肌肉力量、神经调节的准确性等可能会下降。因此，月经期间运动量的安排要适量减少，运动时间不宜过长，还要避免做剧烈运动。月经期的体育活动应注意以下事项：

（1）避免进行剧烈的、振动大的跑跳动作和静力性力量练习，如中长跑、快速跑、跳高、跳远、负重蹲起、举重、排球中的扣球和拦网、篮球中的跳跃等，以免造成子宫的移位和经血过多。

（2）凡有痛经、腰背酸痛、下腹痛、经血过多或过少、经期不正常、盆腔炎症者，均应暂停体育活动。

（3）月经期一般不宜游泳，以免因细菌侵入而发生炎症病变和因冷刺激引起子宫痉挛、收缩而不能顺利行经的现象。

（4）月经期可否参加训练或比赛，应根据个人的习惯而定；若平时有参加比赛和训练的习惯，是可以参加的，但应采取慎重的态度；如果经血过多、月经过频或痛经，应当停止月经期的比赛和训练。

（5）月经期参加体育活动，应特别加强医务监督，注意活动时和活动后身体的反应，以便发现问题，及时解决。

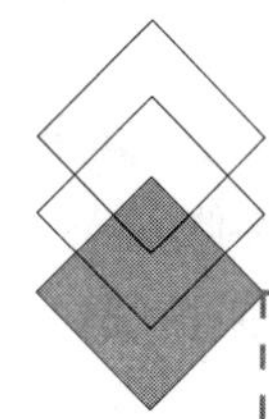

第四章 大学生营养与健康

第一节 营养与健康关系

一、促进生长发育

生长是指细胞的繁殖、增大和细胞间质的增加，表现为全身组织、器官和系统的大小、长短和质量的增加。发育是指身体各组织、器官和系统功能完善的过程。营养是影响生长发育的主要因素。蛋白质是构成人体细胞的主要成分，细胞的繁殖和增大都离不开蛋白质。此外，碳水化合物、脂类、维生素、矿物质和水等营养素也在生长发育中扮演着重要的角色。

二、提高智力

婴幼儿和儿童时期是大脑发育最快的时期，需要足够的营养物质，如蛋白质、二十二碳六烯酸、卵磷脂等。特别是二十二碳六烯酸，如摄入不足，就会影响大脑发育，阻碍大脑智力的开发。

三、促进优生

在影响优生的因素中，营养是一个重要的因素。在怀孕期，如果孕妇膳食营养不良，可能造成胎儿畸形、流产或早产。例如，孕妇膳食中长期缺乏锌，可能会引起胎儿中枢神经系统出现畸形；膳食中长期缺乏维生素，可能会导致胎儿的骨骼先天畸形。

四、增进免疫

免疫是机体的一种保护性机制，如果免疫力低下，则易受各种病菌的侵害。营养不良，机体免疫系统的反应能力会降低。许多食物中的营养素如维生素C、维生素E、维生素A等都可以提高机体的免疫力。

五、延缓衰老

人体的衰老是一种必然，但如果注意合理膳食，则完全可以达到延缓衰老、健康长寿的目的。例如，根据人体衰老时的生理特点，有针对性地补充营养，多吃蔬菜、水果和清淡食物，避免高盐、高脂肪饮食，可防止心血管病、糖尿病的发生或复发。

六、预防疾病

不良的膳食习惯，如营养不足和营养过剩都可能引起疾病。营养不足可引起缺铁性贫血、佝偻病、夜盲症等；营养过剩可引起糖尿病、心脑血管疾病、肥胖病等。有调查结果表明，膳食高能量、高脂肪和少体力活动与超重、肥胖、糖尿病和血脂异常的发生密切相关；高盐饮食与高血压病的患病风险密切相关；饮酒与高血压病和血脂异常的患病危险密切相关。特别应该指出的是，脂肪摄入最多、体力活动量少的人，患上述各种慢性病的机会最多。通过改善膳食营养状况、实施合理膳食营养就可以达到预防疾病、增进健康的目的。

第二节　常见营养素功能

人从一出生就会吸吮母乳，但如何吃得营养、吃得健康，则是一门学问。人体需要不断地从外界摄取食物，经过消化、吸收、代谢，利用食物中身体需要的物质（营养学上称之为“营养素”）来维持正常的生命活动，因为世界上没有单纯的一种营养素能满足人体生命活动的全部需要，也没有一种食物能供给我们身体所需的全部营养素。如果营养摄入不合理，无论营养素缺乏还是过剩，都会对健康不利。大学生虽然以在学校食堂就餐为主，也需要学会食物的选择，获得必要的营养知识，提高自己的健康素养。目前已知人体需要的营养素有四十余种，可分成七大类：蛋白质、脂类、碳水化合物、无机盐、维生素、水和膳食纤维。本节向大家介绍各类营养素对人体的作用、人体的营养需要量、营养素缺乏或过多对人体的影响。

一、七大类营养素的功效

（一）蛋白质的功效

蛋白质是由氨基酸组成的一类高分子有机化合物，生物体的各种蛋白质是由20种基本氨基酸构成的。食物中的氨基酸就其功能来说分为必需氨基酸和非必需氨基酸两类。前者是人体不能合成或合成不能满足需要的，必须从食物中摄取；后者也为身体所需要的，但是可以通过自身合成。食物蛋白质的营养价值取决于必需氨基酸的含量以及它们之间的比例，例如，奶制品和蛋类中必需氨基酸的含量高，且各氨基酸之间的比例接近人体蛋白质的组成，故营养价值很高。蛋白质在体内的主要功能：① 构成人体成分，人体含蛋白质 16 ~ 20%，是肌肉等各组织器官的重要组成成分；② 合成人体各种生理活性物质，如胰岛素等激素、抗感染的抗体、参与生化反应的酶等；③ 提供热能，1 克蛋白质在体内分解可产热 4 千卡。

（二）碳水化合物的功效

碳水化合物包括单糖（葡萄糖、果糖）、双糖（蔗糖、麦芽糖）、多糖（淀粉、糖原）。膳食纤维也是一种碳水化合物，因体内没有相应的消化酶而不能被机体吸收利用，现已将其作为第七大类营养素加以研究。碳水化合物在体内的主要功能：① 提供热能，人体每日所需热能大部分来源于碳水化合物，它是最容易获得、最经济的能源，1 克碳水化合物在体内分解可产热 4 千卡；② 构成体内重要生命物质，神经组织的重要成分糖脂即由糖参与构成；③ 节约蛋白质，摄入足够的碳水化合物可以增加肝糖原的储存，减少蛋白质作为能量的消耗。

（三）脂类的功效

脂类分为脂肪和类脂，其中脂肪由 1 分子甘油和 3 分子脂肪酸组成。类脂中除含有脂肪酸外，还有其他化合物，如固醇类（如胆固醇）。动物脂肪为固体状态，植物脂肪为液体状态，它们在人体内代谢比蛋白质和碳水化合物可产生更多的热量。脂类在体内的主要功能：① 供给热能，三大营养素中脂肪产热量最多，1 克脂肪在体内分解可产热 9 千卡，因此，体内脂肪是能量的储存库；② 构成机体组织，如类脂是细胞膜、神经组织的重要组成成分；③ 其他，帮助脂溶性维生素吸收，增进食物的色、香、味，为机体提供必需脂肪酸（指身体不能合成，必须由食物中摄取的脂肪酸）。

（四）无机盐的功效

除了蛋白质、脂肪和碳水化合物等有机化合物外，人体需要的营养素还有无机的矿物质。成年人每日需要量大于 100 毫克的称之为常量元素或宏量元素（如钾、钠、钙、磷、镁、氯、硫 7 种），需要量小于 100 毫克的称之为微量元素（如铁、锌、碘、硒、氟、铜、钼、锰、铬、镍、钒、锡、硅、钴 14 种）。矿物质种类繁多、功能各异，包括：① 构成机体的重要材料，如钙、磷等是骨骼、牙齿的重要成分；② 构成身体重要生理活性物质，如碘是甲状腺素的主要成分，铁是血红蛋白的主要成分；③ 与生理机能有关，如维持机体内环境的稳定平衡，与神经、肌肉的兴奋和收缩等有关。

（五）维生素的功效

维生素是近一百年才陆续发现的一组有机营养素，目前已知的有几十种。它们需要量很少，但对维持身体健康极为重要。我们的身体不能合成维生素，或合成很少不能满足需要，必须从食物中摄取。维生素依其性质分为两大类：一类能溶于脂肪的被称为脂溶性维生素，体内能储存，摄入过多不能从尿内排出，可引起中毒；一类为水

溶性维生素，体内不能储存，必须持续从食物中摄取，摄入过多可从尿中排出，不会引起中毒。（表 4–2–1）

表 4–2–1 各种维生素的主要功效

维生素名称		主要功效
脂溶性维生素	维生素 A	维持正常的暗视觉、维持细胞上皮的正常功能
	维生素 D	促进钙、磷的吸收和钙在骨骼中的沉积
	维生素 E	保护细胞免受自由基的损害；增强免疫功能，延缓衰老
	维生素 K	促进血液凝固
水溶性维生素	维生素 B_1	参与机体能量代谢的重要物质，提高食欲，增强消化功能
	维生素 B_2	参与蛋白质代谢
	维生素 B_3	参与体内氧化还原反应；促进消化；维持皮肤和神经的健康
	维生素 B_5	抗应激、抗寒冷、抗感染
	维生素 B_6	参与分解蛋白质、脂肪和碳水化合物
	维生素 B_{12}	促进红细胞的发育和成熟，预防恶性贫血；维护神经系统健康

（六）水的功效

很多人认为，水是平常之物，尽管对人体非常重要，但没什么营养，不属于营养素。殊不知，所谓营养物质，就是能为生命活动提供能量、维持正常新陈代谢所需的元素。水是人体最主要的组成成分，是营养物质的载体，各种代谢的废物也须溶于水从尿液或汗液中排出体外；此外，水可通过蒸发或分泌汗液来调节体温；水还有润滑作用，如润滑眼球防止干燥的泪液、润滑关节减少摩擦的关节滑液主要成分都是水。由此可见，水是对维护人体机能必不可少的营养素之一。

（七）膳食纤维的功效

20 世纪 70 年代以前，人们将食物用酸碱处理后的不溶物称为粗纤维，并认为粗纤维是对人体没有营养作用的非营养成分。经过近几十年的研究，人们发现这种粗纤维与人体健康密切相关，将其命名为膳食纤维，使之成为“第七大营养素”。1999 年，美国应用化学委员会在其第 84 届年会上，确定膳食纤维的定义：不能被人体小肠消化吸收的而在大肠能部分或全部发酵的可使用的植物性多糖及其相类似物质的总和，包括纤维素、半纤维素、果胶、树胶、木质素及相关植物物质、来源于动物的甲壳素等。植物性食物中，胃肠道不能消化的物质统称为膳食纤维，可溶性膳食纤维主要是来自水果的树胶、果胶、藻胶和豆胶等，不溶性膳食纤维主要是来自谷皮、果皮和蔬菜的纤维素、半纤维素和木质素等。膳食纤维的功用：① 降低胆固醇水平。膳食纤维可在小肠包裹胆酸，阻断胆酸被小肠重吸收回肝脏生成胆固醇，从而降低血液中胆固醇水平，预防心脑血管疾病。② 预防便秘、减少肠道疾病的发生。膳食纤维有很强的吸水性和膨胀性，可刺激肠道蠕动，加速排便，减少致癌物质在肠道内的停留时间，降低直肠癌和痔疮的发生率。③ 预防糖尿病。膳食纤维能在肠道内形成一种黏膜，延缓食物营养素的消化过程，阻隔葡萄糖的吸收，从而降低血糖的水平，不易引起血糖的快速升高。④ 控制体重，防止肥胖。富含膳食纤维的食物单位重量所含能量低，吸水后体积较大，使人产生饱腹感，抑制食欲；加之膳食纤维还能减少食物中脂肪的吸收，从而减少热量的摄入，有利于控制体重、预防肥胖。

二、各类营养素的需要量、缺乏或过多对人体产生的影响

根据国家卫生计生委 2016 年 5 月最新发布的《中国居民膳食指南》中对营养素参考摄入量的推荐，每天需要的各类营养素摄入量，见表 4–2–2、表 4–2–3。

表 4–2–2 各类营养素的需要量、缺乏或过多对人体产生的影响

营养素名称	推荐摄入量	缺乏或过多对人体产生的影响
蛋白质	75 克（男）；65 克（女）	缺乏可导致营养不良；过多导致多种慢性疾病患病风险增加
脂 类	占摄入总热量的 20% ～ 30%	很少因缺乏脂肪而患病；过多导致肥胖、高血压病、高脂血症、动脉硬化、糖尿病及胆道疾病等
碳水化合物	占摄入总热量的 55% ～ 65%	缺乏可导致脂肪氧化不全产生过量酮体，影响机体酸碱平衡；肝糖原储备不足，影响肝脏的解毒能力；还会导致疲乏、头晕、脑功能障碍等严重后果。过多可导致能量以脂肪形式储存，导致肥胖甚至糖尿病、心脏病等
维生素		详见表 4–1–3
矿物质	钙：800 毫克/天	缺乏可导致幼儿的佝偻病、青少年较低的骨密度峰值、成年人的骨质疏松、老年人的骨折；过多会干扰其他矿物质的吸收，增加肾结石的危险
	铁：15 毫克/天（男）；20 毫克/天（女）	缺乏可导致缺铁性贫血；铁补充剂摄入过量可导致铁中毒，引起意识模糊、心脏衰竭
	钠：2.2 克	缺乏可导致肌肉痉挛、头痛、恶心呕吐；过多可造成高血压病、肾脏疾病、骨质疏松等
	碘：150 毫克/天	缺乏可导致甲状腺肿的发生；过多可造成碘过多性甲状腺肿大，碘增补剂过量服用有中毒的危险
	锌：15.5 毫克/天（男）；11.5 毫克/天（女）	缺乏可引起儿童生长发育严重迟滞、多种营养素缺乏、食欲不振、异食癖、免疫力低下、伤口不易愈合、暗视力下降、认知功能发展滞后；补锌营养品摄入过量易致中毒
水	1500 ～ 1700 毫升	缺乏可导致体温调节障碍等各种生理功能失调；过多则可引起水中毒
膳食纤维	成人 30 克/天；2 ～ 20 岁年龄 5 ～ 10 克/天	缺乏可导致多种疾病。过多则易把多种营养物质带出体外，导致营养不良；水溶性膳食纤维摄入增加时，易引起脂溶性维生素摄入不足

表 4-2-3 各类维生素缺乏对人体产生的影响

维生素名称	缺乏对人体产生的影响
脂维生素 A	夜盲症、毛囊角化
维生素 D	佝偻病
维生素 E	妇女不孕、流产
维生素 K	血不易凝
维生素 B_1	脚气病、食欲不振
维生素 B_2	烂口角、怕光、舌炎
维生素 B_3	癞皮病
维生素 B_5	毛发褪色
维生素 B_6	体重下降、忧郁、皮炎
维生素 B_{11}	大细胞贫血、神经管畸形
维生素 B_{12}	贫 血

第三节 平衡膳食与体重

一、平衡膳食

中国居民平衡膳食宝塔是根据中国居民的膳食结构特点设计的，它把平衡膳食的原则转化成各类食物的组成，并以直观的宝塔形式表现出来，便于群众理解和在日常生活中实行。(图 4-3-1)

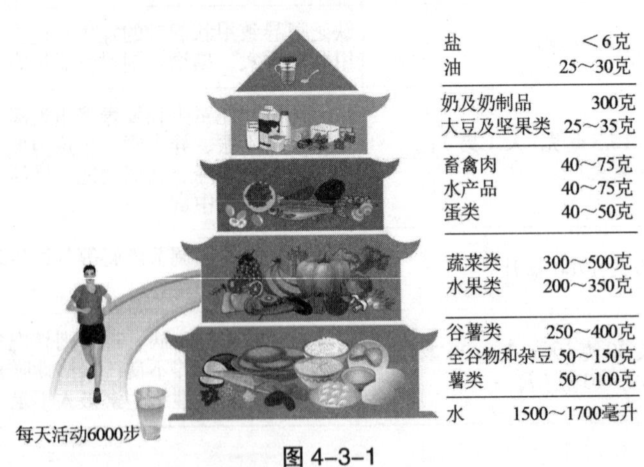

图 4-3-1

平衡膳食宝塔提出了一个营养上比较理想的膳食模式。但在应用时要注意：一是确定你自己的食物需求；二是同类互换，调配丰富多彩的膳食；三是要合理分配三餐食量；四是要因地制宜，充分利用当地资源；五是要养成习惯，长期坚持。

平衡膳食宝塔注意事项如下：

（1）食物多样，谷类为主，粗细搭配；

（2）多吃蔬菜水果和薯类；

（3）每天吃奶类、大豆或其制品；

（4）常吃适量的鱼、禽、蛋和瘦肉；

（5）减少烹调油用量，吃清淡少盐、低糖的膳食；

（6）食不过量，七八分饱，天天运动，保持健康体重；

（7）三餐分配要合理，零食要适当；

（8）每天足量饮水，合理选择饮料；

（9）如饮酒应限量；

（10）吃新鲜卫生的食物。

二、体重控制

（一）适宜体重

体重指数（Body Mass Index，BMI），是用体重（千克）除以身高（米）的平方得出的数值，是目前国际上常用的衡量人体胖瘦程度以及是否健康的一个标准：

$$体重指数（BMI）=体重（千克）/身高^2（米^2）$$

由于体重指数没有把一个人的脂肪比例计算在内，所以一个体重指数超标的人，实际上可能并非肥胖。例如，经常健身的人由于体重有很大比例的肌肉，他的体重指数较高，可能会被过高估计肥胖程度。所以在应用体重指数时，同时测定体脂百分比，有助于准确判断肥胖程度。中国成人超重和肥胖的体重指数、腰围界限值与相关疾病危险的关系见表 4-3-1。

表 4-3-1　中国成人体重指数分级与腰围界限值及相关疾病危险关系

分　类	体重指数	腰围 / 厘米					
		男：< 85	女：< 80	男：< 95	女：< 90	男：≥ 95	女：≥ 90
低体重	< 18.5	—		—		—	
正　常	18.5 ～ 23.9	—		增　加		高	
超　重	24 ～ 27.9	增　加		高		极　高	
肥　胖	≥ 28	高		极　高		极　高	

注：相关疾病指高血压病、糖尿病、血脂异常与危险因素。低体重提示可能有其他健康问题

腹型肥胖比例大是中国人肥胖的特点和潜在危险。中国人体重指数超过 25 的比例明显小于欧美人，但腹型肥胖的比例比欧美人大。研究中发现，体重指数正常或不高的人，若腹围男性大于 101 厘米、女性大于 89 厘米，或腰围/臀围比值男性大于 0.9、女性大于 0.85 的腹型肥胖者，其危险与体重指数高者一样大。

（二）体重控制

体重控制包括增加体重、维持健康体重和减轻体重。

体重控制的主要因素包括健康的生活方式、合理膳食营养、适量体力活动与体育锻炼。影响体重的因素十分复杂，包括了生理因素、心理因素、生活方式与行为习惯、膳食营养摄入、体力活动和社会文化因素，以及一些其他特殊因素。这些因素之间发生交互作用，使体重控制更加复杂，并非简单的能量摄入与能量消耗之间的平衡问题。

体重并不是完全能够被人为控制的。上述因素当中，有的因素可以改变，另外一些因素却无法改变。可以改变的因素包括：膳食食物的数量和质量，体力活动的频率、强度和时间，生活方式和情绪状态。对于个体来说，通过对具体情况进行分析，对可以改变的因素进行调节控制，从有益于身体健康的生活、行为方式出发，与合理膳食营养相结合，既可以改善健康状态，也可以改变和控制体重。

1. 体重偏轻

一个成年人在体重偏轻的情况下，如果很健康，可以保持现在的体重。如果希望增加肌肉，可以通过力量训练和全身肌肉的均衡训练，增加瘦体重。如果有体重过轻相关的健康问题，则需要加强营养，注意平衡膳食，增加总能量摄入。在增加体重过程中，体育锻炼和营养同等重要，必须注意平衡膳食，摄入足够的能量和蛋白质，同时避免摄入过多脂肪。健康的生活方式也很重要，如戒烟、限酒、规律生活、充足睡眠。

2. 保持健康体重

对于处于健康体重和需要通过减少体重达到健康体重的人来说，需要认识到，体重控制是一个复杂且缓慢的过程，并且是一个终生进行的过程，绝非短期行为，保持健康体重和身体脂肪含量是生活方式和生活态度的一部分。

要保持健康体重，总的原则是保持平衡膳食，有足够的体力活动和坚持进行体育锻炼，养成良好的生活习惯。节食和经常食用减肥餐膳不会带来预期的效果，反而可能引起较多的健康问题，各种低脂肪零食点心和餐膳可以作为加餐食品，应少量食用。

足够的体力活动和规律的体育锻炼是保持健康体重的关键，其作用有：① 增加能量消耗；② 维持肌肉量，增加脂肪消耗；③ 保持较高的静息代谢率，增加每日能量消耗；④ 帮助调节食欲；⑤ 帮助控制精神压力和精神压力导致的进食过多或不足；⑥ 增强自信，使人处于良好的精神状态，改善睡眠；⑦ 维持合理的体脂含量。

3. 减轻体重

对于超重和肥胖且无其他疾病的人来说，可通过控制膳食能量摄入与体育锻炼相结合以降低体重。减轻体重并不以减轻瘦体重为目标，而应是减少体内脂肪的含量；限制能量摄入是在平衡膳食的基础上，严格限制脂肪摄入（占总能量 20% 以下），适量减少碳水化合物摄入，使能量摄入和能量消耗之间保持能量负平衡，保持足够的蛋白质、维生素、矿物质和水分摄入；可以合理安排平衡膳食，每周监测身体脂肪含量。

控制饮食和增加体力活动要制订计划，持之以恒，循序渐进。每周减轻体重以0.5 ~ 1千克较为适宜，每日能量负平衡不能超过1000千卡；不提倡节食，不提倡过快减轻体重，应从有益于身体健康和健康的生活行为方式出发，使增加体力活动和规律的体育锻炼与合理膳食营养相结合，在健康的生活方式和良好的情绪状态中，减少身体多余的脂肪。例如，减轻体脂健身人群在膳食营养方面的措施为：① 能量摄入低于消耗（通过计算来确定）；② 安排好饮食量和营养素结构，按照平衡膳食金字塔的要求，保持平衡膳食；③ 合理选择食物和烹调方法，严格限制脂肪摄入，适量减少碳水化合物摄入量；④ 蔬菜、含糖量低的水果不限制；⑤ 以奶、豆制品为主要蛋白质来源；⑥ 足量饮水；⑦ 谨慎使用减脂营养品。

第四节　运动与营养补充

一、运动前的营养

（一）运动前的食物选择

运动前应以高糖类、低脂肪的食物为主，如面包、米饭、面条和水果等，这些食物容易消化，又能提供糖类来作为运动时的能量来源。如果运动时间为60 ~ 90分钟，可以选择升糖指数较低的食物，如水果、脱脂牛奶、米饭、豆类，这些食物缓慢地被消化成糖类，能够长时间地供应糖类给运动中的肌肉使用。如果运动时间少于60分钟，可以选择高升糖指数的食物，如面包、运动饮料，这些食物很快就被消化，能够迅速地提供糖类。

高纤维的食物比较容易造成肚子不舒服，因为它们需要比较长的时间才能被消化。有些高纤维的食物也富含糖类，如全麦面包、高纤饼干、高纤饮料等，如果这些食物使你在运动中感觉不舒服，就应该避免在运动前吃这些食物。

（二）运动前的最佳进食时间

进食的时机随着运动时间的变化和食物的种类而有所不同，共同的原则是：吃进去的食物可以在运动过程中提供充足的营养和能量，而又不至于在运动过程中造成肠胃不适。

身体震动比较大的运动，如打篮球、跑步等，对胃内的食物通常比较敏感，少量的食物可能就会令人感到不舒服。这就需要在运动前更早的时候进食，或是减少食物的摄取，以减轻这些症状。一般而言，身体震动比较小的运动，如骑自行车和游泳，一般不会受到胃中食物的影响，对于进食的时间和食物的选择有较大的弹性。

1. 上午8时的运动

前一天的晚餐和夜宵必须富含糖类，喝充足的水。经过一夜后，肝脏中糖原的含量已经降低，而在运动前补充糖类可以提高运动能力。在运动前 90 ~ 120 分钟应吃少量的早餐，如面包加果酱或水果；而避免食用含多脂肪的食物，如包子、油饼，它们不容易消化，会在胃中停留比较长的时间，也无法提供足够的糖类。有时牛奶也会造成某些人的肠胃不适。若是习惯吃丰盛的早餐，就需要在运动前两三个小时进食，这样机体才有足够的时间消化。如果无法早起，在运动前 10 ~ 30 分钟也可以用运动饮料或是一两片面包补充前一天晚上消耗的体内糖原。

2. 上午 10 时的运动

前一天晚餐须富含糖类，喝充足的水。在当天 7 时左右吃丰盛而高糖类的早餐，3 小时的时间足够消化这些食物，这既补充了糖原，且不会造成肠胃不适，但应该避免油腻食物。

3. 午间 12 时的运动

前一天晚餐必须富含糖类，喝充足的水。当天吃丰盛而高糖类的早餐，若是 8 时吃早餐，在 11 时左右可以再吃少量的高糖类点心，如面包、果汁或水果。若是 9 时吃早餐，运动前 10 ~ 30 分钟可以再补充一些运动饮料。

4. 午后 4 时的运动

前一天晚餐必须富含糖类，喝充足的水。当天早上 8 时吃丰盛的早餐，中午 12 时吃高糖类的午餐，下午 3 时吃少量高糖类的点心，同时在一天中必须摄取充足的水分。也可以从早上开始每一两个小时喝一大杯果汁，补充并维持体内糖原的含量，运动前 20 ~ 30 分钟再以运动饮料作最后的补充。

5. 晚间 8 时的运动

当天吃丰盛而富含糖类的早餐和午餐，下午 5 时吃丰盛而富含糖类的晚餐，或是下午 6 时吃少量但是高糖类的晚餐，避免吃高脂肪的食物，如油炸的食物、肥肉等。运动前 20 ~ 30 分钟喝 200 ~ 300 毫升运动饮料或果汁。在一天中都要摄取充足的水。

二、运动后的营养

人体热量原理

（一）糖类的补充

研究显示，在运动后的 2 小时内，身体合成糖原的效率最高，2 小时后则恢复到平常的水平。因此，如果在运动后迅速补充糖类，就可以利用这段自然的高效率时段迅速地补充体内消耗的糖原。如果下次运动是在 10 ~ 12 小时之内，这段高效率时段则特别重要，因为如果错过这个时段，即使在后续的时间吃进了足够的糖类，身体也可能没有足够的时间完全补充消耗的糖原，使得体内的糖原存量一次比一次低，运动后身体越来越容易感觉疲劳。若是下一次运动在 24 ~ 48 小时之后，即使错过这段时间，接下来只要着重于摄取高糖类的食物，仍然有足够的时间补充所有消耗掉的糖原。

建议在运动后 15 ~ 30 分钟之内进食 50 ~ 100 克的糖类（大约每千克体重需要补充 1 克糖类），然后每两小时再吃 50 ~ 100 克糖类。正餐以及其他运动期间的饮食也应该以摄取富含糖类的食物为主。

（二）肌肉和组织的营养恢复

即使是没有身体接触的运动也会造成肌肉纤维和结缔组织的伤害，而身体接触性的运动（如篮球、足球等）会造成更多的肌肉损伤。运动后迅速地补充蛋白质有助于修复受伤的肌肉和组织。

常见食品的蛋白质含量见表 4–4–1。此外，一般计算蛋白质的质量时，还要考虑蛋白质中的必需氨基酸与氨基酸总量的比值问题。一般认为成人所摄入的氨基酸总量中至少需要 20% 的必需氨基酸。（表 4–4–2）

表 4–4–1 常见食品的蛋白质含量（%）

食品名称	蛋白质含量	食品名称	蛋白质含量
猪 肉	13.3 ～ 18.5	面 粉	11.0
牛 肉	15.8 ～ 21.7	大 豆	39.2
羊 肉	14.3 ～ 18.7	花 生	25.8
鸡 肉	21.5	白萝卜	0.6
鲤 鱼	18.1	大白菜	1.1
鸡 蛋	13.4	菠 菜	1.8
牛 奶	3.3	油 菜	1.4
稻 米	8.5	黄 瓜	0.8
小 麦	12.4	橘 子	0.9
玉 米	8.6	苹 果	0.2
高 粱	9.5	红 薯	1.3

表 4–4–2 单一食物与混合食物的氨基酸值以及缺少的必需氨基酸

食 物	氨基酸值	缺少的必需氨基酸
人 奶	100	无
牛 奶	95	蛋氨酸、谷胱氨酸
鸡 蛋	100	无
牛 肉	100	无
鱼 肉	100	无
精 米	67	赖氨酸
花 生	65	赖氨酸、苏氨酸
甘 薯	63	赖氨酸
木薯粉	56	亮氨酸
一般豆类（不包括大豆）	54	蛋氨酸、谷胱氨酸
玉 米	49	赖氨酸
精白面粉	38	赖氨酸

续 表

食　物	氨基酸值	缺少的必需氨基酸
绿　豆	35	蛋氨酸、谷胱氨酸
混合食物米（3 份）＋绿豆（1 份）	83	苏氨酸
甘薯（3 份）＋豆类（1 份）	73	蛋氨酸、谷胱氨酸
甘薯（8 份）＋鱼（2 份）	84	赖氨酸

注：根据食物每克氨基酸的毫克量计算

三、运动与水

（一）运动与补充水分的重要性

激烈的运动使身体大量流汗，体内液体流失，电解质也随汗液流失。若运动前和运动中不补充水分而运动中又大量出汗，就很容易发生脱水现象。体内缺水主要表现在尿量和体液减少。大约占体重 1% 的水分流失会使运动时的体温和心率明显上升。脱水量约占体重的 2% 为轻度脱水，主要是细胞外液减少，身体会丧失调节的能力，若没有补充流汗所失去的水分，体温可能会持续上升，进而导致体力的丧失。脱水量占体重的 4% ~ 6% 时，则肌力及耐力减少，同时引起热痉挛，令长时间活动能力下降 20% ~ 30%，亦会影响体内无氧代谢的供能过程。脱水对心血管方面的影响，亦会使血浆容量下降和血液渗透压升高。低血浆容量则会导致心输出量下降、排尿量减少、体温升高、血液黏稠度增大及中暑危险增加。水分流失占体重的 6% 以上时，则有严重热痉挛、热衰竭、中暑、昏迷甚至死亡的可能。这些数据说明，排汗提高了散热能力，但水分及电解质的流失应立即补充。所以，必须防止脱水或降低脱水程度，而立即补充水分就能改善运动能力。

（二）补充水分的原则和途径

电解质

运动中水分的补充应以保持水分的平衡为原则，调整体内水及电解质平衡的唯一途径是喝水或饮料。由于体液是低渗透液，相比之下，运动期间补充水分比补充电解质更重要。在热环境下，正常人不自觉的脱水量为每小时 275 毫升。长时间进行耐力锻炼的人在热环境下脱水时间拖得越长，对运动能力的影响就越严重，因此在脱水之前就应补充水分，千万不要等到口渴才喝水，因为当口渴时身体已处于脱水状态了。

在水分吸收方面，胃排空的最大正常速度是每小时 600 ~ 800 毫升；冷水或温水在胃内排空速率明显高于体温水，运动时喝低温的水对降低体温的效果优于运动前摄取等量水的效果；纯水或低渗透压饮料的胃排空速率高于高渗透压的饮料。因此，在热环境下激烈运动时，补充水分的重要性大于补充糖类及电解质。在持续时间短的运动中，不必特别在饮料中补充电解质，因为运动中补充电解质会提高由运动引起的高渗透程度。所以，在 30 ~ 60 分钟的运动时间中，水可谓是最经济实用的补充液体。

（三）运动的不同阶段的补水方法

1. 运动前的正确喝水方法

运动饮料的作用主要是为训练和比赛过程中的运动员补充能量、水分、电解质及维生素等，以预防运动员在高强度运动训练下消耗能量过多而引起低血糖现象，并用以维持身体在大量出汗情况下体内水分和电解质的平衡，防止体内电解质流失引起的运动能力降低、心律不齐或肌肉抽筋等现象。另外，有些特殊的运动饮料还可增强体力、耐力及消除疲劳，从而有助于提高运动成绩。目前研究指出，饮用等渗透压运动饮料比较适宜，其在体内吸收十分迅速，而且能使运动员有效地保持运动机能。

在较长的运动过程中，每小时流汗量可能达 2 ~ 4 升。由于缺水将使身体失去散热作用，所以在耐力性运动前的两小时最好饮用 600 毫升左右的水（可分两次喝）。

2. 运动中的正确喝水方法

研究者认为，在运动及比赛期间每隔 15 ~ 20 分钟喝 200 ~ 300 毫升的饮料较合适。

3. 运动后的正确喝水方法

在运动后的恢复期补充饮料和运动前的准备同样重要，即使运动员在休息时正常地补充水分，体内水分依然会以汗水的形式大量流失；而肌肉糖原浓度可能也会降低一些，身体会感到虚弱、衰竭，此时正是恢复过程开始的时候。研究表明，运动后愈早开始恢复愈好，此时正确补充水分有助于体力的恢复。可在饮料中添加葡萄糖聚合物及麦芽糊精（其为容易消化的复合碳水化合物），以增加糖类，补充肌肉糖原含量，促使恢复期缩短。

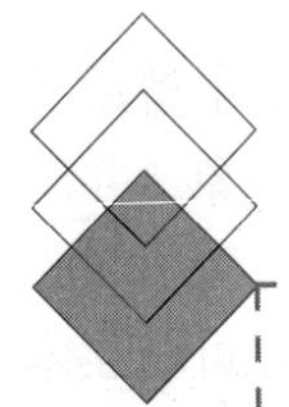

第五章 体育竞赛的组织与编排

第一节 体育竞赛的组织

竞赛的组织是一项十分重要的工作，它对于竞赛任务顺利完成起着重要作用。组织规模较大的竞赛，通常成立大会组织委员会。组织委员会一般是在主办单位领导下，由各方代表组成，负责组织和领导竞赛的全部工作，组委会下设若干工作机构，负责各项工作。在大学中组织学校竞赛，应建立竞赛工作领导小组，可由主管体育工作的校领导和校体育部门、团委等各方面的代表组成，按实际工作需要下设若干工作小组，如宣传组、竞赛组、裁判组、场地组等，具体负责各项竞赛工作。

一、宣传工作

要办好竞赛，必须重视宣传报道工作，每次竞赛应有针对性地提出宣传报道要求。在大学中举办运动竞赛，应结合竞赛的目的和要求，赛前可利用黑板报、广播、多媒体等形式对学生进行广泛宣传。

二、组织工作

首先要制订好竞赛的规程，这是组织竞赛工作的依据。竞赛规程在组委会或领导小组通过后，应尽早发给有关单位，以便各队做好赛前准备。竞赛规程的内容一般包括：竞赛的名称，目的和任务，主办单位，比赛日期和地点，参赛单位和单位参加人数，组别，运动员比赛资格，比赛办法，竞赛规则，计分、录取名次和奖励办法，报名方法，领队会，抽签的日期和地点，单位标准和服装等其他方面的规定。

在竞赛规程中，科学地制订比赛方法是非常重要的，它关系到参赛者（队和个人）是否在公平的条件下进行竞争，能否充分发挥运动员的技术水平，使比赛始终在和谐、热烈的气氛中进行。

为了使竞赛组织工作严谨有序，应做好下列各项工作：

（1）印制好各种竞赛表格，有纪录项目的比赛，赛前要印制该项目的全国、省、市、学校的最新纪录；

（2）补充通知有关竞赛规则中未尽规定事项；

（3）赛前应全面检查场地器材，必须符合标准，需要进行维修的，要及时安排，并要保证安全；

（4）按竞赛规程规定的报名日期接受报名单，逾期报名或更改报名单的按竞赛规程规定办理；

（5）按竞赛规程规定，审查运动员资格；

（6）按竞赛规则和规程规定，做好竞赛抽签和编排工作，编印好秩序册；

（7）准备奖品，制订发奖计划；

（8）安排裁判员，选好裁判长，保证裁判员的数量和质量；

（9）及时解决竞赛中出现的弃权、争议、弄虚作假、赛风等方面的问题；

（10）运动员在比赛中达到运动员技术等级标准和打破纪录时，填报登记表，并写成绩证明；

（11）比赛期间，要及时地印发成绩公告；

（12）比赛结束后，核对比赛成绩，编印成绩册、技术资料，及时发给有关单位。

三、裁判工作

比赛能否顺利进行和圆满结束，取决于裁判员的政治素质和业务素质的高低。一名优秀的裁判员必须用体育道德规范指导自己的言行，认真学习有关运动项目的基本技术、战术，熟悉规则和裁判法，并遵守下列要求：

（1）严格遵守《裁判员守则》；

（2）赛前要认真学习规则、规程，统一认识，研究可能出现的问题和处理办法，并组织必要的考核与实习；

（3）裁判长要安排好裁判员的分工，对抗强的项目应尽量安排与比赛无关的裁判员；

（4）裁判员应整队入场、退场；

（5）裁判员要做到严肃、认真、公正、准确，既要严格执行规则，又要态度和蔼；

（6）裁判员不得接受贿赂和宴请；

（7）比赛结束后，应认真听取意见，进行总结。

四、后勤保障

（一）后勤服务是竞赛顺利进行的重要保障

后勤服务的重要意义可概括为以下几个方面：

（1）做好运动竞赛的后勤服务工作，是竞赛工作得以顺利进行的物质保证。竞赛本身并不是孤立的，从赛会的整体系统而言，必须要求各个子系统（如宣传、竞赛、裁判等）相互衔接、相互配合，取得一个综合效果，而后勤服务工作起着先行官的作用，后勤服务工作搞不好，竞赛等各项工作就会受到影响。

（2）做好运动竞赛的后勤服务工作，为运动员、教练员、裁判员及其他工作人员提供一个良好的比赛条件、工作条件和生活条件，能使他们解除后顾之忧，一心一意地搞好比赛。

（3）做好运动竞赛的后勤服务工作，能提高竞赛的投资效益，使财力、物力得到有效的利用。

（二）后勤服务具体工作

（1）安排好赛会期间的伙食、住宿、交通、洗澡、医疗等后勤保障工作。安排住宿以保证运动员的休息；切实办好大会伙食；运动员、教练员、工作人员分别按各自的分区就餐；要搞好伙食卫生；赛场应设救护人员。

（2）严格按照竞赛规程规定的参加人数和比赛日期安排好接待工作。对超编、提前报到或逾期不离会的人员，赛会不负责接待。需请赛会协助安排的，经费自理。

（3）遵守财务制度。竞赛经费（包括补助、赞助的经费）的使用应保证竞赛所必需的场地、器材、伙食、交通等方面的需要，不得克扣挪用，不得铺张浪费。

第二节　体育竞赛的编排

根据体育竞赛的具体要求、项目特点、参赛队数（人数）、比赛的期限、场地设备条件等因素，可选用不同的比赛方法。

一、循环制

循环赛包括单循环、双循环、分组循环三种方法。

单循环：所有参赛者（队或个人）在比赛中均能相遇一次，最后按参赛者在全部比赛中胜负场数、得分多少排列名次。这种比赛方法一般在参赛者不多而竞赛期限又较长时采用。

双循环：所有参赛者（队或个人）在比赛中相遇两次，最后按全部比赛中胜负场数、得分多少排列名次。这种比赛方法，一般在参赛者较少，而竞赛期限又较长时采用。

分组循环：把参赛者（队或个人）分为若干组，分别进行单循环比赛。一般在参赛者较多，而竞赛期限又较短时采用。

循环赛的优点是无论参赛者实力强弱，胜负如何，都需与其他参赛队比赛，锻炼机会多，有利于互相学习，能比较准确地反映出参赛者的水平，产生的名次较客观。

在循环赛中，各队或运动员中普遍出场比赛一次，称为“一轮”，每两个队员之间比赛一次称“一场”，每两个队之间比赛一次称为“一次”。

（一）单循环比赛场数和比赛轮次的计算方法

1. 单循环赛场数的计算

场数 =［参加队数 ×（参加队数 −1）］÷2。

例如，有 6 个球队参加篮球联赛，采用单循环赛的方法进行，其比赛场数为：

场数 =［参加队数 ×（参加队数 −1）］÷2=［6×（6−1）］÷2=15。

2. 单循环赛轮数的计算

当队（人）数为偶数时，轮数 = 队（人）数 −1。

例如，10 个队参加比赛，轮数 =10−1=9。

当队（人）数为奇数时，轮数 = 队（人）数。

例如，5 个队参加比赛，需进行 5 轮。

3. 单循环比赛顺序的确定

确定单循环比赛顺序的方法很多，经常采用的是“逆时针轮转法”。

例如，有 6 个队参加比赛，首先用 1 ~ 6 号码，分别代表各队的名称，按以下方法排出各轮次的比赛，然后抽签将队名填入轮次表，再排定比赛日程。（表 5-2-1）

表 5-2-1　6 个队参赛单循环轮次表

第一轮	第二轮	第三轮	第四轮	第五轮
1—6	1—5	1—4	1—3	1—2
2—5	6—4	5—3	4—2	3—6
3—4	2—3	6—2	5—6	4—5

这种方法是，1 号位固定不动，其他号位每轮按逆时针方向轮转一个位置，即可排出全部轮次的比赛顺序。

当队数或人数为单数时用“0”补成双数，然后按逆时针轮转排出各轮比赛的顺序。其中遇到“0”者即为该场轮空。

例如，有 5 个队参加比赛，比赛顺序见表 5-2-2。

表 5-2-2　5 个队参赛单循环轮次表

第一轮	第二轮	第三轮	第四轮	第五轮
1—0	1—5	1—4	1—3	1—2
2—5	0—4	5—3	4—2	3—0
3—4	2—3	0—2	5—0	4—5

根据需要，还可以把第一轮的三场比赛和其他轮的三场比赛互相调换，或者把第一轮中的三场比赛互相调换。这是在大轮转基础上进行小调动的办法。

4. 单循环赛名次的确定

单循环比赛中，以获胜次数多者名次在前。如有两个队获胜次数相等，则谁胜谁就名次在前。如有两个以上的队获胜次数相等，则根据他们相互之间比赛的胜负比率，即胜 ÷ 负或胜 ÷（胜 + 负）来决定名次。首先计算次率，其次计算场率，再次计算局率，最后计算分率，直至算出全部名次为止。

（二）双循环比赛轮次表的编排

双循环制比赛轮次表的编排方法与单循环的编排法相同，只是要排出第一循环和第二循环的比赛轮次表。例如，5 个队参加比赛，比赛轮次见表 5-2-3。

表 5-2-3　5 个队参赛双循环轮次表

第一轮	第一轮	第二轮	第三轮	第四轮	第五轮
第一循环	0—1	0—2	0—3	0—4	0—5
	5—2	1—3	2—4	3—5	4—1
	4—3	5—4	1—5	2—1	3—2
第二循环	0—1	0—2	0—3	0—4	0—5
	5—2	1—3	2—4	3—5	4—1
	4—3	5—4	1—5	2—1	3—2

（三）分组循环的编排

分组循环就是把参赛的队分成若干小组，采用两阶段或三阶段的分组循环比赛。例如，15 个队参加比赛，分成 3 个小组，每组进行 5×（5-1）/ 2=10 场比赛，3 个小组共进行 30 场比赛，需要的轮数为 5 轮。经过小组循环比赛，排出各小组的名次后，再进行第二阶段的比赛。第二阶段的比赛可采用下列方法：

（1）将各小组第 1 名编一组，进行单循环比赛，决出 1 ~ 3 名；各小组第 2 名编在一组，决出 4 ~ 6 名；各小组第 3 名编在一组，决出 7 ~ 9 名；各小组第 4 名编在一组，决出 10 ~ 12 名；各小组第 5 名编在一组，决出 13 ~ 15 名。

（2）如果比赛期限短，可只将第一阶段各小组的第 1、第 2 名编在一组进行比赛，决出第 1 至第 6 名的名次，其他各队不再参加第二阶段的比赛。

（3）如果第一阶段的预赛是分两个小组进行单循环比赛，那么第二阶段可把小组的前两名编在一组争夺 1 ~ 4 名，小组的第 3、4 名编在一组争夺 5 ~ 8 名，其余类推。

（4）循环制的抽签方法。

根据规程规定，在比赛前，由主办单位召集各领队举行公开抽签，排好比赛轮次表，使各队明确比赛的次序、日期、时间和地点，以便做好准备。

① 单循环比赛的抽签：按参加比赛的队数排好比赛轮次表，备好签号，进行抽签。然后将队名填入比赛轮次表中。

② 分组循环比赛的抽签：首先，在领队会上协商确定种子队。种子队的队数一般

等于分组的组数。如果分 4 个组进行比赛，应设 4 个种子队。为了做到更合理，也可以多选出几个种子队，但必须是组数的倍数。例如，分 4 个组进行比赛，可确定 8 个种子队，并按下列方法编成小组。

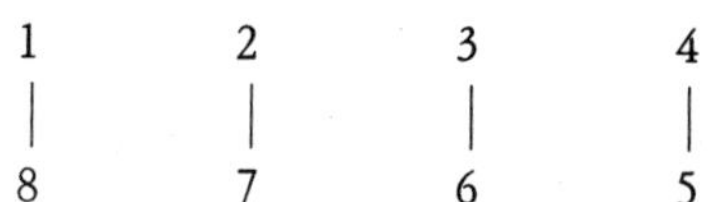

第 1 号种子与第 8 号种子编为一组，第 2 号种子与第 7 号种子编为一组，依此类推。20 个队分为 4 个小组，除 8 个种子队外，其余 12 队再抽签。签号分 4 组，每组有相同的三个签，由 12 个队抽签确定组别，然后再把各队按组别填入各组的比赛轮次表中。

二、淘汰制

（一）单淘汰赛

所谓单淘汰赛，就是将所有参加比赛的选手（或队）编排成一定的比赛秩序，由相邻的两名选手（或队）进行比赛，败者淘汰，胜者进入下轮比赛，直到淘汰成最后一名选手（或队），这个选手（或队）就是这次淘汰赛的冠军。

淘汰赛比赛方法具有强烈的对抗性，比赛双方没有任何妥协的可能性，也没有受第三方影响或去影响第三方的可能，非胜即败。这种比赛办法，可以在很短的时间内，安排大量的选手（队）进行比赛，而且比赛逐渐走向高潮，并在最高潮的一场比赛——冠亚军决赛后结束整个比赛。就体育竞赛的特点来说，淘汰赛是一种很好的比赛办法。

1. 单淘汰赛选择号码位置数

采用单淘汰赛的比赛方法时，应先根据参赛人数灵活选择最接近的较大的 2 的乘方数作为号码位置数。比赛常用的号码位置数是：24=16，25=32，26=64，27=128。

如参赛选手的人数不等于号码位置数，需要在比赛的第一轮设置一定数量的“轮空”位置，使参加第二轮比赛的运动员人数正好是 2 的乘方数。轮空数等于号码位置数减去参赛运动员数。

参赛人数稍大于 2 的乘方数，再用排轮空的方法则轮空人数太多，这时可用“轮号”的方法来解决。以最接近的较小的 2 的乘方数作为号码位置数，安排一部分运动员进行轮号。轮号就是两名运动员使用一个号码先进行一场比赛。轮号和轮空在性质上是完全相同的。轮号的位置可查轮空位置图。

2. 单淘汰赛轮数和场数的计算

（1）计算轮数

单淘汰赛所采用的号码位置数（2 的乘方数）其指数（自乘的次数）即为轮数。2 的几次方即为几轮。例如：

4 个号码位置数 = 2^2 即 2 轮。

8 个号码位置数 = 2^3 即 3 轮。

16 个号码位置数 = 2^4 即 4 轮。

32 个号码位置数 = 2^5 即 5 轮。

64 个号码位置数 = 2^6 即 6 轮。

（2）计算场数

$$场数 = 参赛人（队）数 -1。$$

例如，16 人参加单淘汰赛，比赛场数为 16–1=15（场）。

（二）双淘汰赛

运动员或队按编排的秩序进行比赛，失败两场即被淘汰，最后失败一场者为亚军，不败者为冠军，这种比赛方法被称为双淘汰赛。

1. 双淘汰赛轮数和场数的计算

（1）计算轮数

胜方与负方轮数分别计算。胜方轮数与单淘汰赛计算方法相同，即所选用的号码位置数（2 的乘方）其指数（自乘的次数）即为轮数。负方轮数等于胜方轮数加 1。

（2）计算场数

$$场数 =2x-3（x 为参加人数或队数）。$$

这个计算公式计算的实际上是胜方比赛场数与负方比赛场数之和。胜方场数为参加人数减 1，负方场数为参加人数减 2。设 x= 参加人数（或队数），则淘汰比赛场数 = 胜方比赛场数 + 负方比赛场数，即（x–1）+（x–2）=2x–3。

例如，8 人参加双淘汰赛。胜方比赛轮数为 2 自乘 3 次即 23，需比赛三轮。胜方比赛场数为参加人数减 1，8–1=7 场。负方比赛轮数 = 胜方轮数加 1，3+1=4 轮。负方比赛场数 = 参加人数减 2，8–2=6 场。故 8 人参加双淘汰赛共需打 7 轮，13 场比赛。

2. 双淘汰赛比赛秩序图

以 8 人为例，如图 5–2–1 所示。

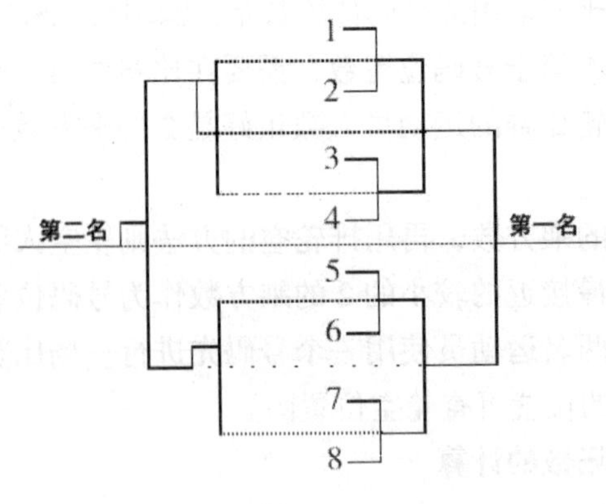

图 5–2–1

运动
技能学练篇

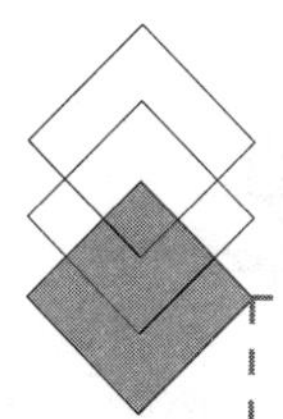

第六章 田径运动

第一节　田径运动基本技术

一、跑

（一）短　跑

短跑是田径径赛项目，一般包括 50 米跑、60 米跑、100 米跑、200 米跑、400 米跑和 4×100 米接力跑等。

1. 100 米跑

（1）起　跑

田径竞赛规则规定，短跑比赛运动员必须采用蹲踞式起跑，必须使用起跑器，要按发令员的口令完成起跑动作。起跑器的安装方式主要有普通式和拉长式两种，运动员应根据个人的身高、体形、身体素质和技术水平等情况来选择起跑器的安装方式。

100 米

普通式起跑器：前起跑器距起跑线一脚半长，后起跑器距前起跑器一脚半长。前、后起跑器的抵足板与地面的夹角分别约为 45° 和 75°，两起跑器的左右间隔约为 15 厘米。

拉长式起跑器：前起跑器距起跑线两脚长，后起跑器距前起跑器一脚长。起跑器的抵足板与地面的夹角及两起跑器左右间隔与普通式基本相同。

起跑技术包括“各就位”“预备”和鸣枪三个阶段。

听到“各就位”口令后，运动员走到起跑器前，俯身，两手撑地，两脚依次蹬在前、后起跑器的抵足板上，脚尖应触及地面，后腿膝关节着地，两臂伸直，两手在起跑线后撑地，两手间距离比肩稍宽，四指并拢与拇指成八字形，颈部自然放松，注意听“预备”口令。

听到“预备”口令后，逐渐抬起臀部和后膝，臀部要稍高于肩部，身体重心适当向前上方移动，肩部稍超出起跑线。两脚紧贴起跑器抵足板，集中注意力听枪声。

听到枪声后，两手迅速推离地面，两臂屈肘并积极有力地前后摆动，同时两腿快速用力蹬起跑器，后腿快速蹬离起跑器后迅速屈膝向前上方摆出，前腿快速有力地蹬伸。（图 6–1–1）

图 6–1–1

（2）起跑后的加速跑

起跑后的加速跑是从蹬离起跑器到途中跑之间的一个跑段，一般为 30 米左右，其任务是尽快加速达到自己的最高速度。

起跑后第一步约为三脚半长，第二步为四脚至四脚半长，以后逐渐增大，直至达到途中跑的步长。腿蹬离起跑器后，身体处于较大的前倾姿势，为了不使身体向前摔倒，要积极加快腿的蹬伸与臂的摆动，保持身体的平衡。

最初几步两脚着地点并非在一条直线上，随着速度的加快，两脚内侧着地点逐渐趋于一条直线上。

（3）途中跑

途中跑在整个短跑中是距离最长的，其主要任务是继续发挥和保持较长距离的最高速度。其动作特点是前脚掌落在身体重心投影点的稍前面，脚触地后膝关节微屈，足踵下沉，使身体重心很快地移过垂直阶段；接着后腿的髋关节、膝关节、踝关节依次迅速伸展，完成快速有力的后蹬。后蹬的角度约为 50° ，后蹬方向要正。随着腿的落地动作，摆动腿的大腿迅速前摆，小腿随惯性折叠。蹬地腿蹬地时，大腿积极向前上方摆动，并把同侧髋一起带出。落地前，大腿要迅速积极地下压，这时由于惯性缘故，小腿自然前伸，接着前脚掌迅速而有弹性地向下、向后做扒地动作。

途中跑时，头要正对前方，两眼要向前平视，上体保持正直或微向前倾，以肩关节为轴，两臂轻松而有力地前后摆动。前摆时，手的高度不超过下颌，上臂和前臂之间所成的角度约为 90° ；后摆时，肘关节要稍微向外摆。摆臂动作应以自然协调为原则。（图 6–1–2）

图 6–1–2

（4）终点跑

终点跑是全程跑的最后一段，要求运动员在离终点线 15 ~ 20 米处时，尽力加快两臂摆动的速度和力量，保持上体前倾角度，当离终点线一步距离时，上体急速前倾，两手后摆，用胸部或肩部冲向终点线，跑过终点后逐渐减速。

200 米和 400 米

2. 200 米跑和 400 米跑

200 米跑和 400 米跑，有一半以上的距离是在弯道上进行的。弯道跑与直道跑的技术有一定的区别。

（1）弯道起跑和起跑后的加速跑

为了便于弯道起跑后能有一段直线距离进行加速跑，应将起跑器安装在弯道跑道的右侧，起跑器对着弯道的切线方向。弯道起跑后，前几步应沿着内侧分道线的切线跑进。加速跑的距离适当缩短，上体抬起较早。在进入弯道时，应尽可能地沿着跑道内侧跑，身体及时向内侧倾斜。

（2）弯道跑技术

运动员从直道进入弯道时，身体应有意识地向内倾斜，加大右侧腿和臂的摆动幅度，身体应向圆心方向倾斜。后蹬时，右脚用前脚掌的内侧、左脚用前脚掌的外侧蹬地。两腿摆动时，右腿膝关节稍向内摆动，左腿膝关节稍向外摆动。两臂摆动时，右臂前摆稍向左前方，后摆时肘关节稍偏向右后方；左臂稍离躯干做前后摆动。弯道跑的两腿蹬地和摆动方向都应与身体向圆心方向倾斜趋于一致。从弯道跑进直道时，身体应在弯道最后几步，逐渐减小内倾幅度，自然地跑几步，然后做一个进入直道的调整，按直道途中跑技术跑进。

（二）中长跑

中长跑

中距离跑有 800 米跑、1500 米跑和 3000 米障碍跑。长距离跑有 5000 米跑和 10000 米跑。

1. 起跑和起跑后的加速跑

中长跑采用站立式起跑。当运动员听到“各就位”的口令后，迅速走到起跑线后，通常将力量较大的脚放在起跑线后，前后脚距离约为一脚长，左右脚距离约为半脚长，双眼看向起跑线前方 5 ~ 10 米处，两臂一前一后，身体保持稳定，集中注意力听枪声。当听到枪声后，两腿迅速用力蹬地，两臂配合腿部动作快速有力地摆动，使身体迅速向前冲出，在短时间内获得较快的跑速，然后进入匀速、有节奏的途中跑。

2. 途中跑

途中跑的距离最长，是中长跑的主要部分。中长跑的强度小于短跑，跑速相对较慢，动作速度和用力程度相对较小，除了战术需要而改变跑的节奏外，一般多采用匀速跑。途中跑时要做到技术合理、速度均匀、节奏感强、全身动作协调有力。

3. 终点跑

终点跑是运动员在十分疲劳的情况下，竭尽全力进行的最后一段距离的冲刺跑。在运动员实力接近的条件下，终点跑将决定比赛的胜负。

什么时候开始终点冲刺，这要根据比赛项目、运动员的训练水平、战术要求和临场的情况等因素决定。一般情况下，800 米可在最后 200 ~ 300 米、1500 米可在最后 300 ~ 400 米、5000 米及以上长度可在最后 400 米或稍长的距离开始加速，长距离的项目加速距离可更长些。速度占优势的运动员可以采取紧跟战术，在进入最后直道时，才开始做最后的冲刺超越对手。

4. 中长跑的呼吸

中长跑时，应注意呼吸的节奏。呼吸应自然并有一定的深度，一般是跑两三步一呼气，跑两三步一吸气。随着跑速的提高，呼吸频率也相应加快。中长跑时，由于强度大、竞争激烈，为了提高呼吸效率可采用半张的口与鼻子同时呼吸，以最大限度地满足机体对氧气的需要。

中长跑时，跑一段距离后会不同程度地出现胸部发闷、呼吸困难、动作无力的感觉，迫使跑速降低，这种生理现象叫作“极点”。当“极点”现象出现时，应适当降低跑速，调整呼吸，特别是加深呼气，同时要以顽强的意志坚持下去。

二、跳　跃

背越式跳高

（一）跳　高

随着跳高技术的发展，在正式比赛中已经比较普遍采用背越式跳高技术。背越式跳高技术由助跑、起跳、过杆和落地四个部分组成。（图 6–1–3）

图 6–1–3

1. 助　跑

一般助跑分为前段直线跑和后段弧线跑。助跑开始采用直线助跑，用前脚掌着地，富有弹性地跑，提高重心，步幅均匀，不断加速；进入弧线跑时，前脚掌沿弧线落地，外侧摆动腿有弹性地蹬地，上体逐渐向弧线内侧倾斜。助跑的节奏要快，特别是助跑最后两步髋关节前送幅度要大，迈步时上体保持较垂直的姿势，摆动腿积极、充分后蹬，起跳腿快速前伸，髋部自然前送。助跑时两臂应积极有力地前后摆动，弧线跑时外侧手臂的摆动幅度应大于内侧手臂的摆动幅度。

2. 起　跳

起跳腿以大腿带动小腿积极下压着地，起跳脚脚跟外侧先着地，接着通过脚的外侧滚动至全脚掌，脚尖朝向弧线的切线方向。随着身体由内倾转为垂直，运动员迅速地完成缓冲和蹬伸动作，顺势向上跳起。

摆动腿蹬离地面以后，以髋部发力加速向前摆大腿，同时屈膝折叠，当摆动腿摆过起跳腿前方后应向里转，而小腿和脚要稍外展。摆动腿沿着助跑弧线的延伸方向加速上摆，直至减速制动。两臂的摆动要与摆动腿的摆动协调配合。

3. 过 杆

当起跳腿蹬离地面结束起跳以后，身体应保持伸展的姿势向上腾起，同时在摆动腿和同侧臂的带动下，围绕身体纵轴旋转，使身体转向背对横杆。当头和肩越过横杆以后，及时地仰头、倒肩和展体，并利用身体向上的速度，收腿挺髋，形成身体的背弓姿势。这时两腿屈膝稍后收，两臂置于体侧。当身体重心移过横杆时，则应做相反的补偿，即含胸收腹，控制上体继续下旋，同时以髋部发力，带动大腿和小腿加速向后上方甩腿，使整个身体脱离横杆。

4. 落 地

保持屈髋伸膝的姿势下落，最后以上背部先落于海绵垫上。落在海绵垫后要做好缓冲控制，防止受伤。

跳 远

（二）跳 远

跳远技术由助跑、起跳、腾空和落地四个部分组成。

1. 助 跑

助跑是为了获得理想的水平速度，并为准确踏板和快速有力的起跳做好准备。助跑距离与运动员的年龄、运动水平和发挥速度的能力有关，一般为 28 ~ 50 米。男子助跑为 16 ~ 24 步，女子助跑为 14 ~ 18 步。助跑过程注意身体重心和节奏的把握，最后一步达到助跑最高速度。

2. 起 跳

助跑的倒数第二步摆动腿着地时，膝关节迅速前移，上体正直，起跳腿自然积极地前摆。在起跳腿的大腿前摆时，抬腿要比短跑时低些，并积极主动下压，用全脚掌踏上起跳板，然后屈膝缓冲，身体重心稍降低。当身体重心移至起跳腿支点的垂直部位时，起跳腿迅速用力地蹬伸，使髋、膝、踝三个关节迅速伸直，上体挺起，摆动腿的大腿积极向前上方摆至水平位置，小腿自然下垂，完成起跳动作。

起跳腿蹬伸充分的同侧臂屈肘向前上方摆起，异侧臂屈肘向侧摆起，当两臂肘关节摆至略低于肩或与肩同高时突停，使身体借助于摆臂的惯性提肩、拔腰、挺胸、顶头，帮助身体重心提起，增加起跳效果。

3. 腾 空

起跳腾空后的空中动作主要有挺身式、蹲踞式和走步式，以下介绍挺身式。

起跳腾空后，摆动腿的大腿积极下放，小腿随之向下、向后方摆动，与留在体后的起跳腿与摆动腿靠拢。当达到腾空最高点时，身体充分伸展，形成挺胸展髋姿势。两臂上举或后摆，然后收腹团身，落地瞬间双腿前伸成落地动作。（图 6-1-4）

图 6–1–4

4. 落　地

落地前，上体不要过分前倾，大腿要尽量上举靠近胸部。将要落地时，小腿积极前伸，两脚接触沙面后，迅速屈膝缓冲，两臂积极向前挥摆，臀部前移，上体前倾，使身体重心迅速移过支撑面。为了避免落地时身体后坐，可采用以下两种落地姿势：前倒姿势，当脚跟着地后，前脚掌下压，两腿屈膝前跪，身体移过支撑点后继续向前移动，并向前倒下；侧倒姿势，当脚跟着地后，一腿紧张支撑，另一腿放松，身体向放松腿的侧前方倒下。

背向滑步推铅球

三、投　掷

投掷项目包括推铅球、掷铁饼、掷标枪、掷链球等。这里主要介绍背向滑步推铅球技术。

背向滑步推铅球技术由握球和持球、预备姿势、滑步、最后用力和维持身体平衡五个部分组成。

（一）握球和持球

握球的方法（以右手为例）：五指稍分开，将球放在食指、中指、无名指指根处，拇指和小指扶在球的两侧，手腕背屈（图 6–1–5）。握好球后，将球放在锁骨窝处，贴于颈部，右臂屈肘向外，掌心向内（图 6–1–6）。

图 6–1–5

图 6–1–6

（二）预备姿势

持球后，站在投掷圈的后部，背对投掷方向，右脚在前，贴近投掷圈，身体重心落在右脚脚掌上，左脚在后，以脚尖自然点地。身体从正直姿势开始向前屈体，待身体与地面平行时，屈膝下蹲，形成团身动作。

（三）滑　步

预备姿势完成后，臀部带动身体重心略向投掷方向移动，使其移离身体的支撑点（右脚），以便于滑步并避免身体重心起伏过大。左腿以大腿带动小腿迅速向抵趾板方向摆出并外旋，右腿积极蹬伸，及时拉收并内旋，两腿摆蹬协调配合，推动身体向投掷方向快速移动。

（四）最后用力

最后用力是推铅球技术的重要环节。滑步结束后，左腿脚掌内侧着地支撑，右腿弯曲，支撑体重。左脚脚尖与右脚脚跟在一条直线上，肩轴与髋轴成扭紧状态。右腿积极蹬转，推动右髋向投掷方向转动，左臂由胸前向投掷方向牵引摆动，重心逐渐移至左腿，左膝被动微屈。左臂由上向身体左侧靠压制动，右臂向投掷方向转动，用力推球。铅球快离手时，手腕、手指向外拨球。

（五）维持身体平衡

铅球离手后，两腿交换，降低重心，维持身体平衡。

第二节　田径竞赛主要规则

一、田赛主要规则

跳高比赛中，运动员必须用单脚起跳，试跳中将横杆碰掉则判试跳失败。在越过横杆前，身体的任何部分触及立柱前沿垂直面以外的地面或落地区也均为试跳失败。任何高度上只要连续 3 次试跳失败，即失去比赛资格。

跳远、三级跳远比赛时，运动员超过 8 人时允许每人试跳 3 次，成绩较优的前 8 名运动员可再试跳 3 次，试跳顺序与前 3 次试跳后的排名相反。其名次由全部试跳中最好的一次试跳成绩来判定。运动员起跳时身体任何部分触及起跳线前面的地面、落地时触及沙坑外的地面或向后走出沙坑均应判试跳失败。

在铅球、铁饼、标枪比赛中，运动员若超过 8 人，允许每人试掷 3 次，有效成绩最好的前 8 名运动员可再试掷 3 次，试掷顺序与前 3 次试掷后的排名顺序相反。铅球、铁饼项目运动员必须从静止姿势开始试掷，试掷后，身体任何部位触及圈外地面或铁圈上沿，以及掷出的铅球、铁饼没有完全落在落地区角度线内沿以内均判试掷失败。器械落地后，运动员方可离开投掷圈。离开时，首先触及的铁圈上沿或圈外地面须在通过投掷圈圆心的圈外白线后面。掷标枪时，不得抛甩，只有标枪枪尖先于标枪的其他部位触地，且标枪必须完全落在落地区角度线内沿以内方有效。开始试掷后，如果身体的任何部位触及投掷弧、助跑道标志线及其以外地面，均判为试掷失败。

二、径赛主要规则

径赛项目以决赛成绩判定该项目最终名次，而不以预赛、复赛的成绩判定最终名次。名次的判定以运动员躯干（不包括头、颈和四肢）的任何部分抵达终点线后沿垂直面的先后顺序为准。

400 米跑及以下各项，包括 4 × 100 米接力跑，运动员必须使用起跑器，采用蹲踞式起跑。运动员做好预备姿势后到鸣枪之前若开始做起跑动作，应判定起跑犯规并取消其比赛资格。400 米跑以上的竞赛项目不包括 4 × 100 米接力跑，口令只有“各就位”，当所有参赛者均准备妥当及静止后，便可鸣枪开始比赛。在分道进行的径赛项目中，参赛者不得越出其指定的赛道，否则会被取消比赛资格。在任何径赛项目中，若冲撞、突然切入或阻碍其他参赛者，会被取消比赛资格。若任何参赛者被推或被迫离开指定的赛道，只要未获得实际利益，不必取消其比赛资格。同样的情况，任何参赛者在直道中越出其跑道或在弯道中越出其跑道的外侧，只要没有因此得益及没有阻碍他人，不算犯规。

跨栏跑时各参赛者必须在自己的分道内完成比赛，而且当参赛者跨越栏架时，若其腿或足从栏架两侧外（任意一边）低于栏架顶的水平线跨越，或跨越并非自己赛道上的栏架，均应被取消比赛资格。若裁判员认为参赛者故意以手或足撞倒任何栏架，应取消其比赛资格。

接力跑时，运动员应手持接力棒跑完全程。如发生掉棒，须由掉棒人拾起，若在拾起过程中有缩短比赛距离或侵犯其他队员的行为，则取消其比赛资格。所有交接棒的过程均须在接力区内完成。

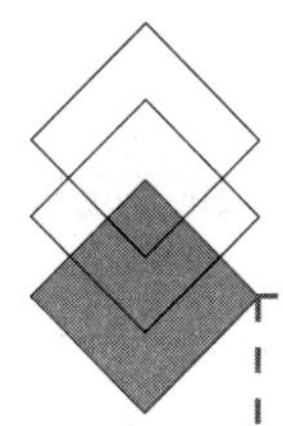

第七章 球类运动

第一节 篮球运动

一、篮球运动基本技术

（一）基本姿势

1. 动作方法

两脚左右（或前后）开立，两脚距离与肩同宽，全脚掌着地，两膝屈曲，大小腿之间的角度约为 135°，身体重心落在两脚之间，上体略微前倾，两臂屈肘自然下垂，置于体侧，两眼平视，注视场上情况。防守时的站立姿势：两脚距离比肩略宽，两臂屈肘左右或前后张开。

基本姿势

2. 动作要点

两腿屈膝下蹲，便于启动，两眼平视，注意场上情况。

（二）移动技术

1. 动作方法

脚步动作是通过前脚掌的蹬地、碾地或脚后跟先着地后的制动等动作，使力作用于地面和地面的反作用力来实现的。脚给地面的作用力和来自腿部的伸展力是分不开的，即踝、膝、髋关节预先弯曲到一定程度，然后主动伸展，腰、胯协调用力，配合或加大对地面的作用力，并利用地面支撑的反作用力来克服人体重力和惯性，以保持身体平衡和重心的控制和转移，从而使人体获得启动、起跳、旋转、制动等能力，以实现在场上更合理、更有效地移动。上肢的协同动作，能更好地保证各种脚步动作的协调性、快速性、实效性，并有利于维持身体的平衡。

2. 动作要点

结合基本姿势，突出脚步动作的突然性、快速性和灵活性等特点；移动技术是攻防技术的基础，可按启动、急停、转身、变向和滑步等动作进行组合练习，逐步掌握。

（三）传接球技术

传球是在比赛中进攻队员有目的地转移球的方法，是队员之间互相配合和完成进攻战术的纽带。

1. 持球方法

双手持球时，两手自然分开，握球的后侧方。两拇指成“八”字形，掌心空出，手腕放松，两肘弯曲，自然下垂；单手持球时，手指自然分开，掌心空出，托球的后下部，手腕后屈，前臂向上，用手指和指根控制球。

双手胸前传球

2. 传球动作

（1）双手胸前传球：身体成基本姿势，将球置于胸前，两眼注视传球目标。传球时，后脚蹬地，身体重心前移，同时两臂前伸，手腕由下向上翻转，拇指用力下压，食指和中指用力拨球，将球传出。出球后，手心和拇指向下，其余手指指向前方。（图 7–1–1）

【动作要点】传球时，蹬、伸、翻、抖、拨的动作要协调连贯，双手均匀用力。

单手肩上传球

（2）单手肩上传球：双手持球于胸前，两脚平行开立。右手传球时，左脚向传球方向跨出半步，同时将球引到右肩上，右侧上臂与地面接近平行，前臂与地面接近垂直，手腕后屈，右手持球的后下方，左肩对着传球方向，重心落在右脚上。出球时，右脚蹬地的同时，转体带动上臂，肘在前，前臂迅速前甩，手腕前扣。最后，通过食指、中指和无名指的弹拨下压动作将球传出。（图 7–1–2）

图 7–1–1

图 7–1–2

【动作要点】单手持球的后下方，利用蹬地、扭腰、转肩动作，向前甩臂、扣腕，将球传出。

（3）反弹传球：反弹传球的击地点一般应在离接球人的 1/3 处，球在向后旋转击地反弹后，球速减慢并向斜上方弹起，此点便于接球，同时这种击地方式的传球速度更快。传球手法与各种传球动作基本相同，其腕、指用力更大。

【动作要点】腕、指急促抖动用力，出球快，击地点适当。

3. 接球动作

接球是持球进攻的基础。只有接好球，才能进行传球、投篮、突破或运球等攻击动作。

（1）双手接球：目视来球，双臂迎球伸出，双手五指自然张开，拇指相对成

“八”字形，其他手指指向前上方，两手成半圆形。当手指触球时，两臂顺势屈肘后引，缓冲来球的力量。两手持球于胸腹前，动作连贯一致。（图 7–1–3）

【动作要点】接球时，手臂主动伸出迎球，两拇指相对成“八”字形，虎口相对，手指朝上。手接到球后，迅速将球置于身前或体侧。

（2）单手接球：以右手接球为例，左脚朝来球方向迈出，两眼注视来球，右手手指成勺形自然分开，向来球方向伸出，当手指触球时，顺势将手臂收向后下方，左手立即协助握球，双手持球于腰腹之间。（图 7–1–4）

【动作要点】接球时，手自然伸出迎球，五指自然分开，手心对球，做顺势缓冲引球动作。

图 7–1–3　　图 7–1–4

（四）投篮技术

1. 动作方法

这里着重介绍三种比较普遍的投篮动作：原地单手肩上投篮、跳投和行进间单手低手投篮。

（1）原地单手肩上投篮：以右手为例，右手持球放于肩上，左手扶球的左侧，右臂屈肘，前臂与地面接近垂直。两脚前后开立，两膝微屈。投篮时，下肢蹬地发力，右臂向前上方伸直，手腕前屈，食指和中指用力拨球，全身协调用力将球投出。（图 7–1–5）

图 7–1–5

（2）跳投：跳起后将球投出的投篮方法。这种投篮的出手点较高，防守队员较难进行防守。准备动作与原地单手肩上投篮相同，不同之处是两膝屈曲程度更大，以便

发力起跳，当身体接近最高点时，将球投出。（图 7–1–6）

图 7–1–6

（3）行进间单手低手投篮：以右手为例，运球或接球时，右脚跨出一大步，同时双手持球于体前，左脚再跨出一小步，用力起跳，右腿屈膝上提，双手向前上方举球，当身体接近最高点时，右手伸臂屈腕，用手指拨球投篮。（图 7–1–7）

图 7–1–7

2. 动作要点

无论哪种投篮，投篮动作要协调连贯，一气呵成，不能出现明显的停顿动作，稳定重心，保持好平衡。行进间投篮要体会“一步大、二步小、三步高跳”的动作节奏。

（五）运球技术

1. 动作方法

两脚前后或左右自然开立，两膝微屈，上体前倾，抬头目视前方。运球时手臂自然屈曲，以肘关节为轴，用前臂和手指的力量控制球的方向，另一只手臂自然张开，以保护球。

2. 动作要点

运球时，手拍球的后上部，球的落点在身体的侧前方。高运球时，球的反弹高度在腰胸之间；低运球时，球的反弹高度在膝关节以下。

3. 运球方式

运球方式有高运球、低运球、体前变向运球、背后运球、转身运球和胯下运球等，可根据防守队员的不同情况选择应用。

（六）持球突破技术

1. 动作方法

（1）交叉步突破：以右脚作中枢脚为例，两脚左右开立，两膝微屈，持球于胸腹间。突破时，左脚前脚掌内侧迅速蹬地，上体稍右转，重心向右前方移动，左脚向右侧前方跨出，将球引于右侧运球，然后中枢脚向前迅速跨出，超越防守队员。注意先放球，然后再抬起中枢脚，练习时，注意防止带球跑违例。

（2）顺步突破：准备姿势和突破前的动作要求与交叉步突破相同。以左脚为中枢脚为例，突破时，右脚向右前方跨出一步，向右转体探肩，重心前移，右手运球，左脚前脚掌迅速蹬地，向右前方跨出，突破防守队员。

（3）后转身突破：以左脚为中枢脚为例，突破时，背向篮筐站立，降低重心，双手持球于腹前，突破时，以左脚为轴转身，右脚向右侧后方跨步，上体右转，右手向右脚前方放球，左脚前脚掌内侧迅速蹬地，向篮筐方向跨出，运球突破防守队员。

（4）前转身突破：以左脚为中枢脚为例，突破时，重心移至左脚上，右脚前脚掌内侧蹬地，以左脚为轴，右脚向左前方跨出，右手运球后，左脚蹬地，向前跨出，突破对手。

2. 动作要点

突破动作的关键是动作的突然性，迅速的启动是摆脱对手的有效手段，突破前可以先做假动作迷惑对手，进而完成突破的目的。无论采用哪种突破，第一步都要突然，第二步要加速摆脱防守。

（七）防守技术

1. 防守无球队员

防守无球队员

（1）动作方法

① 选位：站在对手与球之间，偏向有球的一侧，做到“以球为主，人、球、区兼顾”和“内紧、外松、近球紧、远球松、松紧结合”。

② 原则：不让对手进入限制区及在限制区附近接球。

③ 施压：要积极破坏对手接球后的身体平衡，使其不便于衔接下一个动作。

（2）动作要点

防守无球队员时，要集中注意力，人球兼顾，不仅要看到自己防守的队员，还要观察持球队员的传球意图，提前抢占有利的防守位置。

2. 防守有球队员

防守有球队员

（1）动作方法

① 选位：当对手接球后，必须迅速调整防守位置和距离，占据对手与篮筐之间的有利位置，并与对手保持适当距离。一般来说，对手离篮筐远，防守距离则远，离篮筐近，防守距离则近，还要根据对手善投、善突等特点和战术需要进行调整。

② 视野：眼睛主要盯住进攻队员的腰部，用眼睛余光观察对手是否投篮。

③ 手脚位置：以左脚在前为例，左臂屈肘上举，手指朝上，手臂不要完全伸直；右脚在后，右手置于体侧，手指朝下，防止对手进行传球和突破。

（2）动作要点

可以根据对手的特点采用：① 平步防守，即面向持球队员平行站立的防守姿势。这种步法防守面积大，便于左右移动，对于防守对手突破比较有利。② 斜步防守，即两脚前后斜步站立的防守姿势。这种步法便于前后移动，有利于防守对手的投篮。

二、篮球运动基本战术

（一）进攻战术基础配合

1. 传切配合

传切配合

传切配合是指进攻队员之间利用传球和切入技术所组成的简单配合，包括一传一切配合和空切配合。

（1）一传一切配合

⑤传球给④后，迅速摆脱对手的防守，向篮下切入，接④的回传球进行投篮。（图 7–1–8）

（2）空切配合

④传球给⑤后，⑥立即摆脱对手的防守，向篮下切入，接⑤传来的球进行投篮。（图 7–1–9）

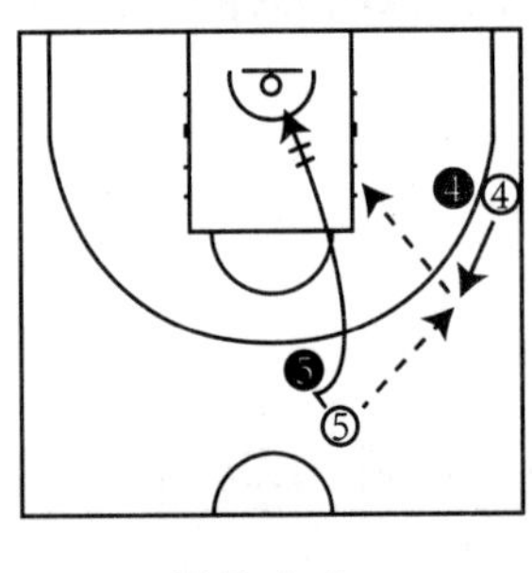

图 7–1–8

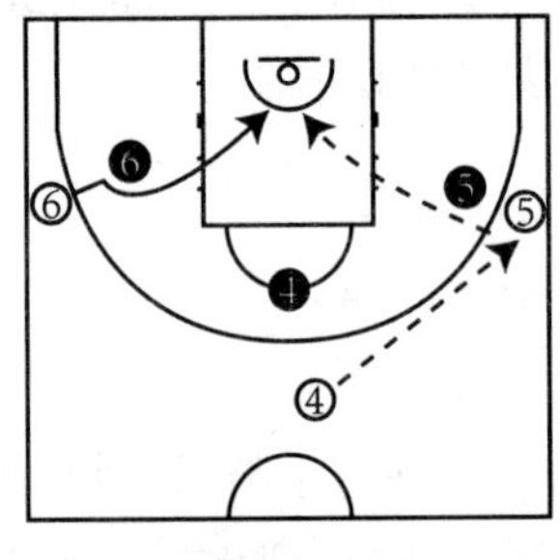

图 7–1–9

2. 掩护配合

掩护配合

掩护配合是掩护队员采用合理的行动，用自己的身体挡住同伴的防守者的移动路线，从而使同伴摆脱防守，或利用同伴的身体和位置使自己摆脱防守的一种配合方法。

（1）给持球队员做掩护

⑤传球给④后，跑到④的防守队员的侧面做掩护，④接球后做投篮或突破动作，吸引防守，当⑤达到掩护位置后，④在⑤的掩护下持球从左侧突破投篮，⑤完成掩护后，迅速移动到有利位置去接球或抢篮板球。（图 7–1–10）

（2）给无球队员做掩护

⑤传球给④后，跑去给同伴⑥做掩护，当⑤到达掩护位置后，⑥利用⑤的掩护切入篮下，接④传来的球进行投篮。④接到⑤的传球后，要做投篮、突破的假动作吸引防守，⑥切入篮下时，④要及时将球传给⑥。（图 7–1–11）

图 7-1-10

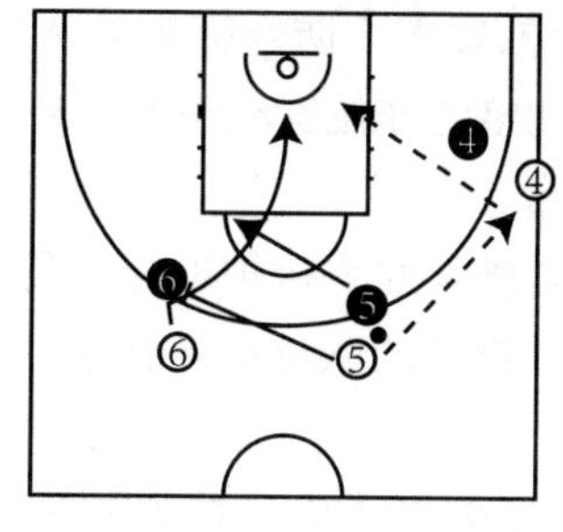

图 7-1-11

3. 策应配合

策应配合是指进攻队员背对或侧对篮筐接球，由其作为枢纽，与同伴空切相互配合而形成的一种里应外合的配合方法。

④摆脱防守后，插到罚球线作策应，⑤将球传给④，摆脱防守后，空切篮下，接④的策应传球进行投篮。（图 7-1-12）

策应配合

4. 突分配合

突分配合是有球队员运球突破后，主动或应变地利用传球与同伴配合的方法。

⑤从防守者的左侧突破，吸引对方两名防守队员同时封堵⑤的突破路线，此时④及时跑到有利的进攻位置，接⑤的传球进行投篮，或接球后做其他配合。（图 7-1-13）

突分配合

图 7-1-12

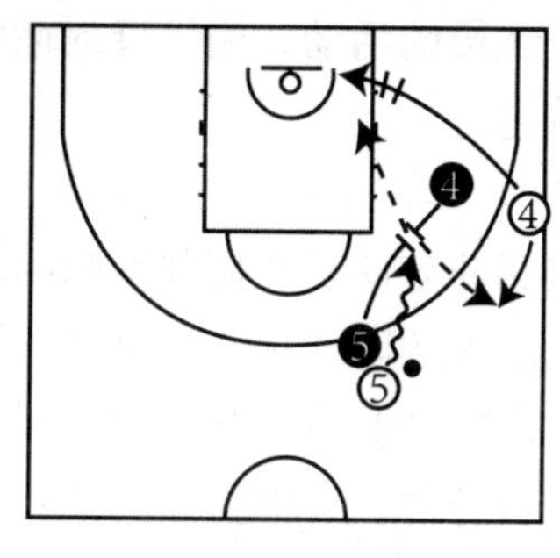

图 7-1-13

（二）防守战术基础配合

1. 抢过配合

抢过配合是破坏掩护配合非常有效的方法之一。防守者在掩护队员临近自己时，要迅速向前跨出一步，贴近自己的防守对手，从掩护者前面抢过去，继续防守自己的对手。防守掩护队员的同伴，要及时呼应，并配合行动，随时准备补防。

【抢过配合的要求】抢过时，要贴近进攻者，迅速抢前一步的动作要迅速、突然、有力。发现对方掩护，必须要提醒同伴。要选择好有利于进行协防的位置，密切注意两名进攻者的行动，及时做好补防。

2. 穿过配合

穿过配合是破坏掩护配合、及时防住自己对手的一种配合。当进攻队员进行掩护时，防守去做掩护队员的队员要及时提醒同伴，并主动后撤一步，让同伴快速从自己和掩护队员之间穿过，从而继续防守各自的对手。

穿过配合

【穿过配合的要求】防守掩护的队员要及时提醒同伴，并主动让路，穿过队员要迅速穿过，并调整防守位置和距离。穿过配合通常在无投篮的威胁时运用。

绕过配合

3. 绕过配合

绕过配合是破坏对方掩护配合、及时防守自己对手的一种配合。当进攻队员进行掩护时，防守做掩护的队员积极贴近对手，让同伴从自己的身旁绕过，继续防守各自的对手。

【绕过配合的要求】防守掩护的队员要及时提醒同伴，并贴近自己的对手，绕过队员要快速调整位置和距离，继续防守对手。

"关门"配合

4."关门"配合

"关门"是两名防守队员靠拢，协同防守突破的配合方法。

【关门配合的要求】防守队员应积极堵截进攻者的突破路线，临近突破一侧的防守队员要及时向同伴靠拢进行"关门"，不给突破者留有通过的空隙。关门配合也常运用于区域联防。

5. 夹击配合

夹击配合是两名防守队员突然采取统一的行动，主动防守一名进攻队员的配合方法。

夹击配合

【夹击配合的要求】夹击配合的目的是造成对手5秒违例或传球失误，所以，要正确地掌握夹击的时机和区域，行动要果断，要出其不意。在形成夹击时，要用身体和腿部限制进攻队员的活动，用手臂封堵传球和接球，要防止出现犯规。夹击配合一般是在边角区域进行。

6. 补防配合

补防配合

补防配合是指防守队员在同伴漏防时，迅速放弃自己的对手，去补防那个威胁最大的进攻者，而漏人的防守队员及时进行换防的一种协同防守方法。

【补防配合的要求】动作要迅速、果断、及时，补防意识要强，如果发生漏防，邻近的队员要积极补防，其他防守队员要密切注意场上情况，及时调整防守位置。

（三）快攻与防守快攻

快攻是指在由防守转入进攻时，以最快的速度、最短的时间把球推进到前场，在对方部署好防守之前，造成人数上、位置上的优势，果断而合理地进行进攻的一种进攻战术。快攻的形式分为长传快攻和短传快攻两种类型。

1. 快攻的方法

（1）长传快攻

如图7-1-14所示，⑤抢到篮板球后，首先应观察全场情况，掌握发动快攻的时机，⑥和⑧及时快下，超越防守。⑤根据情况，长传球给⑥或⑧进行投篮。④、⑤、⑦应随后跟进。

（2）短传结合运球快攻

如图7-1-15所示，④抢到篮板球后，将球传给机动接应的⑤，⑤又把球传给⑥，⑥从中路运球推进，⑦和⑧沿边线快下，争取以多打少进行投篮，④和⑤应迅速插空跟进。

2. 防守快攻

（1）基本要求

具有防守快攻的意识，合理运用封、堵、夹、抢、断等手段，退守速度要快。原则是堵中间、卡两边，前提是封一传和接应。

（2）防守快攻的方法

① 积极拼抢篮板球，减少对方获球的次数，封、堵快攻的第一传和接应。如图 7-1-16 所示，当④抢到篮板球时，❹迅速上前封堵④的一传路线，❺则迅速抢前防守，切断⑤插中接④传球的路线。

② 紧防快下队员。在转入防守时，后线队员要快退，紧防进攻队员沿边线快下接球，切断长传的路线。

③ 降低对方推进速度。当对方已展开快攻时，防守队员都要积极退守、堵截或追防，阻挠对方传球或运球突破，延缓对方的进攻速度，以便及时地组织防守。

④ 以少防多。当对方快攻推进至前场形成以少防多的情况时，应重点防守篮下，积极阻截，为同伴的退守赢得时间。

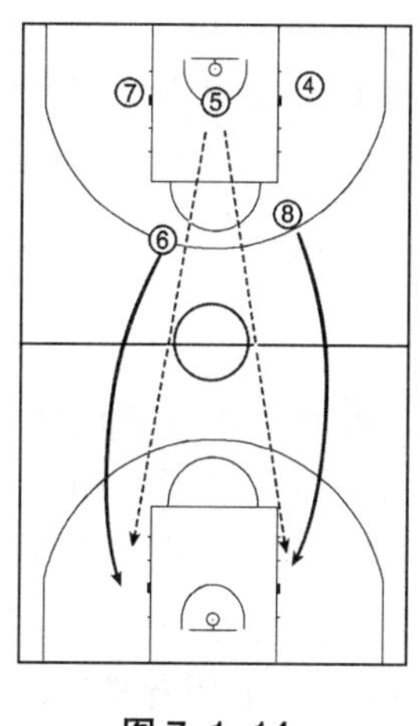

图 7-1-14

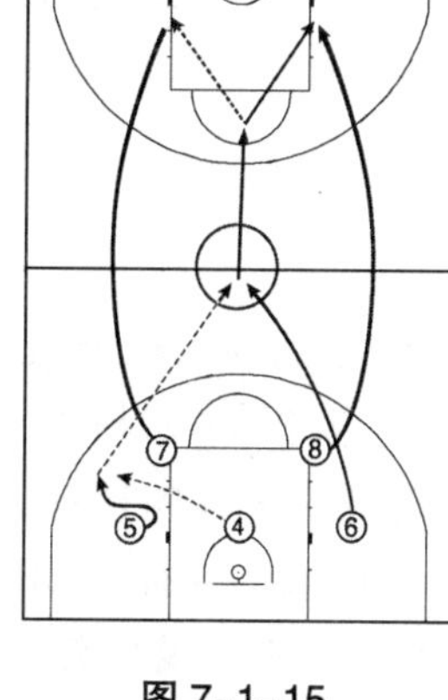

图 7-1-15

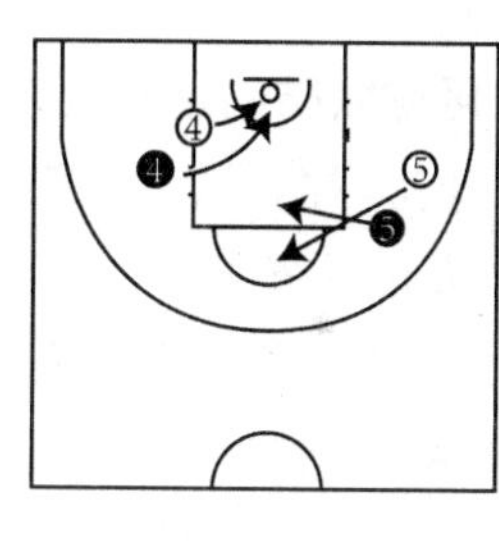

图 7-1-16

（四）半场人盯人防守与进攻人盯人防守

1. 半场人盯人防守

（1）半场人盯人防守的基本要求

① 防守队应根据双方队员的身高、位置和技术水平，合理地进行分工，尽量与对手的力量相当。由进攻转入防守时，要迅速退回后场，找到自己的对手，在控制住自己对手的基础上，积极抢球、断球，夹击和补防。

② 防守有球队员要逼近对手，主动攻击球，积极封盖投篮，干扰传球，堵截运球，并伺机抢球，迫使对方处于被动局面。防守无球队员要根据对方队员、球和离球篮的距离选择人球兼顾的位置。防守离球近的队员要贴近防守，切断对方的传接球路线，不让对方接球；防守离球远的队员要缩小防守，在控制住自己对手的基础上，协助同伴防守。

（2）半场人盯人防守的战术方法

① 进攻转入防守时，离球近的防守队员要封堵对方的第一传和接应，防止对方发动快攻，然后迅速返回后场找人，进行半场人盯人防守。

② 防守掩护进攻配合时，防守队员应该尽量采用挤过的配合方法，减少采用交换防守的方法，避免对方通过掩护配合缩小防区，以保持防守的攻击性。

2. 进攻半场人盯人防守

（1）进攻半场人盯人防守的基本要求

① 根据本队队员的身体条件、技术水平，选择进攻战术配合和适宜的战术队形，以扬长避短，发挥本队的优势。由防守转入进攻时，在前场要迅速落位，形成战术队形，立即发动进攻。

② 在组织战术时，应注意各种进攻基础配合之间的衔接与变化，既要明确每个进攻机会，又要明确全队进攻的重点，还要保持进攻后战术的连续性。组织进攻战术时，应该尽量做到内外结合，左右结合，扩大进攻面，增加进攻点，增强战术的灵活性。在进攻配合中，既要积极穿插移动，又要保持攻守平衡。

（2）进攻半场人盯人防守的战术方法

进攻半场人盯人防守有各种阵型打法，主要是由传切、掩护、策应等局部配合组合而成。

（五）区域联防与进攻区域联防

1. 区域联防的基本要求

防守持球队员，应按照人盯人防守的要求积极阻挠对手投篮、传球和运球，严防对手从底线突破。防守无球队员，要根据离球的远近和防区中进攻队员的行动，积极抢位和堵截，不让对手在有威胁的区域内接球，随时准备协同同伴进行“关门”“补防”等防守配合。当进攻队员采用穿插移动时，应根据其行动方向，积极阻挠对手投篮、传球和运球，严防对手从底线突破。当进攻队员采用穿插移动时，应根据其行动方向，进行跟防或协防，并迅速调整防守位置或队形。当进攻队投篮后，每个防守队员都要挡人和抢位，有组织地争夺篮板球，及时发动快攻。

2. 区域联防的方法

（1）“2–1–2”区域联防的方法

示例：如图 7–1–17 所示，球在外围弧顶时的防守配合，④持球时，❹上去防守④。❺要稍向左移，准备抢断④传给⑥的球，❻向上移动防守⑤，❼向右移动防守⑦，并兼顾防守篮下，❽防守⑧。

（2）“2–3”区域联防的方法

示例：如图 7–1–18 所示，当⑥接④传球时，❼上去防守⑥。❻向限制区移动，防止④进行空切。❼抢站在⑧的前面，切断⑥与⑧的传球路线，❺站在⑧的侧后方，防止⑥传高吊球给⑧。❹站在⑤的内侧，防止⑤向限制区空切。

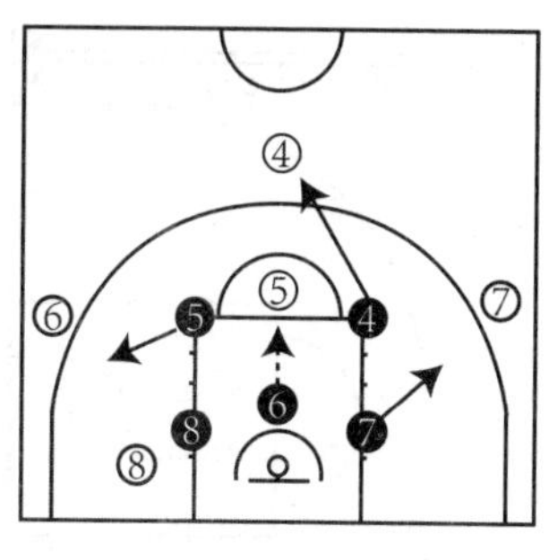
图 7–1–17

图 7–1–18

篮球比赛规则简介

3. 进攻区域联防的基本要求

（1）由防守转入进攻时，首先要积极发动快攻，打乱对方的战略部署。当防守区已组成区域联防时，进攻队应针对防守队形，采用插空站位的进攻队形组织进攻。

（2）组织进攻区域联防战术，应耐心地运用快速的传球转移进攻方向，积极穿插移动，调动和牵制防守，创造进攻机会。进攻区域联防要用准确的中远距离投篮，迫使对方扩大防区；要利用内外结合的攻击，在防守薄弱的区域组织进攻；要在局部区域以多打少，拼抢篮板球，争取二次投篮机会；还应注意保持攻守平衡，准备退守。

4. 进攻区域联防的方法

（1）以“1–3–l”进攻“2–1–2”区域联防为例。如图 7–1–19 所示，④、⑦相互传球吸引❹、❼上来防守，④将球传给⑤，⑤接球后转身做投篮动作。与此同时，⑧溜底线，⑥向底角移动，形成以多打少的有利局面，⑤根据情况，将球传给⑧或⑥投篮。

（2）以“1–2–2”进攻“2–3”区域联防为例。如图 7–1–20 所示，④、⑥、⑦相互传球，吸引❹、❻上来防守。④、⑥、⑦根据❹、❻的情况，抓住时机，果断地进行中距离投篮。⑧插上至罚球线附近准备接球，吸引❺上来防守，④迅速将球传给⑦，⑦做投篮的动作，吸引❼上来防守，⑦根据情况，进行中距离投篮或传球给篮下的⑤投篮。

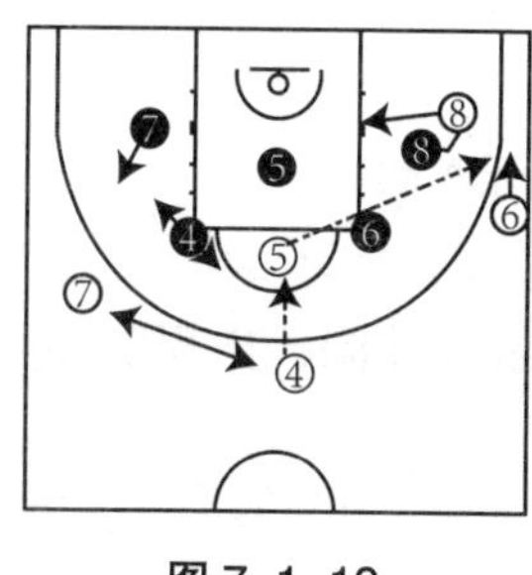
图 7–1–19

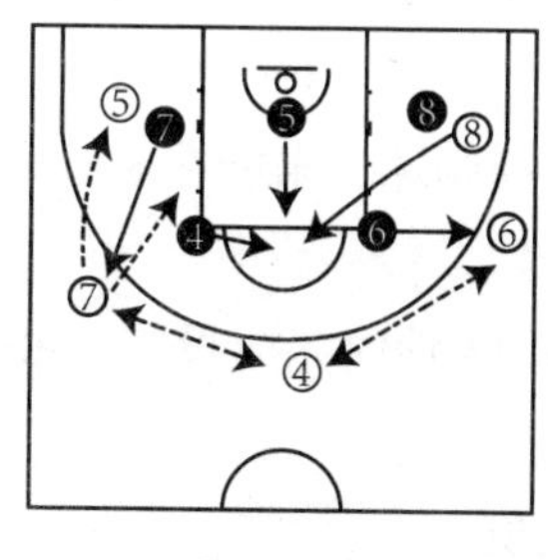
图 7–1–20

三、篮球主要规则

（一）竞赛场地

篮球竞赛场地如图 7–1–21 所示。

竞赛场地

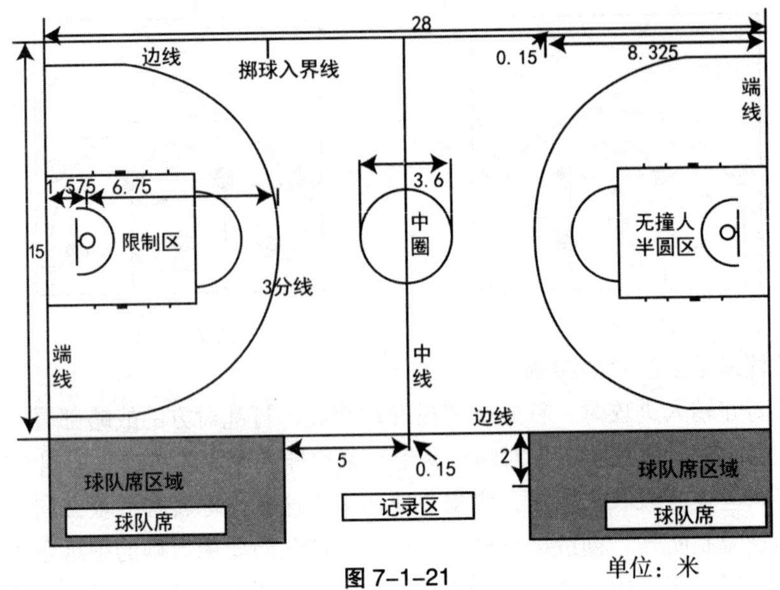

图 7-1-21　　单位：米

（二）违　例

1. 掷界外球违例

5 秒钟内未将球掷出；从裁判员指定地点沿边线移动超过正常的一步；球离手后，在球触及场内队员之前，掷球队员首先触及球；掷界外球在球触及场上队员前，球触及界线或界外等。

3 秒违例

2. 3 秒违例

当球进入前场并且比赛计时钟正在运行时，进攻队员在对方的限制区内停留超过持续的 3 秒钟。

5 秒违例

3. 5 秒违例

掷界外球时，5 秒内未将球掷出；持球队员被紧逼防守，在 5 秒内球未离手；裁判员将球递交给罚球队员，在 5 秒内未将球投出。

8 秒违例

4. 8 秒违例

进攻队在后场控制球，未能在 8 秒内使球进入前场。

5. 24 秒违例

进攻队未能在 24 秒内完成投篮，并使球触及篮圈；出现防守队员犯规时，重新计算 24 秒。

24 秒违例

6. 球回后场违例

在前场的进攻球队不得使球非法地回到它的后场。

7. 运球走步违例

持球队员在投、传、拍或滚球之前，移动了中枢脚。

球回后场违例

8. 二次运球违例

持球队员运球开始后，该队员用双手同时触球或使球在手中停留的瞬间，运球完毕，若再运球即为违例。出现下列几种情况不判二次运球违例：同一人连续投篮，但投出的球必须触及篮筐、篮板或其他队员；与其他队员争抢球中，用挑、拍等手法得到球后运球；抢断得球后运球。

9. 脚踢球违例

故意踢球或用脚的任何部位阻拦球。

10. 跳球时违例

当球在上升阶段时，跳球队员触及球；跳球队员未触及球时，其他队员进入中圈或移动位置；跳球队员直接接住球。

11. 干扰投篮违例

投篮的球在飞行中下落，并完全在篮圈水平面上时，防守队员触球即为违例，判给进攻队员投篮得分。

（三）犯　规

1. 侵人犯规

场上队员通过手、臂、肩、髋、膝、脚、弯曲身体成不正常姿势或使用粗野动作以拍、阻挡、拉、推、撞、绊等动作来阻碍对方队员，即为侵人犯规。侵人犯规的罚则如下：

（1）如果被侵犯的队员未做投篮动作，应由被侵犯的队员在犯规的最近点掷边线球或端线球，如犯规队在一节内已累计达 4 次犯规，再次犯规时，则判给被侵犯队员 2 次罚球；

（2）如果被侵犯的队员正在做投篮动作，则投中有效，再判给 1 次罚球，如果未投中，应判给 2 次罚球，如果是 3 分投篮未成功，则应判给 3 次罚球；

（3）如果进攻队员犯规，则由对方队员在犯规的就近处掷边线球或端线球。

2. 违反体育道德的犯规

裁判员认为队员蓄意地对对方队员进行侵人犯规，为违反体育道德的犯规，2 次违反体育道德犯规将被取消比赛资格。

违反体育道德的犯规罚则如下：登记犯规队员 1 次违反体育道德的犯规，应判给对方 2 次罚球，再追加 1 次中场掷界外球权。如果被犯规队员正在做投篮动作，投中有效，再判给 1 次罚球和 1 次掷界外球权；如果投篮不中，则应判给罚球（投 3 分球时罚 3 次）和 1 次掷界外球权；罚球时，双方队员都应站在罚球线的延长线之后；罚球结束后，掷中场界外球的队员必须两脚骑跨中线，可以将球传给场上任何位置上的队员。

3. 取消比赛资格的犯规

凡属十分恶劣的不道德行为，可判为取消比赛资格的犯规。

取消比赛资格的犯规罚则如下：登记犯规队员 1 次取消比赛资格的犯规，并令其离开比赛场地，余下判罚同违反体育道德的犯规罚则。

4. 技术犯规

运动员出现场上骂人、不服从裁判判决、故意拖延比赛时间等现象要被判技术犯规；教练员的技术犯规主要是指不服从裁判员、随意走出球队席区域或在场外干

技术犯规

扰比赛正常进行等。技术犯规的罚则如下：

（1）要进行登记，判给对方队员 1 次罚球和随后的掷球入界。罚球时，双方队员都应站在罚球线延长线后。罚球后，由对方队员在中场处掷界外球，比赛正常开始。

（2）若在比赛开始前或休息期间，判队员或教练员技术犯规，都应在比赛开始前由对方队员罚球 1 次后，再由中圈跳球开始比赛。队员的该次技术犯规带入下一节全队的犯规累计之中。

第二节　排球运动

一、排球运动基本技术

（一）准备姿势与移动

1. 准备姿势

准备姿势

上体自然前倾，可稍蹲、半蹲和低蹲，两臂自然放松置于腹前，重心稍靠前；全身肌肉适当放松。

2. 移　动

常用的主要移动步法有并步、跨步、交叉步、滑步和跑步等。要求：做好准备姿势，及时判断来球性质，快速移动，移动中身体重心起伏不能太大，以免影响移动速度。

移　动

（二）传　球

传球一般可分为正面传球、背传球、侧传球、跳传球等。下面主要介绍正面传球和二传球的动作技术方法。

1. 正面传球

（1）准备姿势

传　球

稍蹲姿势，面对来球，双手自然抬起，放松，置于脸前。（图 7–2–1）

（2）传球基本技术

当球下降至额前时，蹬地伸膝，伸臂，两手向前上方迎击来球。击球点在额前上方一球距离处，有利于看准来球和控制传球方向。两手自然张开成半球形，两拇指相对成一字形，用拇指内侧、食指全部、中指二三关节触球（图 7–2–2 ①），无名指和小指辅助控制传球方向。传球用力的顺序是：蹬地—伸膝—伸腰—手指、手腕屈伸。（图 7–2–2 ②）

图 7-2-1　　图 7-2-2①　　图 7-2-2②

2. 二传球

在组织进攻中，第二次击球称为二传球，是一种转方向传球技术。二传球的质量直接关系到组织进攻和战术的实现。二传球可分为顺网二传球、调整二传球、背向二传球、跳起二传球等。（图 7-2-3）

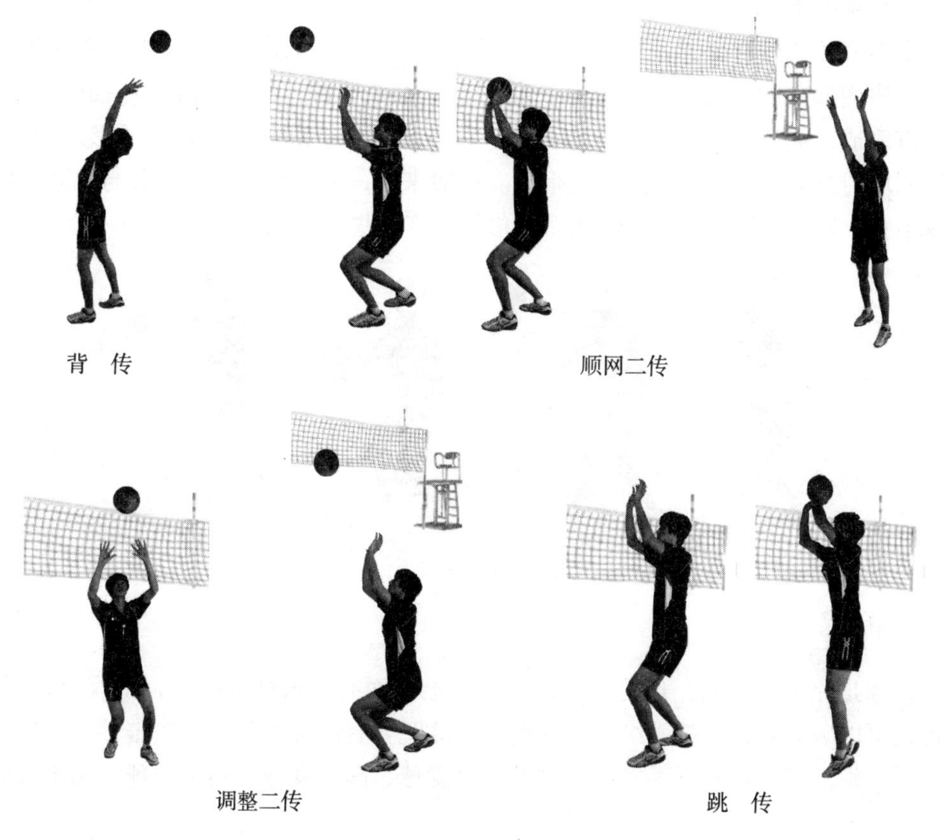

背　传　　顺网二传

调整二传　　跳　传

图 7-2-3

（三）垫　球

垫球主要用于接发球和接扣球。在比赛中，垫球是争取多得分、少失分，由被动变主动的重要技术，是稳定队员情绪、鼓舞队员士气的重要手段。垫球可分为正面垫球、移动垫球、侧面垫球、跨步垫球、变方向垫球、背垫球、单手垫球、挡球等。正面垫球是最基本的一种垫球技术。

1. 准备姿势

两脚开立，稍比肩宽。垫球手型主要有抱拳互握式、叠掌式、互靠式等。（图 7–2–4）

基本姿势

互靠式

叠掌式

抱拳互握式

垫球手型

图 7–2–4

2. 垫球的基本技术

看准来球，两臂夹紧前伸，插到球下，用前臂腕关节以上 10 厘米左右的地方两臂桡骨内侧形成的平面击球的下部。向前上方蹬地抬臂，迎击来球，使插、夹、抬、蹬连贯完成，灵活控制传球方向和力量。手臂角度：垫球手臂与地面所形成的夹角，对控制球的方向、弧度、落点影响很大。一般来说，来球弧度高，手臂与地面的角度应该小些；来球弧度平，手臂与地面的角度应该大些。（图 7–2–5）

图 7–2–5

（四）发　球

发球是比赛的开始，也是进攻的开始。准确而有攻击性的发球，不仅可以得分，而且还可以破坏对方的战术组合。因此，发球既要有准确性又要有攻击性。发球可分为正面上手发球、正面下手发球、侧面下手发球、高吊发球、勾手发球、勾手大力发球等。

1. 正面上手发球

（1）准备姿势

正对球网，两脚自然开立，左脚在前，左手托球于体前。

正面上手发球

（2）正面上手发球的基本技术

左手用掌平稳而准确地将球抛在体前右肩前上方，高度约为 50 厘米。同时，右臂抬起，屈肘后引，肘略高于肩，上体稍向后仰。五指并拢，指尖朝上，手腕稍后仰保持一定的紧张，眼睛注视球体。右脚蹬地重心前移，以收腹、屈体迅速带动手臂的挥动。挥臂成直线，在右肩前上方，用手掌坚硬部位击球的后下部。击球后便可迅速入场。（图 7–2–6）

2. 正面下手发球

正面下手发球

下手发球动作技术简单，是学习发球的入门技术。

（1）准备姿势

以右手发球为例（下同）。正对球网，左脚在前，两膝微屈，左手持球于胸前，右手自然下垂。眼视前方。

（2）正面下手发球的基本技术

左手将球在身体右侧抛起，高度约为 20 厘米，抛球时，身体重心后移，同时右手后摆。右脚蹬地，身体重心前移，右臂伸直，以肩为轴向前摆至腹前，用掌根击球的后下部。击球后，随着击球动作身体重心前移，迅速入场。（图 7–2–7）

图 7–2–6　　　　图 7–2–7

3. 侧面下手发球

（1）准备姿势

左肩对网，两脚开立。

（2）侧面下手发球的基本技术

左手抛球于胸前一臂之远，离手高度约为 30 厘米，抛球同时，右臂摆至右侧后下方。在抛球的同时，右臂摆至右侧后下方，接着右脚蹬地向左转体，带动右臂向前上方摆动，在腹前以全手掌击球的右下方。随着击球动作迅速进入场地。

4. 勾手发球

勾手发球所发出的球不旋转而在空中飘晃不定，具有很强的攻击性。发球队员由于采用侧面站立，可充分利用腰部扭转带动手臂加速挥动。这种发球比较省力，对肩关节负担比较小，因而适用于远距离发飘球。

（1）准备姿势

侧对球网开立，左手持球于胸前。

（2）勾手发球的基本技术

左手用托送方法，抛球于左前上方约一臂之高，右手向后下方摆动。击球时，右脚蹬地，上体向左转动发力，带动右臂加速挥动。挥动时，右臂伸直，在右肩的左上

方用掌根或半握拳击球的中下部。击球时，有突停动作。（图 7-2-8）

图 7-2-8

（五）正面扣球

扣球是排球基本技术中攻击性最强的一项技术。它在比赛中占有重要地位，是得分、得发球权的主要手段，也是进攻中最积极有效的武器。

1. 准备姿势

一般站在距离球网 3 米左右处，两肩自然下垂，稍蹲，眼睛注视来球。

扣 球

2. 正面扣球的基本技术

助跑时，助跑的方向、速度和步数根据二传来球的方向、速度和弧度决定。助跑时可采用一步、二步或三步助跑。助跑最后一步脚的落地就是起跳的开始，在踏跳脚着地的瞬间，手臂摆至身体侧后方并开始向前摆动、当两腿弯曲至最深时，手臂摆至体侧，而后随蹬直两腿向上画弧上摆，两脚迅速趴地，双膝猛伸，向上跳起。（图 7-2-9）

起跳后，挺胸展腹，上体稍向右转，右肩向上方抬起，身体成反弓形。挥臂时，以迅速转体、收腹动作发力，依次带动肩、肘、腕各关节成鞭甩动作向前上方弧形挥动，在右肩前上方最高点击球。击球时，提肩、伸臂，五指微张，以全掌包满球，击球的后中部，力量通过球中心，手腕有推压动作，使球向前下方旋转飞行。落地：空中完成击球后，身体自然下落，尽量用双脚的前脚掌先着地，以缓冲身体与地面的撞击力，落下时保持平衡。（图 7-2-10）

图 7-2-9　　图 7-2-10

（六）拦　网

拦　网

拦网是在网前跳起用双手阻拦对方的扣球，它既是防守技术，又是进攻手段。拦网是防守的第一道防线，是反攻的重要环节。

1. 准备姿势

正对球网，两脚平行开立，约与肩同宽，两手自然置于胸前。

2. 单人拦网的基本技术

将身体重心移动到拦网位置后立即制动，使身体正对球网起跳，或跳起后在空中使身体转向球网。起跳时，膝关节弯曲，两脚用力蹬地，两臂在体侧画小弧用力上摆，带动身体向上垂直起跳。起跳后稍收腹，控制平衡。两手从额前贴近并平行于网向网上沿前上方伸出，两臂伸直，两肩尽量上提。拦击时，两手尽量伸向对方上空，接近球，两手自然张开，屈指屈腕成勺形。当手触球时，两手要突然屈腕，用力捂盖在球的前上方。拦网后自然落回地面，落地时屈膝缓冲。（图 7–2–11）

图 7–2–11

二、排球运动基本战术

（一）阵型配备

排球阵型配备是排球战术运用的基础，阵型配备应最大限度地符合本方队员的特点，使队员特点合理搭配，同时还要考虑对方的情况。

1.“四二”配备

“四二”配备是 2 名二传手和 4 名进攻队员的阵容。4 名进攻队员分为 2 名主攻和 2 名副攻。“四二”配备常被中等水平的球队采用，2 名二传手分别在前后排站立，便于接应传球。

2.“五一”配备

“五一”配备是 1 名二传手和 5 名进攻队员。5 名进攻队员分为 2 名主攻、2 名副攻和在二传手对角的接应二传的队员。由于目前比赛中引入了自由人，“五一”配备更加灵活。这种战术配备对二传手要求较高，一般被中高水平的球队采用。

3.“三三”配备

“三三”配备是由 3 名传球队员和 3 名进攻队员间隔站立，使每一轮都有传有扣。

这种配备常被初学者采用。

（二）排球进攻战术

1.“中一二”进攻

前排3个人中1人在3号位做二传，将球传给2号位、4号位进攻。二传在2号位、4号位时，球发出后可以置换到3号位，这种情况称为“边一二”换“中一二”或“反边一二”换“中一二”。这种进攻简单，便于组织。

2.“边一二”进攻

前排3个人中2号位做二传，将球传给3号位、4号位进攻，二传在3号位、4号位时，在发球后换到2号位。这种方式对右手扣球队员比较顺手，而左手扣球队员比较别扭，一传如果传偏到4号位，则很难接应。

（三）排球防守战术

1. 接发球的站位阵型

接发球的阵型，要利于接球，也有利于本方进攻的战术，同时要注意对方发球的特点来布阵。

（1）5人接发球

除1名二传手在网前站立或后排插上外，其余5名队员均担负起一传的任务，通常为“三二”站位。其优点是便于队员分布，缺点是二传插上距离较远或者进攻变化较少。

（2）4人接发球

二传手和上快球队员站在网前不接发球，后场4人一字或弧线站立。这种方式便于二传传球和进攻跑动，但容易造成空心，对队员接发球判断和移动要求高。一般用来针对发球较差的对手采用。

2. 防守阵型

（1）不拦网的防守阵型

在没有拦网必要时，二传在网前，既可以接网前球，又可以组织进攻。前排队员后撤，准备防守和进攻。

（2）单人拦网防守阵型

该阵型用于对方进攻力量较弱、扣球以中线为主、吊球较多的情况。单人拦网应以中线为主，阻止球吊入中场，前排不拦网队员后撤防前场区。

（3）接拦回球的保护阵型

拦回球的保护，一般应掌握在后排留1个人准备接反弹较远的球，其他队员尽量多参加前排保护。在只有一点进攻时，应采用4人保护。在有战术变化时，进攻队员跑动或跳起后，如未扣球应争取保护，但二传手和后排队员应尽量组成2 ~ 3人的保护阵型。

三、排球主要规则

（一）比赛场地

比赛场区为 18 米 ×9 米的长方形，其四周至少有 3 米宽的无障碍区。比赛场区上空的无障碍空间从地面量起至少高 7 米，其间不得有任何障碍物。国际排联组织的正规比赛：无障碍区应是自边线以外 5 米，自端线以外 6.5 米，比赛空间则应自地面以至少 12.5 米没有任何障碍物。所有的线宽 5 厘米，其颜色应该是与地面以及其他画线不同的浅色。（图 7–2–12）

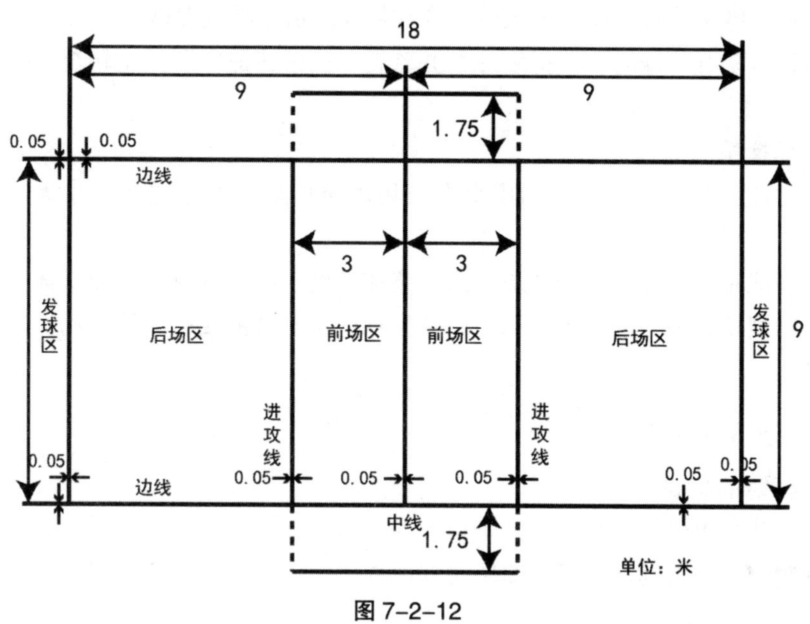

图 7–2–12

（二）队员的替换

间断是完整的比赛过程后至下一次裁判员鸣哨发球之间的时间。合法的比赛间断只有暂停和换人。每局比赛中，每支队伍最多可以请求两次暂停和 6 人次换人。

合法比赛间断次序：

（1）在同一次比赛间断中，可以请求 1 次或 2 次暂停，一个队伍请求换人后，另一个队伍也可以请求换人。

（2）在同一次比赛间断中，同一队伍不得连续提出换人请求，但在同一次换人请求中可以替换两名或更多的队员。

（3）同一队伍再次请求换人必须经过一次完整的比赛过程（因受伤或被判罚出场或取消比赛资格造成的强制替换除外）。

请求合法比赛间断：

（1）只有教练员或教练员缺席时，场上队长可以请求正常比赛间断。

（2）1 局开始前请求换人是允许的，但应该算在该局的正常换人次数之内。

（三）发球规则

后排靠右的队员在发球区内将球击出而进入比赛的行动是发球。

1. 首先发球

第 1 局和第 5 局由抽签选定发球权的队伍首先发球。其他各局由前一局未首先发球的队伍首先发球。

2. 发球次序

（1）队员发球的次序按位置表上的顺序进行。

（2）1 局中队员首先发球后，队员按下列规定进行发球：

当发球队胜 1 球时，原发球队员（或其替补队员）继续发球；

当接发球队胜 1 球时，获得发球权并轮转，由前排靠右队员轮转至后排靠右位置发球。

3. 发球掩护

（1）发球队伍的队员不得利用个人或集体掩护阻挡对方观察发球队员和球的飞行路线。

（2）发球时，发球队伍的队员个人或集体挥臂、跳跃或移动，或集体密集站立并在球通过球网垂直平面前做出了同时隐蔽发球队员和球的飞行路线的动作时，构成了发球掩护。

（四）技术性犯规

1. 发球时的犯规

（1）发球犯规

下列犯规应判为发球犯规，即使对方位置错误。发球队伍：

① 发球次序错误；

② 没有遵守“发球的执行”的规定。

（2）发球击球后的犯规

球被击出后出现以下情况仍为发球犯规（除非位置错误）：

① 球触及发球队伍队员或球的整体没有从过网区通过球网垂直平面；

② 界外球；

③ 球越过发球掩护。

2. 击球时的犯规

（1）4 次击球：1 个队伍连续击球 4 次。

（2）借助击球：队员在比赛场地内借助同伴或任何物体的支持进行击球。

（3）持球：球被接住和（或）抛出，而不是被弹击出。

（4）连击：1 名队员连续击球两次，或者球连续触及身体不同部位。

3. 触网犯规

（1）击球行为触及标志杆以内球网部分即为犯规。

（2）击球行为包括（但不限于）起跳、击球（或试图击球）、落地至准备下一个动作。

（3）队员可以触及网柱、网绳或标志杆以外的其他任何物体，但不得干扰比赛。

（4）由于球击入球网而造成的球网触及队员，不为犯规。

4. 进攻性击球的犯规

（1）在对方空间击球。

（2）击球出界。

（3）后排队员在前场区完成进攻性击球，并且击球时球的整体高于球网上沿。

（4）在前场区内对高于球网上沿的对方发球完成进攻性击球。

（5）自由防守队员对高于球网上沿的球完成进攻性击球。

（6）队员在高于球网处，对同队伍自由防守队员在前场区用上手传出的球完成进攻性击球。

5. 拦网犯规

（1）在对方的进攻性击球前或者击球的同时，在对方空间完成拦网。

（2）后排队员或自由防守队员完成拦网或者参加了完成拦网的集体。

（3）拦对方的发球。

（4）拦网出界。

（5）从标志杆以外伸入对方空间拦网。

（6）自由防守队员试图进行个人或参加集体拦网。

（五）界外球

下列情况为界外球：

（1）球接触地面的所有部分全部在界线之外；

（2）球触及场外物体、天花板或非场上比赛队员；

（3）球触及标志杆、网绳、网柱或球网标志带以外的部分；

（4）球的整体或部分从过网区以外过网（球通过球网时可以触及球网除外）；

（5）球的整体从网下空间穿过。

四、沙滩排球

（一）沙滩排球概述

沙滩排球，即在沙滩上进行的排球运动，最初是人们在海滩度假休闲时进行的一项体育娱乐活动。经过几十年的发展，沙滩排球已在世界各地的海滩上推广流行，参加者愈来愈多，水平也愈来愈高；同时沙滩排球也走进了城市，人造沙滩使人们不出城市就可以观看和参加这项运动。沙滩排球运动已演变成一项新的竞技体育运动，以其精彩纷呈、引人入胜的特殊魅力吸引着成千上万的观众，在美丽的阳光和清爽的空气中，人与大自然融为一体，体现了这项新兴竞技体育运动的价值。

在国际排球界的共同努力下，1993 年国际奥林匹克委员会第 101 次会议正式通过了沙滩排球进入奥运会比赛项目。1988 年，我国首次派出男队参加日本沙滩排球国际邀请赛；1989 年，我国在北戴河首次举办沙滩排球赛；之后，逐步举办了全运会比赛、全国和国际沙滩排球巡回赛。2013 年 7 月，在波兰进行的世界沙滩排球锦标赛上，北京奥运会铜牌组合薛晨/张希夺得冠军，实现了历史性突破。

（二）沙滩排球比赛方法

1. 场地及器材

沙滩排球比赛场地为长 16 米，宽 8 米，地面由至少 40 厘米深的、松软的细沙组成，比赛间隙由专人平整沙地；场地界线宽为 5 ~ 8 厘米、与沙滩不同颜色的抗拉力材料的带子构成；没有中线和进攻线；沙滩排球的网要求上、下沿的全长都缝有 5 ~ 8 厘米的深蓝色或其他鲜明颜色的帆布带；比赛用球的内压比室内排球小得多，气压为 0.175 ~ 0.225 千克/厘米 2；球网高度与 6 人制排球相同。

2. 比赛方法

（1）参赛人数

国际排联组织的正式比赛采用两人制。除裁判员特许外，队员必须赤脚。

（2）比赛方式

采用三局两胜制和每球得分制，胜两局的队为胜队。前两局当一个队先赢得 21 分，并超出对方 2 分时，为胜一局，当比分为 20 ∶ 20 时，比赛要进行到某队领先 2 分时结束，如 32 ∶ 30。第三局（决胜局），一个队必须赢得 15 分，同时超出对方 2 分才能获胜，当比分为 14 ∶ 14 时，比赛继续进行直至某队领先 2 分为止。

3. 比赛特点

（1）运动员和教练员

每队的两名队员必须始终在场上，没有换人，可随意站位，有发球次序。教练员不能进入比赛场区，包括无障碍区，更不能指挥比赛。

（2）击球次数

每队最多可击球 3 次，但拦网触球计为一次击球。

（3）进　攻

在本场区可以对任何高度的球进行进攻性击球。但对传球进攻和吊球进攻有特殊要求。

① 传球进攻：队员用手传球完成进攻性击球时，其传球动作轨迹必须与双肩连线垂直，不垂直即犯规，二传传给同伴进攻除外。

② 吊球进攻：队员不得用张开的手指吊球动作来完成进攻性击球，有效的吊球只能用并拢的手指来完成。

（4）同时拦网

在网上同时触球，球有长时间停留时，不判持球。

（5）进入对方场区

在不妨碍对方比赛的情况下，允许队员进入对方空间、场区和无障碍区。

（6）暂　停

每局比赛可请求一次暂停，暂停时间为 30 秒。前两局当双方比分相加为 21 时，比赛进入技术暂停，也为 30 秒。

（7）交换场区

前两局双方得分累加每积 7 或 7 的倍数、第三局双方得分累加每积 5 或 5 的倍数时要交换场区。

（8）负　伤

赛中队员负伤，整场比赛中可给予一次 5 分钟的恢复时间，如 5 分钟内不能恢复，则宣布该队为阵型不完整而输掉比赛。

（9）触　线

发球队员触动沙子而造成界线移动不算犯规。

（10）急难球防守

只有急难球才可以用上手传球方式接球防守，但不能连击。

（三）沙滩排球基本技战术

1. 基本技术

（1）传　球

沙滩排球的传球有明显的缓冲动作，但要连续，不能使球产生停顿，否则为持球违例。同时，传球有连续的击球动作使传出的球产生明显的旋转，则应判为连击犯规。

技术要领：判断落点，及时移动取位；两手指、手掌张开，触球时迅速用手指、手腕和小臂缓冲来球，然后用连贯的蹬地、伸臂、伸腕、弹指动作将球传出。

（2）其他基本技术

扣球、拦网、垫球、发球等基本技术与 6 人制排球相应技术相同。

2. 基本战术

（1）进攻战术

沙滩排球的进攻战术比较简单，一人作二传，另一人进攻，战术变化基本上体现在二传球对进攻点的选择和进攻队员的个人进攻战术。

进攻队员的进攻战术主要有：根据对方拦网线路和后排防守位置进行攻击，如强攻对方拦网线路的另一条线路；轻打和吊拦网队员的身后；打拦网手出界；防守队员前压时，打长线，而后压时，则轻打或吊短线。

（2）防守反击战术（简称“防反”）

① 沙滩排球网前的第一道防线是单人拦网，第二道防线是场区内的单人防守。单人拦网可分为球网中部拦网和球网两端拦网，如在球网中部拦网时，后排的单人防守队员位置应在中场稍后一些，这样可以做到防守和拦网保护兼顾。如在球网的一端拦网时，可采取拦直、防斜的方法。

② 沙滩排球的防反在比赛中出现的次数多，是得分的主要手段，同时也是难度大、不易把握的战术系统。防守队员在做好预判、快速移动的基础上，防起的球要高，这样便于网前拦网队员接应调整二传，为反攻创造条件。

③ 如果防起了拦网队员触手后的球，下一次则必须将球处理过网，因为沙滩排球规则规定拦网触手算击球一次，也是防反不同于 6 人制排球的地方，显然对防反方不利。

第三节 足球运动

一、足球运动基本技术

足球技术是指在比赛情况下，运动员所采取的操纵球、控制球与抢夺球的动作方法。它包括无球技术和有球技术两部分。

（一）无球技术

无球技术是指队员在比赛中，在不持球的情况下所完成的各种技术。其中包括各种形式的启动、跑步、急停、转身和假动作等。

掌握好各种无球技术，在比赛中是很重要的。一名控制球能力较强的队员，在一场 90 分钟的比赛中，所能控球的时间也只有几分钟，其余的时间都是在无球情况下使用无球技术，或慢跑，或突然启动，或调整位置等。

提高队员的身体素质是提高无球技术的基础。因此在无球技术的训练中要注重对身体素质的训练，如发展力量、速度和耐力等素质。

（二）有球技术

1. 传接球技术

（1）踢　球

踢球是指运动员有目的地用脚的某一部位将球击向预定的目标。

踢球包括脚内侧踢球（脚弓踢球）、脚背正面踢球（正脚背踢球）、脚背内侧踢球（内脚背踢球）、脚背外侧踢球（外脚背踢球）、脚尖踢球（脚尖捅球）和脚跟踢球等。

踢球的方法很多，动作的要领也有所不同，但从技术动作结构上分析主要由助跑、支撑脚的位置、踢球腿的摆动、脚与球接触的部位和踢球后的随前动作这五个部分组成。

脚内侧踢球

① 脚内侧踢球

踢球时，助跑路线为直线，支撑脚踏在球的侧方 15 厘米左右处，脚尖与球的前沿平行，膝关节微屈。在支撑脚落地的同时摆动腿由后向前摆动，在前摆过程中髋关节外展，小腿加速前摆，脚掌平行于地面，脚尖稍翘起，踝关节紧张，用脚内侧部位击球的后中部。触击球后，身体跟随移动，髋关节向前送。（图 7–3–1）

脚背正面踢球

② 脚背正面踢球

踢球时，直线助跑，最后一步稍大并积极着地，支撑脚踏在球的侧方 10 ~ 15 厘米处，脚尖与球前沿平行并指向出球方向。膝关节微屈，摆动腿以髋关节为轴，大腿带动小腿迅速前摆。脚面绷直，膝关节紧张，脚趾扣紧，用脚背正面击球的中后部，踢球腿随之前摆。（图 7–3–2）

③ 脚背内侧踢球

踢球时斜线助跑，助跑方向与出球的方向基本成45° 角，支撑脚在球的侧后方20 ~ 25厘米处，膝关节微屈，在支撑的同时踢球腿已完成后摆，脚尖指向出球方向，身体向支撑腿一侧倾斜。在支撑脚着地的同时踢球腿以髋关节为轴，大腿带动小腿由后向前迅速摆动，触球一瞬间脚面迅速绷直，踝关节紧张，脚尖外转插向球的斜下方，用脚背内侧击球的后下部，踢球腿随球向斜上方前摆。（图7-3-3）

脚背内侧踢球

④ 脚背外侧踢球

助跑、支撑脚站位及踢球腿摆动均与脚背正面踢球技术的三个环节相同，脚触球时用脚背外侧部位。此时要求膝关节和脚尖内转，脚背绷紧，脚趾紧屈并提膝，击球后身体随踢球腿的摆动前移。（图7-3-4）

脚背外侧踢球

⑤ 脚尖踢球

脚尖踢球是一种用脚尖部位接触球的方法。由于脚尖踢球时出球异常迅速，雨天场地泥泞时多使用这种方法踢球。具体方法是用支撑腿跳跃上步，踢球腿屈膝前跨，髋关节尽量前送，两臂上摆协助身体向前，小腿前伸，在踢球脚落地前用脚尖捅球的后中部。（图7-3-5）

脚尖踢球

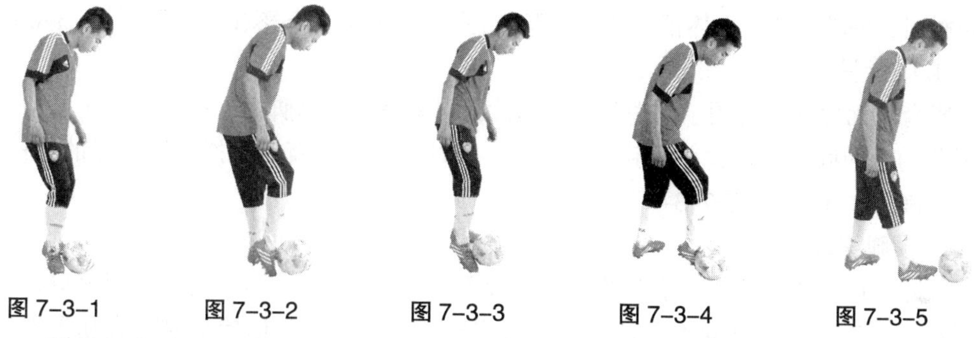

图7-3-1　图7-3-2　图7-3-3　图7-3-4　图7-3-5

⑥ 脚跟踢球

脚跟踢球是用脚跟接触球的一种踢球方法。球在支撑脚外侧时，踢球脚在支撑脚前面交叉，摆到支撑脚外侧用脚跟击球；球在支撑脚内侧时，踢球脚后摆用脚跟踢球。

脚跟踢球

（2）停　球

停球是指足球运动员用身体的合理部位将球停挡在自己的控制范围内。停球包括脚内侧停球、脚背外侧停球、胸部停球、脚背正面停球、大腿停球和脚底停球等。

① 脚内侧停球

【停地滚球】用脚内侧停地滚球，脚接触球的面积大，停球稳，能准确将球停在自己的控制范围内。身体对正来球方向，支撑脚膝关节微屈，停球脚稍提起，脚尖翘起，膝关节外转，脚内侧正对来球。脚与球接触的一刹那，停球腿稍向后撤以缓冲来球的力量，将球停在自己的体前。

脚内侧停地滚球

【停反弹球】先判断好球的落点，支撑脚要在球落地点的侧前方，膝关节弯曲。上体稍前倾对准球的反弹路线，停球腿放松，用脚内侧对准球的反弹角度，推压球的中上部，缓冲球的力量，将球控制好。

【停空中球】准确判断来球方向、力量和高度，迎球前上。提腿用内侧对准来球，触球的一刹那，小腿放松、微撤，缓冲球的力量，将球停在自己的控制范围内。

② 脚背外侧停球

脚背外侧
停地滚球

【脚背外侧停地滚球】将接球点放在接球腿一侧，支撑腿膝关节微屈。接球腿提起屈膝，脚内翻使小腿和脚背外侧与地面成锐角，并对着接球后球运行的方向。脚离地面的高度应约等于球的半径，大腿向接球后球运行的方向推送，同时身体随球移动。

【脚背外侧停反弹球】根据来球的落点及时移动到位，支撑脚站在来球落点的侧后方，除触球部位外，其他环节均与脚背外侧接地滚球相同。

③ 胸部停球

胸部既能停高球又能停空中直平球，是足球运动中较常见的技术之一。

【缩胸停球】缩胸停球主要停齐胸高的平直球。面对来球，两脚前后开立，两臂自然张开，挺胸迎球，在与球接触的一刹那，上体后移，迅速收胸、收腹挡压球，缓冲来球力量，将球准确停在体前。

【挺胸停球】挺胸停球主要停高空下落球。面向来球，两臂自然屈肘上举，当球与胸接触时，两腿蹬地，上体稍后仰，胸部向上挺出，将球弹起落在体前。（图 7–3–6）

④ 脚背正面停球

脚背正面停球主要用于空中下落的球。面对来球，停球脚提起，用脚背正面迎空中下落的球的底部，踝关节及膝关节放松，接球一刹那脚背后下撤，缓冲球的力量，将球准确停在体前。（图 7–3–7）

大腿停球

⑤ 大腿停球

大腿停球主要用于高空下落的球及平行于大腿高度的球。停球时，面对来球，停球腿抬起，以大腿中部对准下落的球，肌肉放松，当大腿与球接触时，大腿迅速后撤，将球准确停在体前。（图 7–3–8）

⑥ 脚底停球

由于脚底停球技术便于掌握，易于将球停到位置，常被用来接各种地滚球。

脚底停地滚球

【脚底停地滚球】身体正对来球方向，移动前迎，支撑脚站在球的侧面，脚尖正对来球方向，膝关节微屈，同时接球腿提起，脚略背屈，使脚底与地面夹角稍小于 45°，以前脚掌触球的上部为宜。（图 7–3–9）

图 7–3–6

图 7–3–7

图 7–3–8

图 7–3–9

【脚底停反弹球】根据来球落点，及时前移迎球，支撑脚站在落点侧后方，脚尖正对来球方向，球落地瞬间，用前脚掌去触球的中上部，微伸膝，用脚掌将球停在体前。

（3）头顶球

① 原地前额正面顶球

正对来球，两脚前后开立，膝关节稍屈，上体后仰，身体重心放在后脚上，两臂自然张开，判断球的速度和力量；两脚用力蹬地，上体前摆，收腹，颈部紧张，快速向前甩头，用前额正面顶球的后中部，触球后上体继续随球前摆。（图 7-3-10）

② 跳起前额正面顶球

屈膝，重心下降，判断来球方向、速度和力量。两脚向上跳起的同时，收胸收腹，两臂自然张开。当跳到最高点时，身体成背弓，快速收腹前摆甩头，用前额将球顶出，缓冲落地。

图 7-3-10

③ 后蹭顶球

后蹭顶球分原地蹭顶与跳起蹭顶。第一环节分别与原地前额正面和跳起前额正面头顶球相同，当球运行到身体上空时，利用挺胸、展腹和仰下颌，身体向后上方伸展，用前额正面靠上的部位用力击球的下部，将球向后上方顶出。

（4）掷界外球

由于掷界外球时接球人不受越位规则的约束，因此，它不仅用于恢复比赛，而且可以为进攻创造有利条件，尤其是在前场 30 米内掷界外球，将球直接掷向门前，可以给对方造成很大威胁。

① 技术动作结构分析

掷界外球的动作是一个下端固定的爆发式的平摆运动，需要稳固的支撑。

根据身高和臂长，掌握合理的掷出角（不超过 45°），它是影响掷球距离的重要因素。一般球出手早则掷出角大，反之则小。

球出手速度快则掷得远，这需要力量基础和协调用力能力。

充分利用助跑的初速度有助于将球掷远。

② 掷界外球的方法

【原地掷界外球】面对出球方向，两脚前后或左右开立，膝关节弯曲，上体后仰成弓形，重心移到后脚上（左右开立时，重心在两脚间），两手自然张开，拇指相对，

持球的侧后部，屈肘将球置于头后。（图 7–3–11、图 7–3–12）

掷球时，后脚用力蹬地，两腿迅速伸直，身体重心由后脚移到前脚，屈体收腹，同时两臂急速前摆，当球摆到头上时用力甩腕将球掷入场内。掷球时后脚可沿地面向前滑动，两脚均不得离地或踏入场地（但允许踏在线上）。

助跑掷界外球

【助跑掷界外球】双手持球于胸前，在助跑迈出最后一步时，上体后仰成背弓，同时将球上举至头后。掷球时的动作与原地掷界外球动作相同。

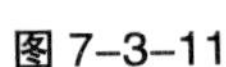

图 7–3–11

图 7–3–12

脚内侧运球

2. 运球技术

运球是指运动员在跑动中，用脚间断触球的技术，它是控球能力的集中体现。

运球技术包括脚背正面运球、脚内侧运球、脚背外侧运球以及其他运球方式。

脚背正面运球

（1）脚背正面运球

脚背正面运球有利于向前跑动时快速运球。运球时，身体放松，上体前倾，两臂自然摆动，步幅不要太大，运球脚提起时，踝关节弯曲，脚尖下指，在向前迈步着地前，用脚背正面向前推拨球。（图 7–3–13）

（2）脚内侧运球

要求在运球前进时支撑脚始终领先于球，位于球的侧前方，肩部指向运球方向，支撑腿膝关节微屈，重心放在支撑腿上，另一条腿提起屈膝，用脚内侧推球前进。（图 7–3–14）

脚背外侧运球

（3）脚背外侧运球

运球时身体持正常跑动姿势，上体稍前倾，步幅不宜过大，运球腿提起，膝关节稍屈，髋关节前送，提踵，使脚背外侧正对运球方向，在运球脚落地前用脚背外侧推拨球的后中部。（图 7–3–15）

图 7–3–13

图 7–3–14

图 7–3–15

(4) 其　他

① 拨　球

拨　球

利用踝关节向侧转动，用脚背内侧或外侧触球，将球拨向身体的侧前方、侧方和侧后方。

② 拉　球

将前脚掌放在球的上部或侧上部，另一只脚在球的侧后方支撑，然后触球脚向后下方用力将球拉回。

③ 扣　球

扣　球

这种方法与拨球相同，不同的是它的用力是突然的，并伴随着突然转身或急停，在对手来不及调整重心的瞬间，突然从反方向推送球突破对手的防守。

④ 挑　球

挑　球

用脚背触球的下部并突然向上方挑起，运球者迅速随球跟进。

⑤ 颠　球

根据对手抢截时所处位置或实施抢截的时间，用恰当的部位将球颠起，越过对手以达到过人的目的。

3. 守门员技术

守门员技术有位置选择、准备姿势、移动、接球、扑球、拳击球、托球、掷球等。

(1) 位置选择

位置根据对方射门地点和射门角度来决定，通常站在两门柱与射门时球所处的位置所形成的分角线上。

(2) 准备姿势

两脚左右开立，与肩同宽，两脚跟稍提起，体重落在前脚掌上，两腿屈膝并稍内扣，上体稍前倾，两臂自然屈肘于体前，手指自然张开，目视来球。

(3) 移　动

向左右调整位置的移动一般采用侧滑步和交叉步两种办法。

① 侧滑步

侧滑步常用于扑接两侧低平球。向左侧滑步时，先用右脚用力蹬地，左脚稍离地面并向左滑步，右脚快速跟上。向右侧滑步时，动作相同，方向相反。

② 交叉步

跪撑式

交叉步多用于扑接两侧高球。向左侧交叉步移动时，身体先向左侧倾斜，同时右脚用力蹬地，并及时向左前方跨出一步成交叉步，然后左脚向左侧移动，右脚和左脚依次快速移动并蹬地跃出。向右侧交叉步移动时，动作相同，方向相反。

(4) 接　球

① 地面球

直腿式

直腿式：身体对正来球，弯腰时两膝伸直，两腿分开，距离不得超过球的直径，两手掌心向上，前迎触球后将球抱于怀中。

跪撑式：用于向侧移步接球。接左侧球时，左腿屈，右腿跪撑于左脚附近，距离不得超过球的直径，其余动作与直腿式接球相同。接右边球时，动作相同，方向相反。

② 平空球

平空球是指膝以上、胸以下的空中球。接球时面对来球，两手掌心向上，小指相靠，前迎接球。上体前屈，手触球时微后撤以缓冲来球力量，将球抱于胸前。

③ 高空球

面对来球，两臂上伸，两手拇指相对成“八”字形，其余四指微屈，手掌对球。在最高点手触球瞬间，手指、手腕适当用力，缓冲来球并将球接住，顺势转腕屈肘，下引将球抱于胸前。

扑两侧的低球

（5）扑　球

① 扑两侧的低球

异侧脚用力蹬地，双手快速向侧伸出，一手置于球后，另一侧手置于球的侧上方，同时身体向同侧脚方向倒地，落地时以小腿、大腿、臀和肘外侧依次着地，落地后即团身。

扑两侧平高球

② 扑两侧平高球

完成这一动作时应注意空中展体，手指用力抓住球，接球后以球、肘、肩、上体、臀和腿外侧依次着地并迅速团身。

拳击球

（6）拳击球和托球

① 拳击球

在守门员没有把握接住球或对方猛烈冲门的情况下，为了避免接球脱手，可采用拳击球。

准确判断来球运行路线，及时移动到位，握紧拳，在接近球的刹那，迅速出拳击球。拳击球有单拳、双拳击球，单拳击球动作灵活，摆动幅度大，击球力量大；双拳击球接触球面积大，准确性高。

② 托　球

托球主要是在来球弧度较大，其落点又在球门横梁附近，守门员起跳接球把握不大时运用 。

（7）掷　球

充分利用后腿蹬地、持球手臂后引、转体、挥臂和甩腕力量将球掷出。

二、足球运动基本战术

托　球

足球比赛攻守过程中采取的个人行动和集体配合，被称为足球的基本战术。足球战术可分为进攻战术和防守战术两大类。在进攻战术和防守战术中都包含着个人和集体的战术。

（一）比赛阵型

比赛阵型是指比赛场上队员的基本位置排列，是本队攻守力量分配和分工的形式。选择阵型要以本队队员的特长、体能与技术水平的特点为依据。

人们根据队员的职责和排列的层次把阵型分为后卫线、前卫线和前锋线。阵型的人数排列原则是从后卫数向前锋的，守门员不计算在内。

目前，世界上普遍采用的阵型有“4–3–3”“4–4–2”“4–1–2–3”“3–5–2”等。在以上阵型中，除“4–4–2”阵型以防守为主、反击为辅外，其他阵型均以进攻为主，尤以“3–5–2”阵型更为突出。

（二）进攻战术

1. 个人进攻战术

个人进攻战术包括摆脱、跑位、运球过人等。这是在对方紧逼防守的情况下采取有效措施，摆脱自己的对手，跑到有利的位置，接应控制球的同伴巧妙的传球配合以达到进攻的目的。

2. 局部进攻战术

局部进攻战术指两人以上的战术配合行动。此战术可以丰富和完善全队的进攻战术，是实施全队战术的基础。一般常用的有斜传直插二过一、直传斜插二过一、反切二过一和三过二进攻配合等。

两人的局部配合是集体配合的基础。常用的两人配合如下：

（1）斜传直插二过一，如图 7–3–16 所示，⑦横传给⑨，⑨斜线传球，⑦直线插入接球；⑥斜线传球给⑩的斜传直插。

（2）直传斜插二过一，如图 7–3–17 所示，⑦横传给⑨后立即斜线插上接⑨的直传；⑩运球过人后传给⑧再斜线插上接⑧的直传。

（3）反切二过一，如图 7–3–18 所示，⑦回撤接⑨的传球，如防守跟上紧逼时，⑦回传给⑨并转身切入，接⑨传至对手身后空当的球。

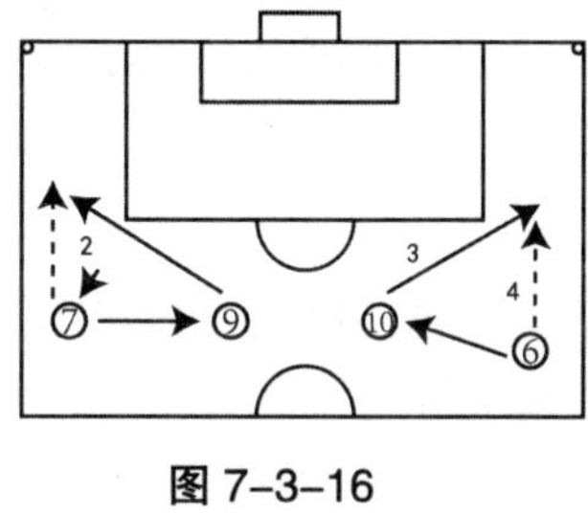

图 7–3–16

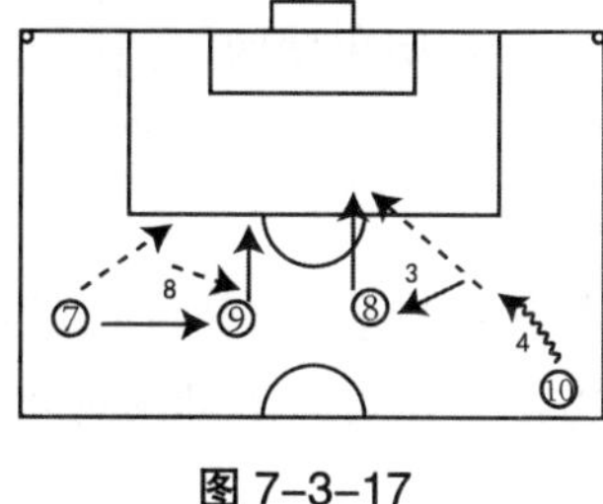

图 7–3–17

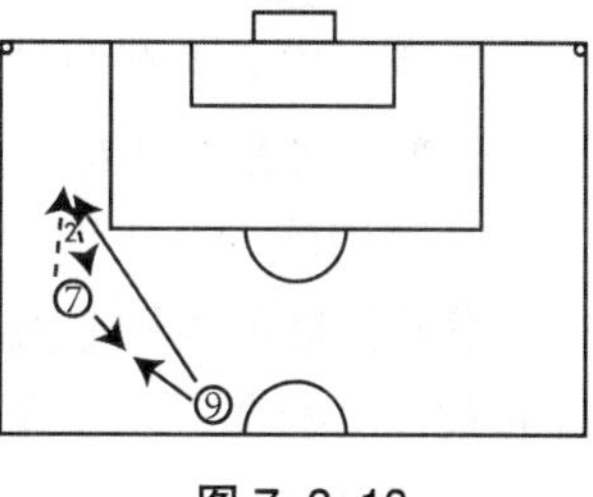

图 7–3–18

3. 集体进攻战术

（1）边路进攻

边路进攻主要是通过边锋或交叉到边上的中锋或直接插上的前卫、边后卫，运用个人带球突破或传球配合，以达到突破对方防线传中（外围传中、下底传中、切底迂回传中），最后由中锋包抄射门的目的。

（2）中路进攻

中路进攻能直接威胁球门，但中间防守队员密集，不易突破，因此要通过中锋、内切的边锋或插上的前卫间的配合或个人运球过人等方法突破对方防线。

（3）转移进攻

当一侧进攻受阻，另一侧进攻有利时要及时快速转移进攻方向。此方法多是采用有效而准确的中长距离传球来实现的，以拉开对方的防守，达到声东击西的进攻目的。

（4）快速反击

在防御中积极拼抢，一旦得球，乘对方立足未稳时，快速传球，形成以多打少的局面，达到射门得分的目的。

（三）防守战术

1. 个人防守战术

个人防守战术是局部和集体防守的基础，包括堵（迎面堵、贴身堵）、抢（迎面抢、侧面抢、侧后铲）、断等技术的运用。此外，选位与盯人也是重要的个人防守战术。

2. 集体防守战术

集体防守战术是指全队相互协作而进行防守的战术方法。集体防守战术有全攻全守的全场防守、半场防守、紧逼防守和区域防守，也有盯人结合区域防守、密集防守等多种防守战术。不论采用哪种战术都要考虑到本队的特长，更要针对对方的进攻战术，采用有效的防守战术，破坏对方的进攻。

3. 造越位战术

造越位战术是防守队员主动制造对手越位的做法，以破坏对方的进攻节奏和攻势，是由守转攻的一种手段。

（四）定位球战术

定位球战术分角球、球门球、任意球、点球、中圈开球、掷界外球等战术配合。

1. 角球进攻战术

角球进攻战术有两种：一种是直接将球踢至门前，由头球能力强的同伴争抢头球射门；另一种是短传配合，常在己方头球能力较差或碰到较大逆风时运用。

2. 球门球

发球门球的原则是及时、快速、准确、有效地发起进攻。发球门球时守门员可与后卫做一次配合，以改变传球方法，也可踢远球给进攻的一线队员。

3. 任意球

任意球分直接任意球和间接任意球两种：罚直接任意球可采用穿墙和弧线球直接踢入球门，或者采用过顶吊入传切配合；罚间接任意球时，传球次数要少，运用假动作声东击西，传球要及时，以免越位。

4. 点　球

罚点球时要求主罚队员沉着、机智，有高度的信心、熟练的假动作技术和过硬的脚法。

三、足球主要规则

比赛场地

（一）比赛场地

足球比赛是在比较平坦的长方形场地进行的。足球比赛的场地长 90 ~ 120 米，宽 45 ~ 90 米。世界杯比赛的场地长 105 米，宽 68 米。（图 7-3-19）

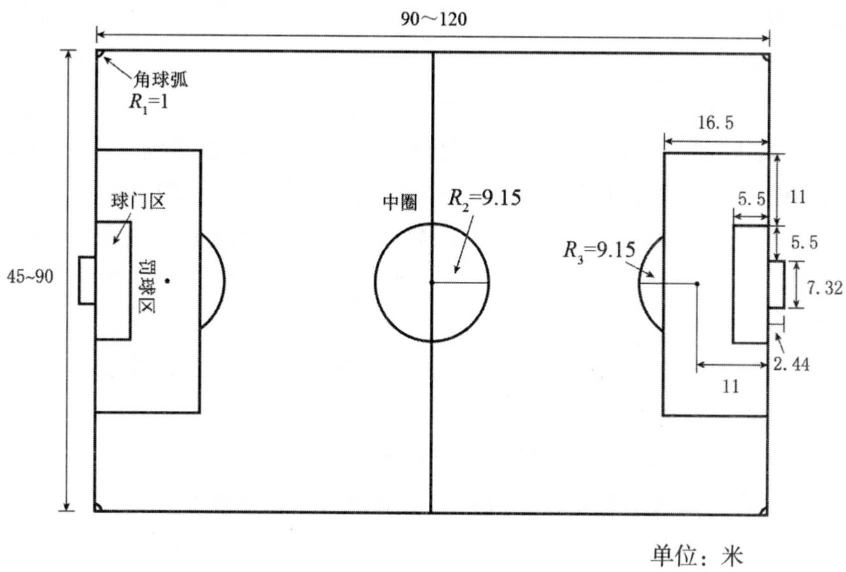

图 7-3-19

（二）竞赛规则简介

1. 队员人数

一场比赛每队上场队员不得多于 11 名。裁判员发现该队有 12 名队员在场上踢球时，应立即停止比赛，令不正当进入球场的替补队员出场并予以警告，然后以坠球恢复比赛，赛后向主办机构做出书面报告。主办机构的处理原则是不得做出对犯规队有利的决定。

2. 裁判员

一场正式的足球比赛由 4 名裁判员完成裁判工作：1 名主裁判员、2 名助理裁判员和 1 名替补裁判员（第四官员）。

主裁判员的职责：有场上最终判决权，决定比赛时间是否延长、比赛是否推迟和中止。

助理裁判员的职责：示意越位及球出界，协助主裁判员的场上判罚，但没有最终判决权。

3. 比赛时间

正式比赛每场为 90 分钟，分上下两个半时，每半时为 45 分钟（竞赛规程对比赛时间另有规定除外）。除经裁判员同意外，两个半时之间的休息不得超过 15 分钟（上半时结束至下半时开始）。

每半场中因故损失的时间应补足，补多少时间由裁判员决定。一般对下列几种情况损失的时间应补足：替补队员；处理受伤队员，或将受伤队员抬出场地接受治疗；故意延误比赛时间；因观众进入场地而暂停比赛；受天气影响而暂停比赛；球破裂或漏气需要更换新球等。

越 位

4. 越 位

（1）越位位置

① 队员处于越位位置本身并不构成犯规。

② 队员处于越位位置：头、躯干或脚的任何部分在对方半场（不含中线）；头、躯干或脚的任何部分较球和最后第二名对方队员更接近于对方球门线。

③ 队员不处于越位位置：队员齐平于最后第二名对方队员；队员齐平于最后两名对方队员。

（2）越位犯规

处于越位位置的队员，在队友处理或触及球的一瞬间，以下列方式参与到现实比赛时才被判为越位犯规：

① 干扰比赛。处理或者触及队友传来或触到的球。

② 干扰对方。通过明显阻挡对方视线来阻止对方触球或可能的触球；与对方争抢球；明显试图去处理距离自己很近的球且此行为影响到对方；做出明显的动作来明确地影响对方处理球的能力。

③ 当球从球门柱或横梁弹回，或从对方队员身上弹回或变向，或球经对方队员有意识救球而弹回或变向时，通过触球或者干扰对方来获得利益。

5. 犯规与不正当行为

（1）判罚间接任意球的情况

队员犯有危险动作，不合理冲撞、阻挡、回传守门员及守门员违例时，判罚间接任意球。

（2）判罚直接任意球的情况

踢或企图踢对方队员；绊摔或企图绊摔对方队员；跳向对方队员；猛烈或带有危险性地冲撞对方队员；从背后冲或铲对方队员；打或企图打对方队员或有不良举动；拉扯或推对方队员；用手或臂部携带、击或推球。

（3）出示黄牌警告的情况

队员擅自进出比赛场地；持续违反规则者；用语言或行动对裁判员的判罚表示不满者；有不正当行为者。

（4）出示红牌罚令出场的情况

犯有暴力行为或严重犯规者；用粗言秽语进行辱骂者；经警告后仍坚持其不正当行为者。

第四节　乒乓球运动

一、乒乓球运动基本技术

（一）握拍法

握拍法即单手持球拍的方法。目前较为常见的是直式和横式两种握拍方法，两种握法各有千秋，实践时应因人而异，扬长避短。下面以右手为例讲解。

（1）直式握拍法：正面拇指第一指节和食指第二指节握拍，拍柄压住虎口（两指间距离适中），背面中指、无名指和小指自然弯曲，斜形重叠，中指第一指节顶住球拍的后上部，使球拍保持平稳。（图 7–4–1）

（2）横式握拍法：中指、无名指和小指自然地握住拍柄，拇指在球拍正面轻贴在中指的旁边，食指自然伸直斜放于球拍的背面，虎口轻微贴拍，击球时拇指和食指帮助手腕调节拍形和加力挥拍动作。正手攻球时食指向上移动，反手攻球时拇指向球拍中部移动，帮助手腕下压，加大击球力量。（图 7–4–2）

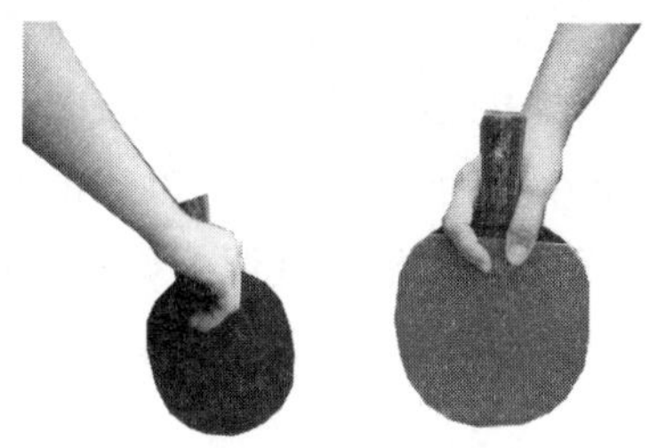

图 7–4–1

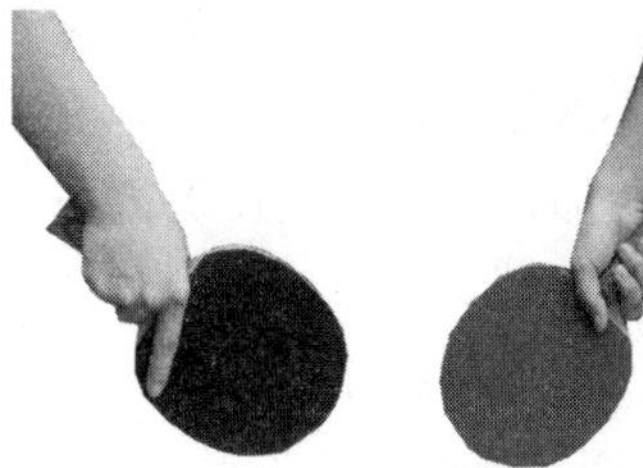

图 7–4–2

（二）准备姿势

两脚开立，约与肩宽，两膝微屈稍内扣，以前脚掌内侧着地，身体重心在两脚中间，上体微前倾。下颌微收，两眼注视来球，持拍手臂自然弯曲，手腕放松，球拍自然后仰，置于腹前，左手自然弯曲抬起，高于台面。

准备姿势的重点、难点是两脚前脚掌内侧着地，屈膝提踵放松微动。

（三）发球技术

发球是乒乓球比赛中唯一不受对方来球限制的技术，它可以让使用者最大限度地实现自己的战术意图，具有较强的主动性。因此，发球技术是乒乓球竞赛中创造得分机会的主要技术。

1. 正手平击发球

身体离球台约 40 厘米，两脚开立，略宽于肩，左脚稍前。左手将球向上抛起，身体稍右转，同时右臂内旋，使拍面稍前倾，向右后方引拍。当球从高点下降至稍

正手平击发球

高于球网时，击球中上部向左前下方挥动，以向前发力为主。击球后迅速还原。（图 7–4–3）

图 7–4–3

2. 反手平击发球

身体离球台约 40 厘米，两脚开立，略宽于肩，右脚稍前。左手将球向上抛起，身体稍左转，同时右臂外旋，使拍面稍前倾，向左后方引拍。当球从高点下降至稍高于球网时，击球中上部向右前下方挥动，以向前发力为主。击球后迅速还原。（图 7–4–4）

3. 正手发下旋转与不转球

身体靠近球台，左脚稍前，左手掌心托球置于身体右前方。左手将球抛起的同时，腰向右后转，右臂向后上方引拍，拍面后仰，直握拍手腕伸展，横握拍手腕略向外展和伸。当球从高点下降至稍高于或与网同高时，以腰带动前臂加速向左前下方挥动，同时手腕作屈并内收，以球拍远端（拍头）触球，击球中下部向底部摩擦。不转发球与下旋加转发球区别在于：手臂外旋幅度小，减少拍面后仰角度，以球拍中后部偏右的地方触球，击球中部或中下部，减少向下摩擦球的力量，近似将球向前推出，使击球的作用力接近球心，从而形成不转球。球发出后，挥拍动作尽可能停住，以利于还原。（图 7–4–5）

图 7–4–4

图 7–4–5

4. 反手发下旋转与不转球

身体靠近球台，右脚稍前，左手掌心托球置于身体左前方。左手将球抛起的同时，腰向左后转，右臂向左后上方引拍，拍面后仰，直握拍手腕屈曲，横握拍手腕略向外展。当球从高点下降至稍高于或与网同高时，以腰带动前臂加速向右前下方挥动，同时直握拍手腕作伸，横握拍手腕内收，以球拍远端（拍头）触球，击球中下部向底部摩擦。反手发下旋转与不转球的区别与正手发下旋转与不转球的动作区别类似。控制动作幅度，快速还原。（图 7–4–6）

图 7–4–6

（四）攻球技术

攻球技术是乒乓球技术中最重要的得分技术之一。它在击球方式上以撞击为主，因此具有击球速度快、动作小、进攻性强的特点。

1. 正手攻球技术

（1）正手快攻

左脚稍前，身体离台约 40 厘米。手臂自然弯曲并做内旋使拍面稍前倾，重心移至右脚，前臂横摆引至身体右侧后方。右脚稍用力蹬地，髋关节略向前转动，腰向左转，上臂带动前臂快速向左前方挥动迎球，在上升期（或高点期）击球的中上部，触球瞬间前臂迅速收缩，以向前打为主，略带有摩擦，手腕辅助发力，身体重心由右脚移至左脚。注意击球后迅速还原。（图 7–4–7）

正手攻球技术

图 7–4–7

（2）正手扣杀

左脚稍前，站位远近视来球长短而定。手臂自然弯曲并做内旋使拍面稍前倾，球拍呈半横状，随着腰、髋的转动，手臂向后移动将球拍引至身体右后方，适当加大引拍距离。借腰、髋的左转及腿的蹬力，带动手臂向前迎球。当来球跳起到高点期（位置合适可在上升期），上臂带动前臂同时加速向左前下方发力，拍面前倾击球中上部。

以撞击为主，略带有摩擦（近网除外），击球后重心由右脚移至左脚。扣杀后，立即还原，准备连续扣杀。（图 7–4–8）

图 7–4–8

2. 反手攻球技术

离球台 40 ～ 50 厘米，右脚稍前。身体略左转，使腰部扭紧，右肩略下沉，前臂后引球拍至身体左侧，略高于来球。用腰、髋的突然转动，带动前臂向右前方用力。上臂贴近躯干，肘部内收，在球的上升期或高点期击球中上部。手腕和食指压拍，中指在拍后，选定用力方向后将球击出。击球后迅速还原。（图 7–4–9）

图 7–4–9

（五）推挡技术

推挡技术

推挡是我国直拍快攻打法的基本技术之一，特别是在左推右攻打法中占有极其重要的地位。推挡球可分为平挡、快推、加力推、减力挡、推下旋、推侧旋等。下面主要介绍平挡和快推。

1. 平　挡

上臂自然贴近身体，拍面稍前倾，将球拍引至身体前方，上升期时触球的中部或中上部。击球瞬间只以前臂和手腕轻轻用力向前上推出，主要借助来球的反弹力将球挡回（回击弧圈球时，球拍须高于来球，在球的上升后期击球）。（图 7–4–10）

图 7–4–10

2. 快　推

上臂和肘内收自然靠近身体右侧，以肩为轴，将球拍引至身体前方。当来球跳至上升期时，前臂和手腕迅速向前略向上推出。拍面稍前倾击球中上部。以前臂和手腕发力为主，并适当借力。（图 7–4–11）

图 7–4–11

（六）搓球技术

搓球技术

搓球是近台还击下旋球的一种基本技术，可用它为拉弧圈球创造条件。将搓球技术与攻球技术结合起来可以形成搓攻技术。搓球在接发球时可以有效地过渡，为自己下一板进攻创造机会。

1. 慢　搓

（1）反手慢搓

右脚在前或两脚平行站立，身体离台 40 ~ 50 厘米。手臂外旋使拍面角度后仰，前臂向左上方引拍至胸前，横握拍手腕适当外展，直握拍手腕作屈，拍头指向斜上方。当来球跳至下降前期，前臂带动手腕加速向右前下方用力摩擦球。拍面后仰击球中下偏外侧的部位。击球后，前臂顺势前送，并迅速还原。（图 7–4–12）

图 7–4–12

（2）正手慢搓

正手慢搓与反手慢搓动作相同，但方向相反。

2. 快　搓

（1）反手快搓

两脚平行或右脚稍前，身体靠近球台。肘部自然靠近身体，后引动作较小，拍面稍后仰。当来球跳至上升期，利用上臂前送的力量，前臂和手腕配合，借力结合发力，触球中下部并向前下方用力摩擦。尽快还原，准备下一板球。（图 7–4–13）

图 7-4-13

（2）正手快搓

正手快搓与反手快搓动作相同，但方向相反。

（七）弧圈球技术

弧圈球技术是现代乒乓球中最主流的进攻技术，其优势是将球的速度和旋转有效地结合起来。

1. 正手弧圈球

判断来球情况，确定拉球时间和拉球部位。两脚开立，左脚稍前，收腹、含胸、屈膝，使身体重心降低，落在两脚之间。腰、髋向右转动，重心置于右脚前脚掌，右肩略下沉，左肩自然转向来球方向，右腿屈膝程度加大，前臂自然下垂，通过转腰带动上臂、前臂经腹前向右侧下方移动，将球拍引至身体右侧腰部下方稍后处。手臂自然放松，肘关节夹角保持在 150° ～ 170° 。右脚蹬地，髋关节适当前转，腰部带动上臂向左转动，前臂向左前上方挥动击球。通常击球的中部或中上部（如要增加侧旋可击球略偏右并带侧向摩擦），前臂和手腕即将触球时迅速内收，手指在触球瞬间抓紧球拍。来球下旋强烈或击球点较低时，多向上摩擦；反之，在保证必要弧线的前提下，可增加撞击以增强球的前冲力。击球后，手臂继续顺势挥动，身体重心移到左脚后，迅速还原。

反手弧圈球

2. 反手弧圈球

动作原理与正手弧圈球类似。除左右方向相反外，还需注意几点：① 近台反手拉球时，站位基本上以左脚在前为主；中远台拉球时，站位多以两脚平行或右脚稍前为主。② 反手拉球时，在引拍阶段肘部要稍微离开身体，放在身体外侧，以确保球拍在身前有一定的击球空间。③ 近台拉球时，引拍动作不宜过大。

二、乒乓球运动基本战术

（一）发球抢攻战术

发球抢攻是快攻型乒乓球运动员的重要战术之一。发球抢攻的战术意识首先是尽量争取发球直接得分；其次是迫使对方回球质量不高，从而赢得有利的进攻机会；第三才是迫使对方接发球不具备杀伤力，从而利于自己进行抢攻。

运用发球抢攻时的注意事项如下：

（1）注意发球与抢攻的配合。发球时，应明确对方可能会怎样接球、接到什么位置、自己怎样抢攻等。

（2）注意提高发球的质量。将旋转、速度和落点的变化结合起来，同时要特别强调发球技术的创新，为抢攻创造更多的机会。

（3）注意发球抢攻与其他战术的配合。

（4）抢攻时要大胆果断。不论对方用何种技术接发球，自己都应该找机会抢攻。抢攻的技术好，可以增加发球的威力，因为对方在接发球时顾虑多，就容易出现失误。

（5）发球要与运动员本身的特点、特长配套，才能达到应有的效果。

（二）接发球战术

接发球战术是由某一单项攻（冲）球技术所形成的。若进攻性强，可变接发球的被动地位为主动地位，也可直接得分。接发球战术是乒乓球运动各种打法，特别是进攻型打法的主要战术。

1. 常用接发球战术

（1）用快拨、快推和拉球回击，争取形成对攻的相持局面。

（2）用快搓摆短回接，使对方难以发力抢攻或抢拉。

（3）对各种侧旋、上旋或不强烈的下旋短球，可用快点技术回接。

（4）接发球抢攻或抢拉。

以上 4 种接发球战术，在比赛中可视场上具体情况结合起来灵活运用。采用多种回接方法，给对方制造出各种困难，使其无法适应，从而破坏其发球抢攻或抢拉的战术意图。

2. 接发球时的注意事项

（1）接发球抢攻（抢冲）一般不可过“凶”，否则容易失误，要判断好来球的旋转强度、高度和旋转方向，采用适当的方法进攻。例如，对方发侧上旋球，抢攻（抢冲）时应用推压手法，以免攻球下网，只有当来球稍高时，才可大力抢攻。再如，对方发加转下旋球，接发球抢攻时应采用提拉手法，以免下网，同时，攻球的力量不可过大。

（2）接发球抢攻（抢冲）动作结束后，要立即做好对攻（对冲）或连续攻（冲）的准备，以便保持主动地位。

（3）接发球抢攻、抢冲的力量越小，越应注意球的线路和落点，一般应多打在对方的薄弱面，反手弱则多打反手，反手强则多打正手。

（三）搓攻战术

搓攻战术是进攻型选手的一项辅助战术，主要是利用搓球的旋转和落点变化为进攻创造机会。

常用的搓攻战术有如下几种：

（1）注意搓球落点变化，伺机进行突击；

（2）搓球转与不转相结合，变化落点伺机突击；

（3）搓拉与落点变化相结合，伺机突击。

（四）对攻战术

对攻是进攻型打法选手互相对垒时经常采用的一项重要战术。快攻类打法主要是依靠正手攻球、反手攻球、反手推挡或快拨技术，充分发挥快速多变的特点，以达到调动对方、有效攻击的目的。弧圈类打法主要是依靠正反手两面弧圈球技术，充分发挥旋转的威力，以达到牵制对方、增加攻击效力的目的。常用的对攻战术有攻对方两角、对角线攻击、侧身攻、攻追身、轻与重的结合攻、攻防结合等。

三、乒乓球主要规则

（一）器材与场地

（1）球台：长 2.74 米，宽 1.525 米，距地面高 76 厘米。

（2）球网：包括球网、悬网绳、网柱和夹钳部分，球网高 15.25 厘米。

（3）球：直径为 40 毫米，重 2.7 克，颜色为白色或橙色，无光泽。

（4）球拍：大小、形状和重量不限，但底板应由 85% 的天然木料制成（现在专业用拍一般多为碳素复合板）。球拍两面无论是否有覆盖物，必须无光泽，且一面为鲜红色，另一面为黑色。用来击球的拍面如用一层颗粒向外的普通颗粒胶覆盖，连同黏合剂，厚度不超过 2 毫米，或用颗粒向内或向外的海绵胶覆盖，连同黏合剂，厚度不超过 4 毫米。

（5）比赛场地：由 75 厘米高的挡板围成。赛区空间应不少于 14 米长、7 米宽、5 米高。

（二）竞赛规则简介

1. 合法发球与合法还击

（1）合法发球：① 发球开始时，球自然地放置于不执拍手的手掌上，手掌张开，保持静止；② 发球员须用手将球几乎垂直地向上抛起，不得使球旋转，并使球在离开不执拍手的手掌之后上升不少于 16 厘米的距离，球下降至被击出前不能碰到任何物体；③ 当球从抛起的最高点下降时，发球员方可击球，使球首先触及本方台区，然后越过或绕过球网装置，再触及接发球员的台区；在双打中，球应先后触及发球员和接发球员的右半区；④ 从发球开始到球被击出，球要始终在台面的水平面以上和发球员的端线以外，而且不能被发球员和其双打同伴的身体或衣服的任何部分挡住；⑤ 运动员发球时，应让裁判员或副裁判员看清其是否按照合法发球的规定发球；⑥ 运动员因身体伤病而不能严格遵守合法发球的某些规定时，可由裁判员做出决定免于执行。

（2）合法还击：对方发球或还击后，本方运动员必须击球，使球直接越过或绕过球网装置，或触及球网装置后，再触及对方台区。

2. 胜负判定

（1）除被判重发球的回合，下列情况运动员可得 1 分：① 对方运动员未能合法发球；② 对方运动员未能合法还击；③ 运动员在合法发球或合法还击后，对方运动员在击球前，球触及了除球网装置以外的任何东西；④ 对方击球后，该球没有触及本方台区而越过本方端线；⑤ 对方阻挡；⑥ 对方连击；⑦ 对方用不符合规定的拍面击球；⑧ 对方运动员或其穿戴的任何东西使球台移动；⑨ 对方运动员或其穿戴的任何东西触及球网装置；⑩ 对方运动员不执拍手触及比赛台面；⑪ 双打时，对方运动员击球次序错误；⑫ 执行轮换发球法时，接发球方连续还击 13 板，将判接发球方得 1 分。

（2）一局比赛：在一局比赛中，先得 11 分的一方为胜方，10 平后，先多得 2 分的一方为胜方。

（3）一场比赛：① 一场比赛应采用单数局，如七局四胜制、五局三胜制等；② 一场比赛应连续进行，除非是经许可的间歇。

3. 比赛次序和方位

（1）在单打中，首先由发球员合法发球，再由接发球员合法还击，然后两者交替合法还击。双打中，首先由发球员合法发球，再由接发球员合法还击，然后由发球员的同伴合法还击，再由接发球员的同伴合法还击，此后运动员按此次序轮流合法还击。

（2）在获得每 2 分后，接发球方变为发球方，依此类推，直到该局比赛结束，或直至双方比分为 10 平，或采用轮换发球法时，发球和接发球次序不变，但每人只轮发 1 分球。

（3）在双打中，每次换发球时，前面的接发球员应成为发球员，前面的发球员的同伴应成为接发球员。

（4）在一局比赛中首先发球的一方，在该场比赛的下一局中应首先接发球，在双打比赛的决胜局中，当一方先得 5 分后，接发球一方必须交换接发球次序。

（5）一局中，在某一方位比赛的一方，在该场比赛的下一局应换到另一方位。在决胜局中，一方先得 5 分时，双方应交换方位。

4. 重发球

（1）比赛中出现下列情况应判重发球：① 如果发球员发出的球，在越过或绕过球网装置时，触及球网装置，此后成为合法发球、被接发球员或其同伴阻挡；② 如果接发球员或接发球方未准备好时，球已发出，而且接发球员或接发球方没有企图击球；③ 由于发生了运动员无法控制的干扰，而使运动员未能合法发球、合法还击或遵守规则；④ 裁判员或副裁判员暂停比赛。

（2）裁判员或副裁判员可以在下列情况下暂停比赛：① 由于要纠正发球、接发球次序或方位错误；② 由于要实行轮换发球法；③ 由于警告或处罚运动员；④ 由于比赛环境受到干扰，以致该回合结果有可能受到影响。

第五节 羽毛球运动

一、羽毛球运动基本技术

（一）握拍法

握拍是打羽毛球的第一个动作，从开始到完成每一个击球动作，握拍的方式都会有所不同。本书以右手执拍为例，介绍两种握拍方法，分别是正手握拍和反手握拍。

正手握拍

1. 正手握拍

左手握住拍杆，使拍框与地面垂直。右手张开，用近似握手的手型，虎口对准拍框，拇指与食指成V字形，然后五指自然贴到拍柄上。（图 7–5–1）

反手握拍

2. 反手握拍

左手握住拍杆，使拍框与地面平行。拇指上提，顶贴在拍柄的宽拍棱上。食指连同其余四指自然贴靠在拍柄上，留有一定的发力空间。（图 7–5–2）

图 7–5–1　　图 7–5–2

（二）发球技术

发球不仅是羽毛球技术中一项很重要的基本技术，也是羽毛球战术的重要组成部分。发球质量的好坏往往直接影响一个比赛回合的主动与被动。羽毛球的发球方法有两种：一种是正手发球，另一种是反手发球。在羽毛球发球中，按照发出的球在空中飞行的弧度与落点可以分为后场高远球、后场平高球、后场平射球和网前球。（图 7–5–3）

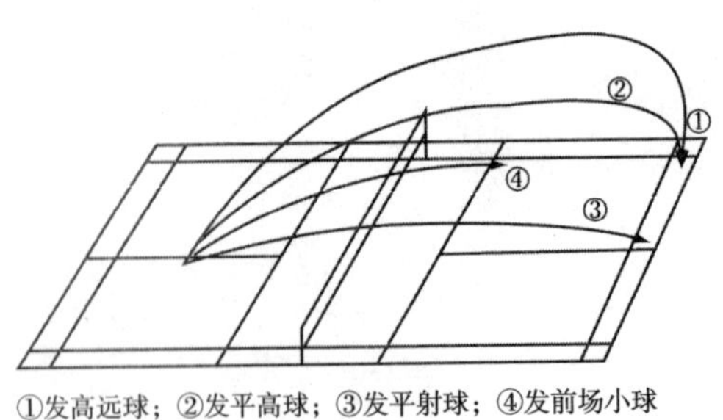

①发高远球；②发平高球；③发平射球；④发前场小球

图 7–5–3

1. 正手发球

正手发球以正手发高远球动作为基础。正手发后场高远球是用正手握拍方法，以正拍面将球击得又高又远，使球飞行到对方端线上空后突然改变方向，成直线下落至端线附近的一种发球。（图 7–5–4）

图 7–5–4

【正手发后场高远球的动作要领】

（1）准备发高远球的时候，站在离前发球线 1 米左右，发球场区中线附近，面对球网，左脚在前，右脚在后，两脚自然分开。

（2）将身体重心放在右脚上，身体自然地微向后仰，右手向右后侧举，肘部稍弯曲，左手拿球（可拿球的球托部位）并自然地在胸前弯曲。

（3）发球时，左手把球举在身体的右前方并放下，使球自然落下；右手同时由上臂带动前臂，从右后方向左前上方挥动。在上臂开始挥动时，身体重心由右脚慢慢地移到左脚。

（4）当球落到击球人手臂向下自然伸直能够触到球的部位的一刹那，握紧球拍，并利用甩手腕的力量，向前上方用力鞭打击球，当把球击出的同时，手臂向左上方挥动，击球之后，身体重心也由右脚移至左脚，身体微微前倾。

2. 反手发球

上面谈到的发球法，是用正手握拍方法从右后方向往左上方挥动手臂并发力击球的技术动作，这些被称为正手发球。除了正手发送球之外，还有一种反手发球法。由于动作结构、解剖因素和力量等原因，一般只是通过反手来发网前球和平球。随着羽毛球比赛对抗性的不断加强，反手发球除在双打比赛中运用外，也更多地出现在单打比赛中。（图 7–5–5）

图 7–5–5

【反手发网前球的动作要领】

（1）站位靠近前发球线，左脚或右脚在前均可，身体重心在前脚掌上，上体前倾，后跟提起。右手反握在拍柄稍前部位，肘关节提起，手腕稍前屈，球拍低于腰部，斜放在小腹前。左手持球在球拍面前方。

（2）左手放球的同时，以肘为轴，持拍手前臂内旋，带动展腕由后向前做半弧形回环挥动。

（3）击球时，球拍由后向前推送击球，使球的最高弧线略高于网顶，通过拍面的切削动作使球落到对方场区的前发球线附近。

（4）击球后，以制动动作结束发力，并迅速将握拍姿势调整为正手放松握拍。

（三）后场击球技术

发球仅是击球的开始，而真正激烈的争夺是在发球后的接发球或发球抢攻以及这之后的对拉击球上，因此，合理、协调、有效的击球将是运动员夺取最后胜利最基本的保证。（图 7–5–6）

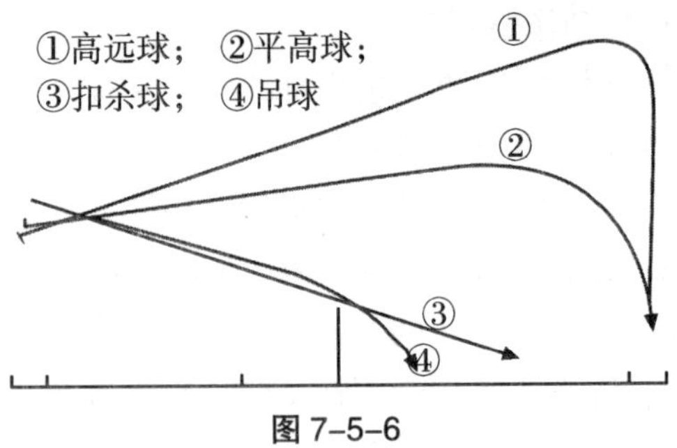

图 7–5–6

后场正手击高远球

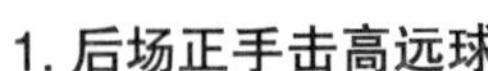

1. 后场正手击高远球

后场正手击高远球是用正手握拍以正拍面击出击球点在右肩前上方的后场高远球。（图 7–5–7）

【动作要领】

（1）准备姿势：左脚在前，右脚在后，侧身对网。右手正手握拍屈肘于体侧，上臂与前臂夹角为 45° 左右。左手自然上举，保持平衡，双眼注视来球方向。

（2）当球下落到一定的高度时，转体，手肘上抬，手臂后倒引拍，以肩为轴做回环动作；前臂充分向后下方摆动并外旋充分伸展；左手随转体协调屈臂向身体左下方下降。

（3）击球时前臂急速内旋并带动手腕加速向前上方挥动，手腕收缩，手指屈指发力，用正拍面将球击出。击球点选在右肩的前上方，其高度以持拍手臂自然伸直击球为宜。

（4）击球后，右手随击球后的惯性向左前下方挥动，顺势收回至体前，成接球前的准备姿势。

图 7–5–7

2. 后场反手击高远球

后场反手击高远球是用反手握拍，以反拍拍面在后场击高远球。（图 7–5–8）

后场反手
击高远球

【动作要领】

（1）运动员由中心位置启动后，用后场反手后退步法向来球方向移动，移动到位后右脚在前，身体背向球网，球拍举在胸前，拍面朝上，两眼注视来球。

（2）击球时，下肢是一个由屈到伸的过程；上肢是当球下落至右肩前上方的一定高度时，以上臂带动前臂作为初速度，在肘部上抬至与肩平行时，转为前臂带动腕部闪动，在右侧上方伸直手臂向后击球，伴随右腿的蹬力，使击出的球更有力量。

（3）击球后迅速转体面向球网，迈出跟进回位。

图 7–5–8

3. 后场吊球

吊球是把对方击来的高球，从后场轻击或轻切、轻劈到对方的近网附近。吊球从其动作方法，球飞行弧线的不同可分为劈吊、拦吊、轻吊（其中每一项都包括正手、头顶、反手等方法）。

后场吊球

（1）劈 吊

劈吊击球前动作与打高远球动作相似。击球时用力较轻，带有劈切动作（落点一般离网较近），当球落到右手臂向上自然伸直的高度时，手腕快速做切削动作，使拍面与球托的右侧或左侧接触而把球击出就完成了劈吊动作。（图 7–5–9）

图 7-5-9

（2）拦　吊

拦吊通常是把对方击来的平高球拦截回去。击球时拍面正对来球，当拍面和球接触时，只要轻轻拦切或点击，球即以较平的弧线、较慢的速度越过球网垂直下落。

（3）轻　吊

轻吊击球前动作和打高球相似。击球时，拍面正对来球，在接触球的一刹那，突然减速轻点或轻切来球，使球刚一过网就下落。

扣杀球

4. 扣杀球

扣杀球是把高球用力向前下方重击、重切或重“点”击球，这种球速度快、力量大。比赛中，杀球可以直接得分，也可以使对方处于被动防守地位。这一技术是羽毛球进攻中的主要技术之一。（图 7-5-10）

图 7-5-10

扣杀球以击球总距身体的位置可分为正手扣杀、头顶扣杀和反手扣杀；从击球力量的大小分为重杀、轻杀、劈杀、点杀、追身杀等。以下主要介绍头顶扣杀直线球和头顶扣杀对角线球。

（1）头顶扣杀直线球

准备姿势同头顶击高球。不同之处是挥拍击球时，靠腰腹带动手臂、手腕的鞭打动作，全力往直线下方击球，拍面和击球用力方向水平面的夹角小于 90°。

（2）头顶扣杀对角线球

准备姿势同头顶击高球。不同之处是挥拍击球时，靠腰腹带动手臂、手腕的鞭打动作，全力向对角线下方击球。球拍面和击球方向水平面夹角小于 90°。

（四）前场击球技术

前场技术包括网前的放、搓、推、勾、扑、挑球等。其中，搓、推、勾、扑属于进攻技术，要求击球前期动作具有一致性，击球刹那间产生突变，握拍要灵活，动作细腻，手腕、手指要灵巧，以控制好球的落点。以下是网前球的各种球路。（图 7–5–11）

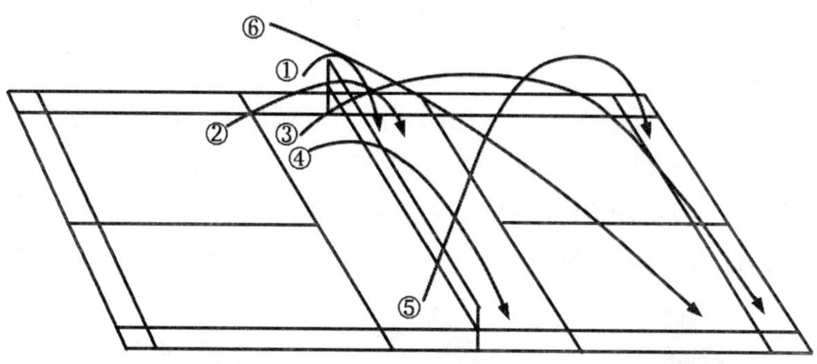

①前场搓球；②放小球；③前场推斜线球；④勾球；⑤挑斜线球；⑥前场扑斜线球

图 7–5–11

网前进攻威胁较大，因球飞行距离短，落地快，常使对方措手不及而直接失分。即使不能直接失分，也能迫使对方被动回球，创造下一拍进攻的机会。若网前进攻和中场进攻能紧密地配合起来，则能发挥前后场的连续进攻，掌握主动权。

1. 放网前球

放网前球是将网前区域低手位置的来球击至对方网前区域的前场击球技术。放网前球的来球一般处于低手位，击出的球没有旋转和翻滚，但落点可以比较贴近球网，这样可以创造有利的进攻形势，营造转机的机会。放网前球可分为正手放网前球和反手放网前球。

（1）正手放网前球

用正手握拍以正拍面将网前区域或低手位置的来球击至对方网前区域，称之为正手放网前球。（图 7–5–12）

正手放网前球

【动作要领】

① 准备姿势右脚在前、左脚在后，两脚开立与肩同宽，右手执拍自然置于胸前，左手自然置于体侧，身体向前倾斜。

② 前臂随步法伸向前上方，手腕外旋后导引拍。击球时，握拍放松，拍面几乎成仰平面置于球托下，手指、手腕轻轻地向上抬击球托底部，使其越网而过。

③ 击完球后，右脚迅速蹬地回动，同时击球手臂收回至胸前，成接球准备姿势准备回击下一个来球。

图 7–5–12

（2）反手放网前球

反手放网前球是用反手握拍以反拍面将网前区域低手位的来球击至对方网前区域位置的回球。击球前的动作要领同正手放网前球动作，只是方向相反。反手握拍，反面迎球。击球时，主要靠前臂的前伸、外旋和手腕由内收至外展的合力，轻托底部把球轻送过网。击球后，整个动作还原成下次击球的准备姿势。（图 7–5–13）

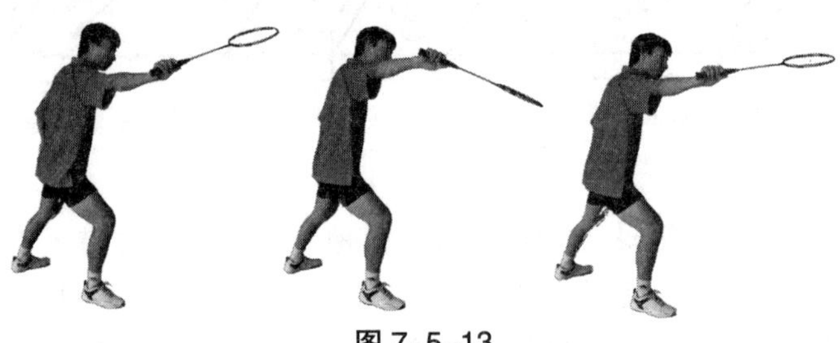

图 7–5–13

2. 网前搓球

正手网前搓球

（1）正手网前搓球

正手网前搓球是用正手握拍以正拍面将网前位置的来球运用“搓”“切”等动作回击到对方网前区域附近的击球方式。

【动作要领】击球前，前臂稍外旋，手腕由后伸至稍内收闪动。击球时，在正手放网前球动作基础上，加快挥拍速度，搓切来球的右下部，使球旋转滚动过网。（图 7–5–14）

图 7–5–14

（2）反手网前搓球

反手网前搓球

反手网前搓球是用反手握拍以反拍面将网前位置的来球运用“搓”“切”等动作回击到对方网前区域附近的击球方式。

【动作要领】击球前，前臂前伸外旋，手腕由内收至外展状；搓击球的右侧后底部，使球侧旋滚动过网。另外，还可以使前臂稍伸直，手腕由外展到内收，带动球拍向前切送，击球托的后底部，使球下旋滚动过网。

3. 网前勾球

（1）正手勾对角线

正手勾对角

勾球一般采用并步加蹬跨步上网的步法。在步法移动的同时，球拍随着前臂往右前上方举起，前臂前伸的同时，稍有外旋，手腕微后伸，这时将拍柄稍向外捻动，使拇指贴在拍柄的宽面上，食指的第二指节贴在与其相对的另一个宽面上，拍柄不触及掌心。击球时，靠前臂稍有内旋往左拉收，手腕由稍后伸至内收，球拍拨击球托的右侧下部，由手腕和手指控制拍面角度，击球后，球拍回收至胸前。（图 7–5–15）

图 7–5–15

（2）反手勾对角线

随着步法移动的同时，手臂向左侧前方平举（注意手臂不要伸直，稍弯即可）。击球时，随着肘部下沉，前臂回收外旋的同时，食指和拇指协调用力捻动拍柄，使拍面拨击球托的左侧后部，将球沿对角线飞越过网。击球后，球拍回收至胸前，为下次的来球做积极的准备。

4. 挑　球

（1）正手挑球

正手挑球

准备动作同正手放网动作。击球前前臂充分外旋，手腕尽量后伸。击球时，从右下向右前方至左上方挥拍击球。在此基础上，若球拍向右前上方挥动，挑出的是直线高球；若球拍向左前方挥动，挑出的则是对角高球。（图 7–5–16）

（2）反手挑球

反手挑球

准备姿势同反手放网动作。击球前，右臂向后拉抬肘引拍。击球时，前臂充分内旋，手腕由屈至后伸闪动挥拍击球。若球拍由左下向左前上方挥动，则球向直线方向飞行；若球拍由左下向右前上方挥动，则球向对角线方向飞行。（图 7–5–17）

图 7–5–16

图 7-5-17

（五）中场击球技术

在羽毛球技术中，除了后场击球技术和前场击球技术之外，还有介于前后场之间的中场击球技术，其中常见的是平抽球和接杀球技术。由于中场区域是比赛双方攻守转换的主要地带，双方运动员之间的距离比较近，球在空中滞留的时间又比较短，因此，中场击球技术对挥拍击球时球拍的预摆幅度要求相对小一些，突出体现了“快”字。

平抽球

1. 平抽球

平抽球是把位于身体左右两侧，高度在肩部以下、腰部以上位置的球用抽击的方式使球过网，球飞行的线路既平又快，是双打的主要技术之一。

【动作要领】站在右场区的中部，两脚平行站立稍宽于肩，身体重心在两脚之间，微屈膝，收腹，正手握拍举于右肩前。击球前肘关节前摆，前臂稍往后带外旋，手腕稍外展至后方，引拍至体后。击球时前臂内旋，手腕伸直闪动，手指抓紧拍柄，球拍由右后往右前方高速平扫盖击来球。击球后手臂左摆，左脚往左前方迈一步，右脚跟进一步回到中心位置。（图 7-5-18）

图 7-5-18

2. 接杀球

接杀球技术是羽毛球实战中由守转攻的重要环节，掌握较好的接杀球技术，可以从防守反击中得到较好的进攻主动权或直接得分机会。积极有效的接杀球可以化解对手进攻，达到化被动为主动的目的。接杀球技术可分为接杀放网前球、接杀挑后场高球和接杀勾对角球等。每项技术由可分为正手和反手两种击球方法。

【动作要领】两脚开立与肩同宽，自然站立于中场位置，膝关节微微弯曲，身体重心降低、双眼直视对方的击球动作。判断来球的落点，采用相应的步法与握拍，控制好拍面以切击或挑球的动作将球击出。击球后迅速回位，并将球拍置于胸前准备回击下一个来球。

（六）羽毛球步法

步法在羽毛球运动中占有十分重要的地位，可被称为羽毛球运动技术之母。快速、灵活、合理的步法是打好羽毛球、全面提高羽毛球技术水平的重要环节。

1. 步法的组成

羽毛球步法由垫步、交叉步、小碎步、并步、蹬转步、蹬跨步、腾跳步等组成。通常情况下，每种步法的移动都是从球场中心开始的。

（1）垫 步

当右（左）脚向前（后）迈出一步后，后脚跟进，紧接着以同一脚向同一方向再迈一步为垫步。垫步一般作为调整步距用。

垫 步

（2）交叉步

左右脚交替向前、向侧或向后移动的步法为交叉步，一脚经另一脚的前面并超越的步法为前交叉步；一脚经另一脚的后面并超越的步法为后交叉步。交叉步一般在后退打后场球时后退得较多。

交叉步

（3）小碎步

以小的交叉步移动的步法称为小碎步。由于步幅小，步频快，一般在启动或回到起始位置时使用。

（4）并 步

右脚向前（或向后）移动一步时，左脚即刻向右脚跟并一步，紧接着右脚再向前（向后）移动一步，称之为并步。

并 步

（5）蹬转步

以一脚为轴，另一脚做向后或向前蹬转步。

（6）蹬跨步

在移动的最后一步，左脚用力向后蹬的同时，右脚向来球的方向跨出一大步，称之为蹬跨步。它多用于上网击球，在后场底线两角移动抽球时也常采用。

蹬跨步

（7）腾跳步

起跳腾空击球的步法为腾跳步。它可分为两种，一种是上网扑球或向两侧移动突击杀球时，以领先的脚（或双脚）起跳，做扑球或突击杀球；另一种是对方击来高远球时，用右脚（或双脚）起跳到最高点时杀球。

2. 羽毛球步法的分类

（1）前场上网步法

从中心位置移动到网前击球的步法，称之为上网步法。前场上网步法可根据个人习惯采用交叉步、并步、垫步或蹬跨步。

① 正手上网步法

当来球在右侧距离身体较远时，采用正手三步上网步法。启动后右脚迅速向身体右侧前方迈出第一步，左脚紧接着向前垫第二步并至右脚跟处，同时左脚的前脚掌用力蹬地，右脚再向前跨出第三大步，准备击球。（图 7-5-19）

② 反手上网步法

当来球位置在左侧距离身体较远时，采用反手三步上网步法。启动后右脚迅速向身体左侧前方迈出第一小步，左脚向前交叉迈出第二小步，同时左前脚掌用力蹬地，右脚又向前跨出第三步击球。击球后右脚向中心位置撤回第一步，左脚紧跟着退回第二步，两脚再向中心位置迈回，最后一小跳步回位。（图 7–5–20）

后场正手后退步法

（2）后场后退步法

后场后退步法是指从球场中心位置后退到端线的移动步法。后场步法是羽毛球步法中最常用的，又是难度较大的步法动作，因人的解剖、生理结构所决定。向前总比向后移动容易些，特别是向左场区底线后退，对灵活性和协调性的要求更高。后场后退步法可分为后场正手后退步法、后场头顶后退步法和后场反手后退步法。

后场正手后退步法

① 后场正手后退步法

来球位置在后场正手位距离身体较远时，采用后场正手后退步法。启动后右脚向来球落点方向后退第一小步，左脚经右脚往后交叉退第二步，右脚再交叉退第三步，身体重心放在右脚上，向右后方向斜步起跳，准备击球。（图 7–5–21）

② 后场头顶后退步法

来球位置在后场反手位距离身体较远时，可以采用后场头顶后退步法。启动后，右脚蹬地，转体，向身体左后侧区域的来球落点方向后退第一小步，左脚后交叉退第二步，右脚再向后交叉退第三步，身体重心在右脚上，交叉步起跳，准备击球。（图 7–5–22）

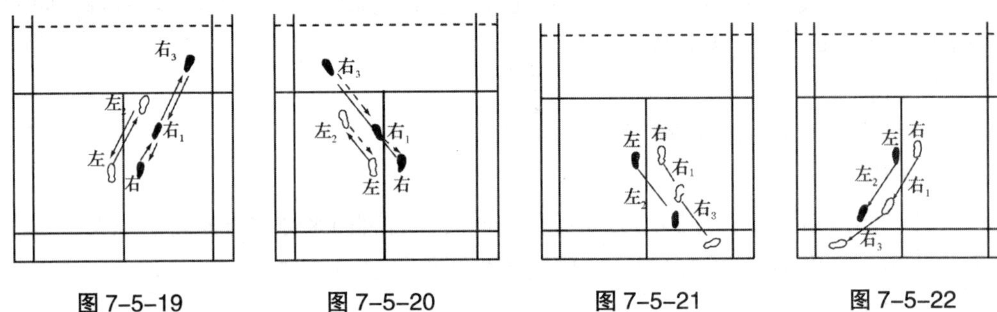

图 7–5–19　　图 7–5–20　　图 7–5–21　　图 7–5–22

③ 后场反手后退步法

当来球距离身体位置较远，不能采用头顶后退步法时，则采用反手后退步法。反手后退步法以左脚的前脚掌为轴心，右脚蹬地向身体左后侧来球落点方向转体迈出第一小步，左脚紧接其后向左后侧迈出第二步，右脚再交叉向来球落点方向跨出第三步，准备击球。完成击球后，身体重心在右脚上，迅速蹬地转体向中心位置方向迈出第一小步，左脚随即交叉迈出第二步，右脚再向中心位置迈出第三步，迅速回位。（图 7–5–23）

（3）中场步法

左右移动主要是还击中场球时所使用的步法。中场两侧移动步法用于接杀球较多，故此左右移动大致有两种方法：一是向右移动的正手移动步法，二是向左移动的反手移动步法。

① 中场正手蹬跨步接杀球步法

判断来球后，脚掌触地启动，左脚向身体右侧场区边线蹬地，右脚向来球方向转动的同时向前跨一步接球，右脚触地动作与前场交叉步上网步法相似，接球后右脚迅速向中心蹬跳回位。（图 7–5–24）

② 中场反手蹬跨步接杀球步法

启动后右脚用力向来球方向蹬地，向左侧转髋的同时，左脚向来球方向跨步接球，左脚尖外展，脚跟触地，接球后左脚掌向中心迅速蹬地回位。（图 7–5–25）

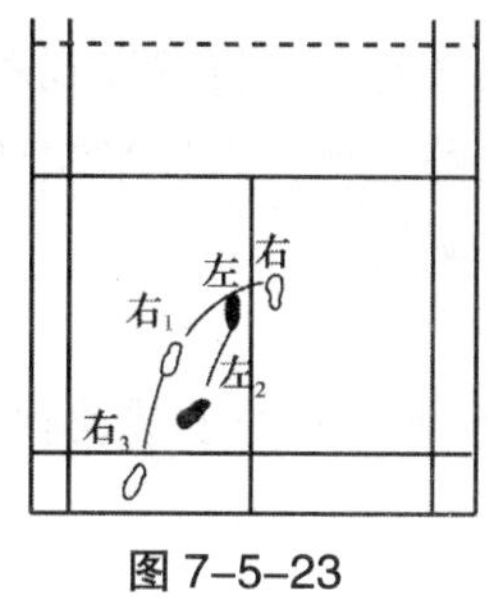

图 7–5–23

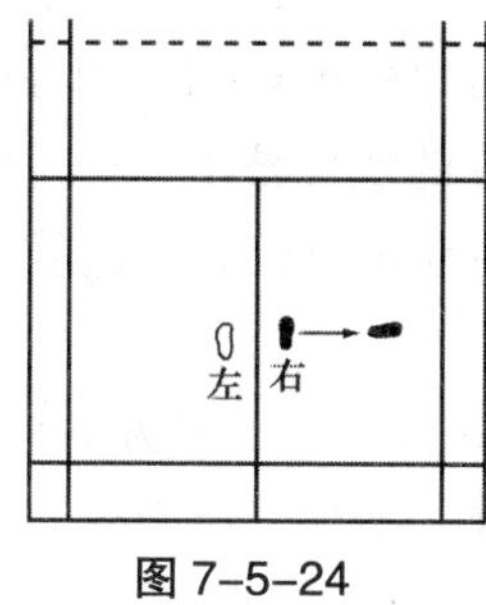

图 7–5–24

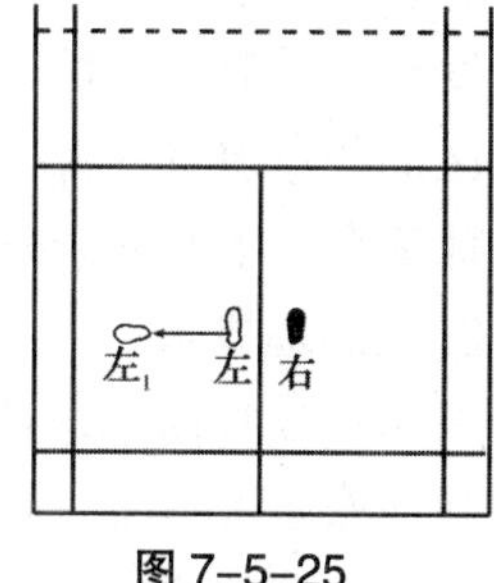

图 7–5–25

总之，羽毛球的步法有很多，这里介绍的只是其中几种最常见、最主要的步法。根据运动员的技术打法特点和身体及身体素质的实际情况可灵活采用，也可以总结、创新一些适合自己特点的步法来进行练习。

二、羽毛球运动基本战术

羽毛球战术是指运动员在比赛中为表现出高超的竞技水平并战胜对手，而采取的计谋和行动。在羽毛球比赛中，运动员要控制对手，力争主动，以己之长，克彼之短，抑彼之长，避己之短，根据不同对手的特点，采取相应变化的技术手段战而胜之，这便是战术的意义。

我国羽毛球运动战术的指导思想是“以我为主”“以快为主”“以攻为主”，同时也确定了我国运动员“快、狠、准、活”的技术风格。

（一）羽毛球战术的目的

1. 调动对方位置

对方一般站在场地中心位置，全面照顾各个角落，以便回击各种来球。如果将其调离中心位置，其场区就会出现空当，这一空当就成了我方下一拍进攻的目标。

2. 迫使对方击出中后场高球

以平高球、劈杀、劈吊或网前搓球等技术造成对方还击困难，迫使对方击来的高球不能到达自己场区的底线，从而增加自己大力扣杀和网前扑杀的威力，给对方致命的一击。

3. 使对手重心失控

利用重复球或假动作打乱对方的步法，使对方身体重心失去控制，来不及还击或延误击球时间导致其回球质量差，使对方处于被动状态。

4. 消耗对手体力

控制球的落点，最大限度地利用整个场地，把球击到场地的四个角上或离对手最远的地方，使对手在每一次回球时尽量消耗体力。在争夺一球的得失时，也应以多拍调动对手，让对手多跑动，多做无效的杀球，以此来消耗对手体能，为后程比赛奠定体能基础。

（二）单打基本战术

1. 发球抢攻战术

发球不受对方干扰，发球者可以根据规则，随心所欲地以任何方式将球发到对方接球区的任意位置；善于利用多变的发球技术，先发制人，取得主动；以发平快球和网前球配合，争取创造第三拍的主动进攻机会，这就是发球抢攻战术。

2. 攻后场战术

采用重复打高远球或平高球的技术，压对方后场两点，迫使对方处于被动状态。一旦其回球质量不高，便伺机杀球、吊球一击制敌。

3. 逼反手战术

一般说来，后场反手击球的进攻性不强，球路也较简单。对于后场反手较差的对手要毫不放松地加以攻击。先拉开对方位置，使对方反手区露出空当，然后把球打到反手区，迫使对方使用反拍击球。例如，先吊球到对方正手网前，对方挑高球，己方便以平高球攻击对方反手区。在重复攻击对方反手区迫使其远离中心位置时，突然吊对角网前。

4. 四方球突击战术

以快速的平高球、吊球准确地打到对方场区的四个角落，迫使对方前、后、左、右奔跑。当对方来不及回中心位置或身体失去重心时，抓住空当和弱点进行突击。

5. 吊、杀上网战术

先在后场以轻杀配合吊球把球下压，落点要选择在场地两边，使对方被动回球。若对方还击网前球时，便迅速上网搓球或勾对角快速平推球；若对方在网前挑高球，则可在其后退途中把球直接杀到他身上。

（三）双打基本战术

1. 攻人（二打一）战术

这是一种经常运用且行之有效的战术。当发现对方有一个人的防守能力或心理素质较差，失误率比较高或防守时球路单调，就可采用这种战术，把球攻到较弱者的一边。这种战术可集中优势以多打少，以优势打劣势，造成主动或得分；有利于打乱对方防守站位；有利于我方突击另一线而成功；有利于造成对方思想上的矛盾而互相埋怨，影响其士气。

2. 攻中路战术

不论对方把球打到什么位置，攻球的落点都应集中在对方两人之间的结合部，并靠近防守能力较差者一侧或在中线上。攻中路战术可以造成对方抢球或漏球，也可以限制对方挑出大角度的球路，有利于我方网前的封网。

3. 攻直线战术

攻直线战术即杀球路线和落点均为直线，没有固定的目标和对象，只依靠杀球的力量和落点来取得得分效果。当对方的来球靠近边线时，攻球的落点在边线上；当对方的来球在中间区时，就朝中路进攻。这个战术在使用上较易记住和贯彻，杀直线球虽然难度高一些，但效果不错，便于网前同伴的封网。

4. 后攻前封战术

当本方取得主动攻势时，后场队员逢高球必杀，前场队员积极移动封网扑打。

5. 防守反击战术

防守时，对方攻直线球，我方挑对角平高球；对方攻对角球，我方挑直线平高球，以达到调动对方移动的目的。可采用挡或勾网前的精巧网前技术迫使对手起球，创造后场进攻机会，达到反守为攻的目的。

三、羽毛球主要规则

（一）比赛场地

比赛场地

为了避免风的干扰，给比赛创造适宜、舒适的环境，羽毛球比赛一般在室内进行。理想的羽毛球场地地面是由化学合成材料制成的，在基层的一些比赛中达不到上述条件时，也可以在水泥地或三合土地面上进行，但必须保证运动者在比赛中不感到太滑、太黏，并有一定的弹性。

场地应是一个长方形，用宽 40 毫米的线画出。线的颜色应是白色、黄色或其他容易辨别的颜色。所有的线都是它所界定区域的组成部分。从场地地面起，网柱高 1.55 米。当球网被拉紧时，网柱应与地面保持垂直。不论是单打还是双打比赛，网柱都应放置在双打边线上。网柱及其支撑物不得延伸进入除边线外的场地内。

球网应用深色优质的细绳编织而成。网孔为均匀分布的方形，各边长为 15 ~ 20 毫米，球网上下宽为 760 毫米，全长至少 6.1 米。球网的上沿是用 75 毫米宽的白带对折而成的夹层，用绳索或钢丝从中穿过。夹层的上沿必须紧贴绳索或钢丝。绳索与钢丝应牢固地拉紧，并与网柱顶齐平。球网高度分别是：中央网高 1. 524 米，双打边线处网高 1. 55 米。球网两端与网柱之间不应有空隙。（图 7-5-26）

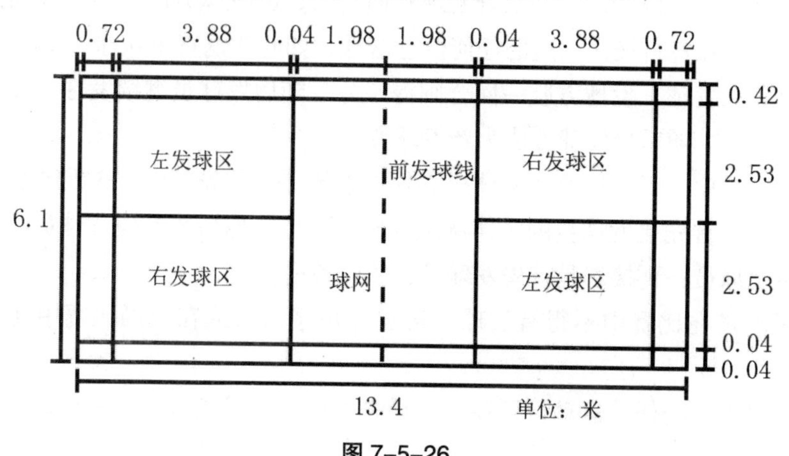

图 7-5-26

（二）比赛项目

羽毛球比赛分为团体比赛和单项比赛。

团体比赛设有男子团体、女子团体和男女混合团体。比赛赛制分为三场制和五场制。三场制：每队2～4名队员参加比赛，两名单打、一对双打，共进行三场比赛。比赛顺序是单、双、单或单、单、双，采用三场两胜制。五场制：每队4～9名队员参加比赛，三名单打、两对双打，共进行五场比赛。比赛顺序是单、双、单、双、单，或根据双方协商临时更换比赛场次顺序，采用五场三胜制。混合团体赛为男女单打各一、男女双打各一对、一对混双，共进行五场比赛，混合团体比赛顺序是男单、女单、男双、女双、混双，采用五场三胜制。

单项比赛设有女子单打、男子单打、女子双打、男子双打和混合双打。

（三）比赛规则简介

1. 单　打

（1）发球区和接发球区。当发球员得分数为0或双数时，双方运动员均应在各自的右发球区发球或接发球；当发球员的分数为单数时，双方运动员均应在各自的左发球区发球或接发球。

（2）击球顺序和位置。一回合中，球应由发球员和接球员交替从各自所在场区一边的任何位置击出，直至成死球为止。

（3）得分和发球。发球员胜一回合则得一分。随后，发球员再从另一发球区发球；接发球员胜一回合则得一分。随后，接发球员成为新发球员。

2. 双　打

（1）发球区和接发球区。一局中，发球方的分数为0或双数时，发球方均应从右发球区发球；一局中，发球方的分数为单数时，发球方均应从左发球区发球。接发球方上一回合最后一次发球的运动员应在原发球区。其同伴的站位与其相反；接发球员应是站在发球员斜对角发球区的运动员；发球方每得一分，原发球员则变换发球区再发球。

（2）击球顺序和位置。每一回合发球被回击后，由发球方的任何一人和接球方的任何一人，交替在各自场区一边的任何位置击球，如此往返直至死球。

（3）得分和发球。发球方胜一回合则得一分。随后发球员继续发球；接发球方胜一回合则得一分。随后接发球方成为新发球方。

（4）发球顺序。每局比赛的发球权必须如下传递：首先是由首先发球员从右发球区发球；其次是首先接发球员的同伴从左发球区发球；然后是首先发球员的同伴；接着是首先接发球员；再接着是首先发球员，依此传递。

（5）运动员在比赛中不得有发球、接发球顺序错误或在一局比赛中连续两次接发球。

（6）一局胜方的任一运动员可在下一局先发球；一局负方的任一运动员可在下一局先接发球。

3. 发　球

（1）合法发球。

① 一旦发球员和接发球员做好准备，任何一方不得延误发球。

② 发球员的球拍头完成后摆，任何对发球开始的延误都是延误。

③ 发球员和接发球员应站在斜对角的发球区内，脚不得触及发球区和接发球区的界线。

④ 从发球开始，至发球结束前，发球员和接发球员的两脚都必须有一部分与场地的地面接触，不得移动。

⑤ 发球员的球拍应首先击中球拍。

⑥ 发球员的球拍击中球的瞬间，整个球应低于发球员的腰部。腰指的是发球员最低肋骨下缘的水平切线。

⑦ 发球员的球拍击中球的瞬间，拍杆和拍头应指向下方。

⑧ 发球开始后，发球员必须连续向前挥拍，直至将球发出。

⑨ 发出的球应向上飞行过网，如果未被拦截，球应落在规定的接发球区内。

⑩ 发球员发球时，应击中球。

（2）一旦运动员站好位置准备发球，发球员的球拍头开始向前挥动，即为发球开始。

（3）一旦发球开始，发球员的球拍击中球或未能击中球，均为发球结束。

（4）发球员应在接发球员准备好后才能发球，如果接发球员已试图接发球，即被视为已做好准备。

（5）双打比赛发球时，发球员和接发球员的同伴应在各自的场区内。其站位不限，但不得阻碍对方发球员或接发球员的视线。

4. 违　例

以下情况均属违例：

（1）不合法发球。

（2）球发出后：停在网顶；过网后挂在网上；被接发球员的同伴击中。

（3）比赛进行中，球：落在场地界线外（即未落在界线上或界线内）；未从网上越过；触及天花板或四周墙壁；触及运动员的身体或衣服；触及场地外其他物体或人；被击时停滞在球拍上，紧接着被拖带抛出；被同一运动员两次挥拍连续两次击中，但一次击球动作中球被拍框和拍弦面击中不属违例；被同方两名运动员连续击中；触及运动员球拍，而未飞向对方场区。

（4）比赛进行中，运动员：球拍、身体或衣服，触及球网或球网的支撑物；球拍或身体，从网上侵入对方场区；球拍或身体，从网下侵入对方场区，导致妨碍对方或分散对方的注意力；妨碍对方，即阻挡对方紧靠球网的合法击球；故意分散对方注意力的任何举动，如喊叫、做手势等。

5. 得　分

当发球方胜了一个回合，就得 1 分，并继续发球。接发球方胜了一个回合，得 1

分，同时得到发球权。接发球方从发球方取得发球权称之为换发球。

6. 计分方法

（1）除非另有规定，一场比赛应以三局两胜定胜负。

（2）除（4）、（5）的情况外，先得 21 分的一方胜一局。

（3）对方“违例”或触球及对方场区内的地面成死球，则本方胜这一回合并得一分。

（4）20 平后，领先得 2 分的一方胜该局。

（5）29 平后，先到 30 分的一方胜该局。

（6）一局的胜方在下一局首先发球。

7. 交换场区

以下情况，运动员应交换场区：

（1）第一局结束；

（2）第二局结束（如果有第三局）；

（3）在第三局比赛中，一方先得 11 分时。

如果运动员未按规则规定交换场区，一经发现，在死球后立即交换，已得比分有效。

第六节　网球运动

一、网球运动基本技术

（一）握拍方法

东方式握拍法

现代网球有多种握拍方法，即东方式握拍、大陆式握拍、西方式握拍和反手双手握拍法等。

1. 东方式正手握拍法

将手平放在拍面上，然后下滑到球拍拍柄处握住或将球拍水平放置，拍子与地面垂直，虎口和掌根压住拍柄，并且虎口对准拍柄上平面偏右的位置，中指、无名指和小指紧握，拇指搁在中指旁边，食指稍分开（均以右手握拍为例）。（图 7–6–1）

2. 东方式反手握拍法

大陆式握拍开始，顺时针旋转球拍，使食指根部压在一个斜面，食指关节跨在右斜面上部，拇指放在拍柄左侧面，虎口掌根压住拍柄左上侧斜面，在击球时起到稳定作用，这样便形成了东方式反手握拍法。（图 7–6–2）

大陆式握拍

3. 大陆式握拍

球拍与地面垂直，由球拍正上方握拍，拇指围住拍柄，食指第三指关节紧贴于拍柄右上斜面。与东方式不同之处是，大陆式握拍正反手击球无须换握拍，手掌大部分

放在拍颈颈部的小右斜面上，虎口跟掌根压住在拍颈正上方。（图 7–6–3）

4. 西方式握拍

拍面水平置于地面，用手由正上方握起，食指根部接触到一个平面，虎口跟掌根压在拍柄正上面。这种握拍法俗称“大把抓”，即用手在拍柄顶端顺手一把抓起便是。（图 7–6–4）

西方式握拍

5. 反手双手握拍

使拍面处于大陆式和东方式反手握拍的中间位置，右手采用大陆式，左手采用东方式正手握拍法，右手在下，左手在上。（图 7–6–5）

图 7–6–1

图 7–6–2

图 7–6–3

图 7–6–4

图 7–6–5

反手双手握拍

（二）基本站姿

1. 开放式击球

双脚侧向自然分开并侧身击球，决定右脚位置的同时，必须扭转上半身使左肩朝前，同时往后拉拍，挥拍中身体重心必须从右往左移动。

2. 关闭式击球

左脚向右前方上步，右脚向右转 90° 与底线平行，同时转肩转髋带动右手向后摆动引拍。侧向跨出的同时，拉开球拍，以左肩朝前的姿势往前挥拍，挥拍时身体重心必须是从右脚向左脚移动，腰和肩的扭转越大，越能获得力量和速度。

（三）正手击球技术

正手击球技术

1. 准备动作

面对球网，双脚开立略比肩宽，双膝微屈，身体略向前倾，脚跟稍抬起，重心位于两脚间。以右手握拍为例，右手轻握拍柄，左手轻托拍颈，双肘微屈，球拍置于腹前，在胸腹之间的高度，拍头指向前方，两眼注视来球，身体和肩部放松。握拍要放松，根据来球迅速地做出反应，随时做好击球准备。（图 7–6–6）

2. 击球动作

击球动作前，后摆引拍，以转肩转髋带动右手向后摆动引拍，后摆引拍时身体重心移向右脚，左肩对着来球，手腕固定。击球时，左脚为轴开始转身，以腰的扭转带动拉拍，动作放松，拍头高于手腕，手臂自然前伸以保持身体平衡。在开始向前挥拍时，左脚应向击球的方向迈步，以肩为轴向前挥拍，击球点在身体右前方，两眼注视来球，拍面在击球时与地面垂直，手腕固定，用力蹬后脚，沿着球飞行的方向向前送，并尽量使拍面和球有较长时间的接触，重心向前转移，落在左脚，身体也随着转动，面向球网，击球结束拍子在左肩上方，球拍成直立状。随挥结束时，左手顺势握

住拍柄，身体恢复准备姿势，准备下一次的击球。（图 7–6–7 ~ 图 7–6–9）

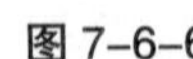

图 7–6–6

图 7–6–7

图 7–6–8

图 7–6–9

（四）反手击球技术

反手击球技术

1. 单手反手击球

（1）准备动作

面对球网，双脚自然开立与肩同宽，双膝微屈，重心略向前，用非握拍手轻托拍颈，拍头与下颌齐平，双肘弯曲，将球拍舒适地伸在前面，身体前倾，重心落在双脚上。

（2）击球动作

向左侧转体带动右手向左后方摆动，同时右脚向左前方上步，转肩的同时右手变换成东方式反手握拍法，右脚向左前方跨步，右肩对网，重心前移，击球点在身体左前方，眼睛始终紧盯着来球，紧绷手腕，握住球拍。击球时，球拍向前再向上挥动，击球点应在右腿前、腰部高度，击球时拍面垂直于地面，挥拍轨迹朝目标方向由下至上，沿球方向前送，随挥动作结束在身体的右前方，右肩上部。（图 7–6–10 ~ 图 7–6–12）

图 7–6–10

图 7–6–11

图 7–6–12

双手反手击球

2. 双手反手击球

（1）准备动作

与单手准备动作相同，只是双手握在拍柄上。

（2）击球动作

两眼注视来球，击球前靠肩的转动，引拍后拉，变化握拍法，将球拍低于来球高度，身体重心转移到左脚上，右脚向来球方向迈出，双手向前挥动并击球，击球点在身体左前方，比单手略靠后，击球时右臂伸直，拍面垂直于地面，击球后球拍应沿目

标方向继续挥出，动作完成时双手高于肩。（图 7–6–13 ～图 7–6–15）

图 7–6–13

图 7–6–14

图 7–6–15

（五）截击球技术

截击球技术

截击球是网前技术中的一种攻击性击球方法，是指当来球在空中飞行、未落地之前就加以还击的一种打法。通常在球网和中场之间拦击。截击球有正反手截击，低高点截击，近体截击和对角截击等。

1. 正手截击球

截击球应该采用大陆式握拍方法，因为截击球球速快，没有足够的时间变换握拍法，所以正反手截击球准备动作相同。

截击前，两脚平行站立，将球拍置于体前，球拍与肩平行，拍头翘起，肩部稍作转动，后拉拍要稳固，引拍动作不应过大。在向前挥拍的同时，用左脚朝球飞行的方向迈步，保持手腕固定，紧握球拍，击球点在身体前方，用较短的撞击动作击球。随挥动作要短，以便快速回到准备姿势接下一个球的位置。（图 7–6–16 ～图 7–6–18）

图 7–6–16

图 7–6–17

图 7–6–18

2. 反手截击球

反手截击球出球比较稳定，与正拍配合使用可以封堵很大的面积，击出不同落点、不同线路的球，从而在比赛中争得主动。

反手截击球时，肩部稍微转动，球拍与肩平行，球拍后引要小，跟进动作必须简短。后拉拍要稳固，在向前挥拍时右脚朝球飞行的方向迈出；触球的瞬间，保持拍头高于手腕，并在身体前方击球；击球结束后，随挥动作要短，快速回到准备状态，以便接下一个来球。（图 7–6–19 ～图 7–6–21）

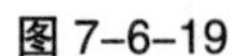
图 7-6-19

图 7-6-20

图 7-6-21

发球技术

（六）发球技术

现代网球运动中，发球在网球比赛中具有很重要的位置，是唯一不受对方制约，而由自己掌握的一项进攻技术。比赛开始得分或失分常常取决于发球的好坏，发球既可以直接得分，又可以为进攻创造条件，在高水平比赛中，球员保住自己的发球局是赢取胜利的关键和基础。

1. 准备动作

采用东方式反手或大陆式握拍法。双脚自然分开站立，与肩同宽，身体前倾，右脚与底线基本上平行，左脚正对右网柱，在端线后侧身站立，左手将球放在拍颈与球拍相接处，持球在手的拇指、食指及中指三指上，手腕和手臂放松，握拍于体前。（图 7–6–22）

2. 抛　球

左臂放松，掌心向上，手指自然松开，平稳地向上抛球，手臂保持伸直的状态，其走势与地面垂直，抛球的高度要适当，在最高点击球最好。抛球与挥拍几乎是同时开始。抛球时避免勾指、甩腕等多余动作，手臂打到肩部高度时，球借助惯性自然上升。（图 7–6–23）

3. 击球动作

抛球与挥拍击球是同时进行的，两手臂同时向下和向上运动，球从伸展的左手中向上竖直抛出，在身体前面和左脚上部，持拍臂弯肘上举。抛球后，身体开始向前转动，球拍在身后做环绕动作，在屈膝、反弓背动作的基础上自下而上依次蹬地，反弹弓背并向前上伸展，同时以肘为轴带动手、拍头做鞭打动作。尽量伸展身体，在最高点击球，击球的后部。击球时，身体重心向前转移。随挥动作结束在身体左侧下方。（图 7–6–24 ~ 图 7–6–26）

图 7-6-22

图 7-6-23

图 7-6-24

图 7-6-25

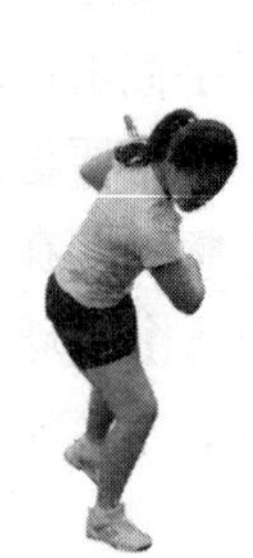
图 7-6-26

（七）接发球技术

接发球是网球运动中比较难掌握的一项技术。通过判断对手发球的方法、旋转、力量和速度等情况，采用相应的方法，将球击回。一次错误的回击往往会失去一分，但是，如果接发球技术好，不仅可以直接得分，又能打掉发球者进攻的锐气，减少自己的被动，为进攻创造有利的条件。

1. 准备动作

两脚保持平行站位，比肩略宽，右手持拍者一般右脚稍前，两膝微屈，上体稍前倾，脚跟提起，将球拍置于体前。接发球站位一般位于端线附近，但是要根据对方发球来变换自己的位置。

2. 击球动作

在接发球的全过程中，眼睛始终要注视来球，快速转体拉拍，击球瞬间，紧握球拍，使其不发生颤动，击球后顺着拍头的方向继续快速挥拍，一直到完成回击动作。接发球时不要做大幅度的后摆动作，主要是要控制好拍面的角度，并紧握球拍以免被震而转动。选择好的落点，对控制对手发球后抢攻有重要意义。

（八）高压球技术

高压球是一项强攻性技术，是回击对方挑来的高球并加以扣杀。流畅的挥拍动作和判断力，能更好地发挥高压球技术的威力，高压球不是靠力量而是靠打点得分。

1. 准备动作

当对方回出高球时，应迅速侧对球网，以碎步移位来到球的下方，用小侧步调整以决定右脚的位置。

2. 击球动作

用大陆式握拍法，抬头盯着球，侧身转体，用短促的踮步调整位置，左手高举指向击球点，右手举起球拍向后拉拍，寻求高点击球，伸直左手臂侧身，球拍后摆做搔背动作，拍子在右肩的前上方对准球心挥出，击球后要避免身体失去平衡，积极迎击并挥拍到最后，随挥动作结束在身体左侧下方。面对各种高压球，固定击球点是稳定杀球的关键。

（九）挑高球技术

挑高球可分为进攻性挑高球和防守性挑高球两种。防守性挑高球是为了赢得时间，摆脱困境；进攻性挑高球是在对方上网时，将球挑到对方后场较深处，使之被动或失误。

1. 进攻性挑高球

动作要尽可能与底线正反拍上旋抽击球动作一样。击球前将球拍做好充分的后摆，挥拍击球时，拍面垂直，拍头低于手腕的位置，由后下向上挥拍打球的后下部，手腕绷紧，挥拍动作要尽可能地向前、向上送出。击球后，随挥动作要放松在身体左侧结束。

2. 防守性挑高球

动作隐蔽，握拍、侧身转肩、向后引拍应尽量与底线正、反拍击下旋球动作一致。击球时拍面朝上，触球的中下部，由右下方向前上方平缓挥拍击球，要尽量使球在球拍上停留时间长一些，动作要柔和。

（十）放小球

放小球是球员一项必须掌握的技术，在比赛中运用得非常广泛，对调动、干扰和牵制对手起到很好的作用。

1. 准备动作

采用大陆式握拍方法。放小球的准备动作和正、反手击球一样。

2. 击球动作

侧身对网，触球时，减慢挥拍，利用前臂带动手腕的力量缓冲球的前冲作用，使球拍沿着球的下部急剧滑动，随着球拍的下切动作使球向后旋转，降低球速。正、反拍都可以放小球，动作要领相同，放小球最重要的是它的突然性和隐蔽性，不能让对方看出自己的意图。

二、网球运动基本战术

网球战术是技术、意志、智能和体能素质在比赛中有针对性的综合运用。只有掌握了全面的技术，并能灵活、合理地运用，才能在比赛中取得良好的效果。基本技术与战术既有明显区别，又有密切联系，两者相互依存又相互促进。

（一）单打战术

单打战术一般可以分为发球战术、接发球战术、上网战术和底线战术四种。它是为了取得比赛胜利，在规则允许下采用的各种方法和手段。

1. 发球战术

（1）发球站位

在右区发球多是站在靠近中线的附近，这样一方面是为了便于调整，还击来球，另一方面是为了把球击向对方的反拍，即中线附近。在左区发球的站位多是离开中线向左边一些的地方，这个位置便于把球发向对方的反拍，尽量使自己还击对方来球的位置稍稍偏左，有意加大一些正手的防守区域，这样还击时容易上位弥补，以增强进攻的作用。

（2）一　发

网球比赛规定有两次发球机会，第一次如失误，可以有第二次发球机会。从战术上讲，第一次发球比第二次发球重要得多，因为第一次可以充分运用大力发球，向对方展开猛烈的进攻，对方不得不退到稍后一点的位置接发球。第一次发球时，如在右区，直线球比斜线球好，因为它可以打在对方的反拍区。打落点主要运用切削发球，把对方拉出场外去接，或者看对方接发球站位的破绽，发其防守差的区域。

（3）二　发

第二次发球是发球的最后机会，如果失误就要丢分，所以，首先，应把准确性作为第二次发球的前提。发球相对慢些，运用切削或上旋发球，使球落到对方场区，产生向反拍方向高和远的跳动，给接发球者造成困难，同样也具备进攻的意义。其次，向对方接发球的位置发落点，打对方防守差的区域。

（4）发球上网

发球上网是获胜的必要手段，而得分才是最终目的。但也绝非发球就能上网，重要的是选择时机，即在条件成熟时上网。

① 如果采用大力发球，即使没有发出“ACE”球（“ACE”球就是对局双方中一方发球，球落在有效区内，但对方却没有触及球而使之直接得分的发球），也具有相当大的威力。大力发球可迫使对方还击不利，勉强还击会打不正，这时是上网的良好时机。

② 采用急剧旋转发球，如果发得成功便可大胆上网。因为球的旋转强烈，落地后弹跳又高，球的运动时间较长，发球者有充裕的时间上到网前，而对方由于跑动还击又打不出强烈的进攻性来球。

2. 接发球战术

（1）占据有利的位置

接发球时的站位必须从实际出发根据临场的具体情况决定，多数站在底线前后半米处，其左右站位应在对方可能发球区的角平分线上。如果正拍有较强的进攻性，不妨把正拍防守范围放大一些，以便组织进攻。

（2）充分准备动作

从准备发球开始，就要集中注视对方的动作，包括对方的站位、拉拍、击球，做到这些才能及早地预测来球，启动，并侧身对网，适时引拍向前迎击球。准备接发球，应两手持拍置于胸腹前，拍头要上翘些，采用东方式握拍法会更灵活。这样引拍前挥动作都比较小，还击较快，从而缩短了对方的准备时间，迫使对方匆忙还击。

3. 上网战术

如果在单打中不上网，等于使自己处于“被动”的地位，对对方打来的短球处理起来也十分不利。若发球后不上网，如同让对方在毫无压力的情况下接发球。所以，上网战术成了网球比赛中重要的战术之一。上网一般在两种情况下进行：发球上网和抽击上网（包括接发球在内）。

（1）发外角球

在对手回球来到之前，球员有足够的时间进入发球区。上网后站在尽可能靠近网的地方，大约离网 2 米。如果网前技术全面的话，近网则有利，因为离网近封网角度小，便于向前截击；相对球网就低，便于做由上向下的截击动作，使进攻性增强。所以无论进攻与防守都是近网有利。但是近网需要有强有力的高压球技术作为保证和后盾，否则，很容易被对方挑高球得分。所以，要具有全面的网前技术。

（2）抽击球上网

上网前的一个抽击球非常重要，就好比是上网的前奏，这个球打的位置好坏决定上网的胜负。第一，上网前的抽击球要准，要深，要有一定的角度而使球打到对方底线附近，使对方跑动去救球，这样才具有攻击性；第二，也可以打在对方中央地带，这样可形成反击的最小回击角度。

（3）上网的击球

无论采用发球上网或抽击上网，上网时都应向网前冲去。在对方击球时，先在发球线后一两步的地方做分腿垫步，以便判断来球的方向，然后再对着球，向前去做网前第一次截击，并打低深球到对方的斜角，而第二次截击打浅斜线到另一边，就可使对方左右、前后奔跑。如果对方预料到你的意图而提前向另一边跑去，第二次再打一个重复球，就会使对方扑空。

当来球较高时，可运用高压动作将球扣下，力量和落点要适当结合，并依对方站立的防守位置而定。上网可能碰到被动情况，如由于准备不及时而对方把球打到自己脚下，这时可以运用反弹球技术过渡一下，以落点为主，把球打到对方难以回击的地方，再争取第二下主动截击的机会。

4. 底线战术

运用底线战术时，要以进攻的打法为前提，以快速、力量、准确和凶狠取胜对方。

（1）主动进攻的击球

底线抽击球主动进攻要打深，打出角度，使对方被动而出现防守上的漏洞；或攻击对方的弱点，使对方频频失误丧失信心而导致失败；或利用突击以及不同旋转的击球，出奇制胜。

（2）造成对方战术上的被动

每个队员都各自具有自己的战术特点，要针对对方的弱点进行进攻。对付上网好的运动员，就用落点深的球把他压制在底线，不让其上网。对于不善于上网的运动员，则要运用短球或小斜角球，引他上网或使他跑出中央位置，再用高球或打空隙地带的球胜之。总之，要打对方不擅长之处，在战术上压制对方长处，打乱对方阵脚。

（3）破网球

破网技术的基础是底线技术，要熟练掌握底线正拍直线、正拍斜线、反拍直线和反拍斜线等四条基本路线。破网时球过网越低越好，最好使球旋转。过网之后，弹跳不高，又朝两边斜出，给上网者造成回击位置和角度的困难。另外，可运用挑高球破网。破网技术得当，同样可以转化为主动。

（二）双打战术

双打和单打不同，双打要求具有配合默契、高度灵敏反应以及快速的抢网交叉位置等技术，并具有自己特定的技术。

1. 发球战术

如果得到选择权，先发球更有利。让发球好的运动员首先发球，并集中精力把球发好，而不要企图以发球直接得分；要使用稳健的旋转发球，将球发到接发球员的反拍去，以掌握发球上的主动权；发球员的同伴应把守好半边场区，等候对方接发球过来后进行截击或高压。

2. 接发球战术

双打接发球几乎是不变地和有计划地向发球员回击，决不应打给网前的对手。如知道对手发球后上网，即应用短低球回击到其脚上，使其只能把球从低处挑起。

如果网前的对手抢网扑杀打过去的斜线球，可有三种选择。

（1）把对角球再打得凶狠些，但这样打的冒险性和困难较大。

（2）可打直线球，但若网前的对手不抢网，就等于“自杀”。如果网前的对手移位不当，抢网未成功，那么直线球肯定得分。

（3）挑一个快速球越过网前对手的头顶，在接第二发球时，积极迎上前去，和伙伴们同时上网。经常在接第一发球时也可以这样做，但为了取胜的话，宜在第二发球时抢网。

总之，双打与单打不同，需要强调“球感”（即球拍与球接触的体会），原因是双打比赛打落点比猛力击球得分多，单打技术要求两角深球，但这种打法在双打中极易被网前对手阻击。双打中要运用“巧打”，多打落点较好的软球，两人要配合默契，争取在双上网情况下进攻。

三、网球主要规则

（一）场地设备

网球场地

（1）场地为长方形。单打场地长 23.77 米，宽 8.23 米。双打场地宽 10.97 米，比单打球场每边多 1.37 米。球网中央高 0.914 米。

（2）球为白色或黄色，外表毛质均匀，接缝处没有缝线。球的直径为 6.35 ～ 6.67 厘米，重量为 56.7 ～ 58.5 克。

（3）球拍的击球面必须是平的，拍框和拍柄的总长不得超过 81.28 厘米，总宽不得超过 31.75 厘米。拍框内沿总长不得超过 39.37 厘米，总宽不得超过 29.21 厘米。（图 7–6–27）

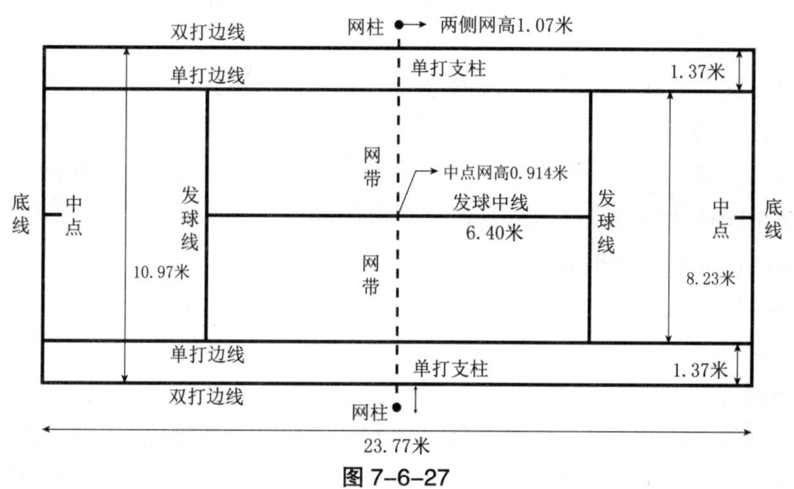

图 7–6–27

（二）比赛规则

1. 选择权

第一局比赛开始用投币方法来选择场地或发球权、接发球权。得胜者，有权选择或要求对方选择。

2. 发　球

每局开始发球时，发球员应先从右区端线后先发球，不得踩线。发出的球，在对方还击前，应从网上越过落到对角的对方发球区或其周围的线上。发球员有两次发球机会，如第一次发球失误后，应在原来位置进行第二次发球，第二次发球失误算失1分。得（失）1分后，应换到左区发球。这样每得（失）1分就轮流交换发球位置。如发球位置错误而未察觉，比分仍然有效；一旦察觉，应立即纠正。

3. 失　分

比赛过程中，发生下列任何一种情况，均判失分：

（1）在球第二次着地前未能还击过网；

（2）还击的球触及对方场区界限以外的地面、固定物或其他物体；

（3）还击空中球失败；

（4）比赛进行中，运动员故意用球拍托带或接住球，或故意用球拍触球超过一次；

（5）“活球”期间运动员的身体、球拍或穿戴的其他衣物触及球网、网柱、单打支柱、绳或钢丝绳中心带、网边白布或对方场区以内的地面；

（6）来球尚未过网在空中还击；

（7）除握在手中的球拍外，运动员的身体或穿戴的物件触球；

（8）抛拍击球；

（9）比赛进行中，运动员故意改变其球拍形状。

4. 有效还击

下列情况都属于有效还击：

（1）球触球网、网柱、单打支柱、绳或钢丝绳、中心带或网边白布后，从网上越过落入对方场区内；

（2）对方发出的或还击的球，落在本方有效区内又反弹回去或被风吹回对方场区上空时，本方运动员挥拍过网击球，球落到对方场区内，其身体、衣服或球拍并未触及球网、网柱、单打支柱、绳或钢丝绳、中心带、网边白布或对方场区的地面；

（3）球从网柱或单打支柱以外还击至对方场区；

（4）合法击球后，球拍随球过网；

（5）对方发出或击出的球，碰到本方区内的另一球，而还击的运动员仍能回到对方场区内。

5. 胜一局

运动员每胜一球得1分，胜第1分记分15，胜第2分累计分30，胜第3分累计分40，先得4分者胜一局。但遇到双方各得3分时，则为“平分”。“平分”后，一方先得1分时，为“该运动员占先”，占先后再得1分，才算胜一局；如一方“占先”后，对方又得 1 分，则仍为“平分”。依此类推，直到一方在“平分”后净胜两分结束该局。在双打比赛中，为控制赛时，往往采用“金球制”，即当出现平分时，由接发球方决定谁接发球，发球后哪方得分即结束该局比赛。

6. 胜一盘

（1）一方先胜六局为胜一盘，但遇到双方各得五局时，一方必须先净胜两局才算胜一盘，这种方法称之为长盘。

（2）决胜局记分制。遇到双方各胜六局时，第十三局采用决胜局记分制，也称平局决胜制，或叫“抢七局”，即先得 7 分为胜该局，即该盘。若分数成六平时，比赛需延长到某方净胜 2 分为止。

7. 最多盘数

一场比赛，除男子单打四大满贯比赛采用五盘三胜制外，其他等级赛事男女无论单打、双打，还是混合双打均采用三盘两胜制。

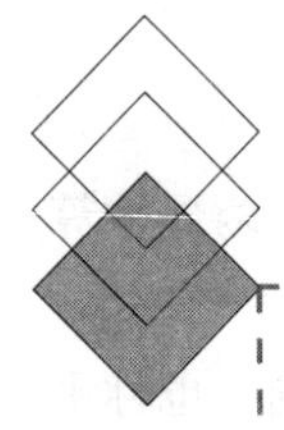

第八章 武术与搏击

第一节 武 术

一、武术基本功

（一）手 型

武术基本功的手型见图 8-1-1。

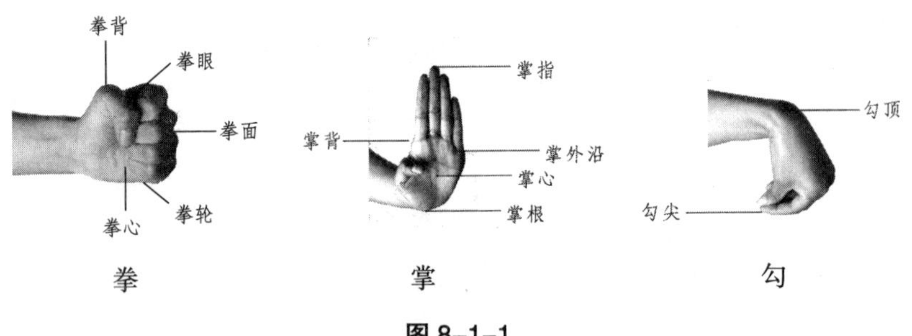

图 8-1-1

（二）手 法

武术基本功的手法见图 8-1-2。

抱 拳

架 拳

推 掌

亮 掌

图 8-1-2

（三）步　型

武术基本功的步型见图 8-1-3。

图 8-1-3

（四）腿　功

武术基本功的腿功见图 8-1-4。

正压腿　侧压腿　后压腿

弹　踢　正踢腿　侧踢腿　外摆腿

仆步压腿　纵劈叉　横劈叉　正搬腿

图 8-1-4

步　型

正压腿

侧压腿

后压腿

弹　腿

正踢腿

侧踢腿

前俯腰

甩　展

（五）腰　功

武术基本功的腰功见图 8–1–5。

涮　腰

图 8–1–5

肩　功

（六）肩　功

武术基本功的肩功见图 8–1–6。

图 8–1–6

二、初级长拳（第三路）

（一）初级长拳概述

长拳是在查拳、华拳、花拳、洪拳、炮拳、少林拳等传统拳术的基础上，根据它们的风格特点，综合整理创编而成，而后逐渐发展起来的一种影响广泛的拳术，其主要特点是动作舒展大方、姿势雄壮、精神勇往、力法快长。长拳讲究动迅静定、快速灵活、刚劲勇猛、节奏鲜明；在技击上讲究放长击远，出拳要拧腰送肩，以发挥“一寸长一寸强”的优势。其运动既均衡又全面，能够有效地提高人体的柔韧、力量、耐力、协调、灵敏、反应、平衡等身体素质，尤其适合大学生锻炼。

（二）初级长拳（第三路）动作名称

预备动作	1. 虚步亮掌	2. 并步对拳		
第一段	1. 弓步冲拳	2. 弹腿冲拳	3. 马步冲拳	4. 弓步冲拳
	5. 弹腿冲拳	6. 大跃步前穿	7. 弓步击掌	8. 马步架掌
第二段	1. 虚步栽拳	2. 提膝穿掌	3. 仆步穿掌	4. 虚步挑掌
	5. 马步击掌	6. 插步双摆掌	7. 弓步击掌	8. 转身踢腿、马步盘肘
第三段	1. 歇步抡砸拳	2. 仆步亮掌	3. 弓步劈拳	4. 换跳步、弓步冲拳
	5. 马步冲拳	6. 弓步下冲拳	7. 插步亮掌、侧踹腿	
	8. 虚步挑拳			
第四段	1. 弓步顶肘	2. 转身左拍脚	3. 右拍脚	4. 腾空飞脚
	5. 歇步下冲拳	6. 仆步抡劈拳	7. 提膝挑掌	8. 提膝劈掌、弓步冲拳
结束动作	1. 虚步亮掌	2. 并步对拳	3. 还　原	

（三）初级长拳（第三路）动作图解

预备动作

预备势

头要端正，下颌微收，挺胸、塌腰、收腹。（图 8-1-7）

1. 虚步亮掌（图 8-1-8）

挺胸、塌腰、收腹三个动作必须连贯。成虚步时，重心落于右腿上，右大腿与地面平行；左腿微屈，脚尖点地。

图 8-1-7

图 8-1-8

2. 并步对拳（图 8–1–9）

并步后挺胸、塌腰；对拳、并步、转头要同时完成。

图 8–1–9

第一段

1. 弓步冲拳（图 8–1–10）

成弓步时，右腿充分蹬直，脚跟不要离地；冲拳时，尽量转腰送肩。

2. 弹腿冲拳（图 8–1–11）

弹出的腿要有爆发力，力点达于脚尖；弹腿和冲拳要协调，同时完成。

3. 马步冲拳（图 8–1–12）

成马步时，大腿要成水平，两腿平行，脚跟外蹬，挺胸、塌腰。

图 8–1–10

图 8–1–11

图 8–1–12

4. 弓步冲拳（图 8–1–13）

与本段的弓步冲拳相同，只是左右相反。

5. 弹腿冲拳（图 8–1–14）

与本段的弹腿冲拳相同，只是左右相反。

图 8–1–13

图 8–1–14

6. 大跃步前穿（图 8–1–15）

跃步要远，落地要轻，整个动作要协调、连贯完成。

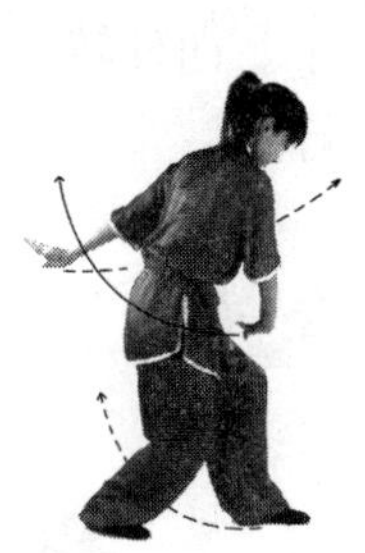

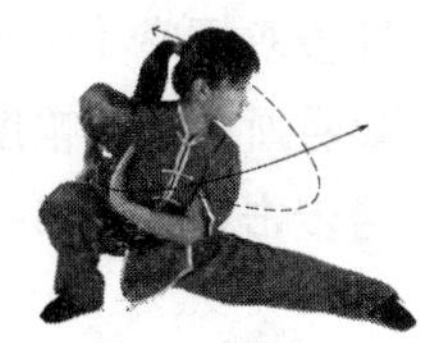

图 8–1–15

7. 弓步击掌（图 8–1–16）

8. 马步架掌（图 8–1–17）

抖腕、甩头要同时。马步的要求同前。

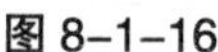

图 8–1–16

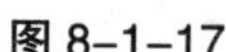

图 8–1–17

第二段

1. 虚步栽拳（图 8–1–18）

落步、架拳、栽拳、转头要同时完成。

2. 提膝穿掌（图 8–1–19）

支撑腿与右臂充分伸直。

3. 仆步穿掌（图 8–1–20）

图 8–1–18

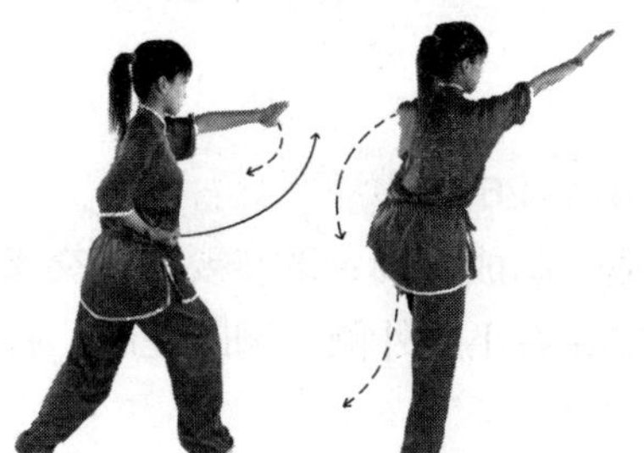

图 8–1–19

图 8–1–20

4. 虚步挑掌（图 8–1–21）

上步要协调，虚步要稳。

5. 马步击掌（图 8–1–22）

右掌搂手时，先使臂内旋、腕伸直，手掌向下、向外转；接着臂外旋，掌心经下向上翻转，同时抓握成拳。收拳和击掌要同时进行。

6. 插步双摆掌（图 8–1–23）

两臂要画立圆，幅度要大，摆掌与后插步配合一致。

7. 弓步击掌（图 8–1–24）

图 8–1–21　　图 8–1–22

图 8–1–23　　图 8–1–24

8. 转身踢腿、马步盘肘（图 8–1–25）

两臂抡动时要画立圆，动作连贯；盘肘时要快速有力，右臂前送。

图 8–1–25

第三段

1. 歇步抡砸拳（图 8–1–26）

抡臂动作要连贯完成，画成立圆；歇步要两腿交叉前蹲，左腿的大小腿靠紧，臀部贴于小腿外侧，膝关节在右小腿外侧，脚跟提起；右脚尖外撇，前脚着地。

图 8-1-26

2. 仆步亮掌（图 8-1-27）

落步下蹲时，先成右仆步，然后迅速过渡成左仆步；成仆步时，左腿充分伸直，脚尖内扣，右腿前蹲，两脚掌前部着地；上体挺胸塌腰，稍左转。

图 8-1-27

3. 弓步劈拳（图 8-1-28）

左右脚上步稍带弧形。

图 8-1-28

4. 换跳步、弓步冲拳（图 8-1-29）

换跳步动作要连贯、协调；震脚时腿要弯曲，全脚掌着地；左脚离地不要高。

图 8-1-29

5. 马步冲拳（图 8–1–30）

6. 弓步下冲拳（图 8–1–31）

7. 插步亮掌、侧踹腿（图 8–1–32）

插步时上体稍向右倾斜，腿、臂的动作要一致；侧踹高度不能低于腰，着力点在脚跟。

图 8–1–30　图 8–1–31　图 8–1–32

8. 虚步挑拳（图 8–1–33）

图 8–1–33

第四段

1. 弓步顶肘（图 8–1–34）

交换步时不要跳得过高，但要快；两臂抡摆时要成圆弧。

图 8–1–34

2. 转身左拍脚（图 8–1–35）

右掌拍脚时手掌稍横过来，拍脚要准而响亮。

3. 右拍脚（图 8–1–36）

与本段的转身左拍脚相同。

4. 腾空飞脚（图 8-1-37）

蹬地要向上，不要太向前冲；左膝尽量上提；右手击响要在腾空时完成，此时，右臂伸直成水平。

5. 歇步下冲拳（图 8-1-38）

6. 仆步抡劈拳（图 8-1-39）

抡臂时一定要画立圆。

图 8-1-35

图 8-1-36

图 8-1-37

图 8-1-38

图 8-1-39

7. 提膝挑掌（图 8-1-40）

抡臂时要画立圆。

8. 提膝劈掌、弓步冲拳（图 8–1–41）

图 8–1–40

图 8–1–41

结束动作

1. 虚步亮掌（图 8–1–42）

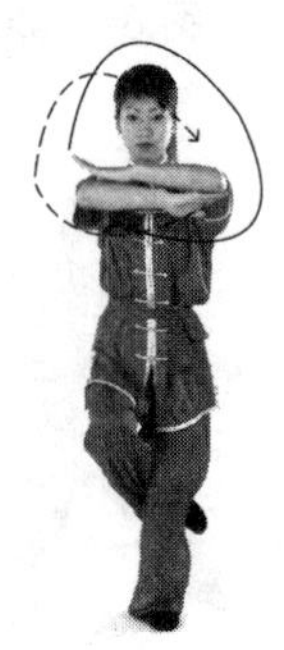

图 8–1–42

2. 并步对拳（图 8–1–43）

3. 还原（图 8–1–44）

图 8–1–43

图 8–1–44

三、24 式简化太极拳

（一）24 式简化太极拳动作名称

第一组　1. 起　势　　2. 左右野马分鬃　　3. 白鹤亮翅

第二组	4. 左右搂膝拗步	5. 手挥琵琶	6. 左右倒卷肱
第三组	7. 左揽雀尾	8. 右揽雀尾	
第四组	9. 单　鞭	10. 云　手	11. 单　鞭
第五组	12. 高探马	13. 右蹬脚	14. 双峰贯耳
	15. 转身左蹬脚		
第六组	16. 左下势独立	17. 右下势独立	
第七组	18. 左右穿梭	19. 海底针	20. 闪通臂
第八组	21. 转身搬拦捶	20. 如封似闭	23. 十字手
	24. 收　势		

（二）太极拳动作图解

第一组

1. 起势（图 8–1–45）

面向正南，头颈正直，下颌微收，身体放松，收腹敛臀，气沉丹田，两臂自然垂于体侧。两臂上抬时配合吸气。两肩下沉，两肘松垂，手指自然微屈。屈膝、松腰、敛臀，身体重心落于两脚之间。两臂下落和身体下蹲的动作要协调一致。

图 8–1–45

2. 左右野马分鬃（图 8–1–46）

两臂分开时要保持弧形，弓步的动作与分手的速度要均匀一致；身体转动时要以腰为轴带动上肢做动作；移动重心时上体要保持平稳，不可前俯后仰；胸部宽松舒展。

图 8–1–46

3. 白鹤亮翅（图 8–1–47）

两手抱球与右脚跟进半步要协调一致，重心后移与右手上提、左手下按要协调一致；身体转动时要以腰带臂，虚步动作要收腹敛臀，臀部与右脚跟在同一个垂直面内。

图 8-1-47

第二组

4. 左右搂膝拗步（图 8-1-48）

腿成弓步的同时，手掌向前推出；身体不可前俯后仰，要松腰松胯；推掌时要沉肩垂肘、坐腕舒掌，同时须与松腰、弓腿上下协调一致；弓步时，两脚脚跟的横向距离约为 30 厘米。

图 8-1-48

5. 手挥琵琶（图 8-1-49）

身体重心转移带动上肢动作，上下协调一致；左手上起时要由左向上、向前，略带弧形；身体姿势要平稳自然，沉肩坠肘，含胸拔背。

图 8-1-49

6. 左右倒卷肱（图 8-1-50）

前推的手臂微屈，后撤的手随转体走弧线；前推时要转腰松胯，两手的速度要一致；转体时前脚以脚掌为轴扭正；退左脚略向左后斜，退右脚略向右后斜，避免使两脚落在一条直线上。

图 8-1-50

第三组

7. 左揽雀尾（图 8-1-51）

掤出时，两臂肘部微屈保持弧形；分手、松腰、弓腿三个动作必须协调一致；揽雀尾弓步时，两脚脚跟的横向距离约为 10 厘米。向前挤时，上体要正直；挤的动作要与转腰、弓腿相一致。重心右移时，要松腰、坐胯，两手臂收至腹前；向前按时，两手须走曲线，按掌与弓腿协调一致，腕部高与肩平，两肘微屈。

图 8-1-51

8. 右揽雀尾（图 8-1-52）

动作方法与“左揽雀尾”相同，只是方向相反。

图 8-1-52

第四组

9. 单鞭（图 8–1–53）

完成本式时，右肘稍下垂，左肘与左膝上下相对，两肩下沉；左手向外翻掌前推时，要随转体边翻边推出，翻掌不要太快或最后突然翻掌；全部过渡动作，上下要协调一致。单鞭的方向（左脚尖）应向东偏北（约为 15°）。

图 8–1–53

10. 云手（图 8–1–54）

身体转动要以腰脊为轴，松腰松胯，不可忽高忽低；两臂随腰转动而运转，动作自然圆活，速度缓慢均匀；下肢移动时，重心要稳，两脚脚掌先着地再踏实，脚尖向前；视线随左右手而移动；第三个“云手”的右脚最后跟步时，脚尖微向里扣，以便于接“单鞭”动作。

图 8–1–54

11. 单　鞭

与前“单鞭”相同。

第五组

12. 高探马（图 8–1–55）

上体左转与推右掌、收左掌协调一致；跟步转换重心时，上体保持自然正直，不要有起伏。

13. 右蹬脚（图 8–1–56）

两手分开时，腕部与肩平齐；蹬脚时，左腿微屈，右脚脚尖回勾，力达脚跟；分手和蹬脚要协调一致，右臂与右腿上下相对。蹬脚方向应为正东偏南（约为 30°）。

图 8-1-55　　图 8-1-56

14. 双峰贯耳（图 8-1-57）

完成本式时，头颈正直，松腰松胯，两拳松握，沉肩垂肘，两臂均保持弧形。双峰贯耳的弓步和身体方向与右蹬脚方向相同，弓步时两脚跟横向距离同“揽雀尾”式。

15. 转身左蹬脚（图 8-1-58）

与右蹬脚相同，只是左右方向相反。左蹬脚方向与右蹬脚成 180°，即正西偏北约为 30°。

图 8-1-57　　图 8-1-58

第六组

16. 左下势独立（图 8-1-59）

左手、左小腿回收协调一致；仆步时，左脚脚尖与右脚脚跟踏在中轴线上。上体要正直，独立的腿微屈，右腿提起时右手上挑。

图 8-1-59

17. 右下势独立（图 8-1-60）

右脚脚尖触地后再提起向下仆步。其他均与“左下势独立”相同，只是左右相反。

图 8-1-60

第七组

18. 左右穿梭（图 8-1-61）

左右穿梭分别向左斜前方、右斜前方约 30° 出拳；架推掌与前弓腿上下要协调一致；上体保持正直。

图 8-1-61

19. 海底针（图 8-1-62）

身体要先向右转再向左转，完成姿势后面向西，上体微前倾。

20. 闪通臂（图 8-1-63）

推掌、架掌与弓腿的动作要协调一致；弓步时两脚间的横向距离同“揽雀尾”，约为 10 厘米。

图 8-1-62

图 8-1-63

第八组

21. 转身搬拦捶（图 8-1-64）

向前冲拳时，右肩随拳略向前引伸，沉肩坠肘，右臂微屈。

图 8–1–64

22. 如封似闭（图 8–1–65）

身体后坐时，应避免后仰，臀部不可凸出；两臂随身体回收时，肩部、肘部略向外松开，不要直着抽回；两手推出时，间距不超过肩宽。

图 8–1–65

23. 十字手（图 8–1–66）

两手分开和合抱时，上体不要前俯；站起后，身体自然正直，头要微向上顶，下颌稍向后收；两臂环抱时要圆满舒适，沉肩坠肘。

24. 收势（图 8–1–67）

两手左右分开下落时，要全身放松，同时气徐徐下沉（呼气略加长）。呼吸平稳后，左脚收到右脚旁再走动。

图 8–1–66

图 8–1–67

第二节 散 打

实战姿势

一、散打基本技术

（一）基本姿势

两脚前后开立，距离稍宽于肩；两脚尖微内扣，后脚跟稍离地；两膝微屈，身体重心落在两腿之间；两臂弯曲，左臂屈肘约呈 90°，肘尖下垂，左拳置于体前，拳眼斜朝上，高与鼻平；右臂屈肘小于 90°，右拳置于右前方，略高于下颌部，上臂内侧紧贴右侧肋部，肘自然下垂。胸、背保持自然，下颌微收，两眼平视前方。左脚和左拳在前称“正架”，右脚和右拳在前称“反架”。（图 8–2–1）

图 8–2–1

步 法

（二）基本步法

（1）前进步：基本姿势站立（以下均同），前脚先向前进半步，后脚紧接着跟进半步。（图 8–2–2）

【要点】步幅不宜过大，上体姿势不变，跟步要快速、紧凑。

（2）后退步：后脚先向后退半步，前脚紧接着向后回收半步。（图 8–2–3）

【要点】同前进步。

（3）上步：左右拳前后交换，后脚向前上一步，成右脚在前的反架实战姿势，两眼平视前方。（图 8–2–4）

【要点】身体重心平稳，移动迅速，前后脚保持适当距离。

图 8–2–2　图 8–2–3　图 8–2–4

（4）撤步：左脚向后撤一步，右脚在前、左脚在后，左脚跟离地，右脚尖外展，重心偏右脚。（图 8–2–5）

【要点】与上步同。

（5）垫步：后脚蹬地向前脚内侧并拢，同时前腿屈膝提起。（图 8–2–6）

【要点】后脚向前脚并拢要迅速，垫步与提膝不可脱节、停顿；身体向前移动时，不能向上腾空。

（6）插步：重心前移，同时后脚经前脚后面前插，两脚成交叉状，随之前脚向前上步。（图 8–2–7）

【要点】插步时上体略右转，插步后前脚上步要快，迅速还原成基本姿势。

图 8–2–5

图 8–2–6

图 8–2–7

（7）闪步：左脚向左侧移半步，右脚随之向左滑步，同时身体向右转动约 90°（图 8–2–8）。右侧与左侧相同，只是方向相反。

【要点】步法灵活，躲闪快速、敏捷。

（8）纵步：分为单腿纵步和双腿纵步两种。

① 单腿纵步：前腿屈膝上提，后腿连续蹬地向前移动。（图 8–2–9）

② 双腿纵步：两脚同时蹬地，使身体向上或向前、后、左、右跳跃移动。（图 8–2–10）

【要点】腰胯紧收，上体正直，腾空不宜过高。

图 8–2–8

图 8–2–9

图 8–2–10

（9）环绕步：右（左）脚蹬地，左（右）脚向左（右）斜前（后）方滑移，着地后右（左）脚也向左（右）斜前（后）方滑移。（图 8–2–11、图 8–2–12）

【要点】连续滑移，路线应呈弧形，后脚步幅稍大于前脚，上体和上肢姿势不变。

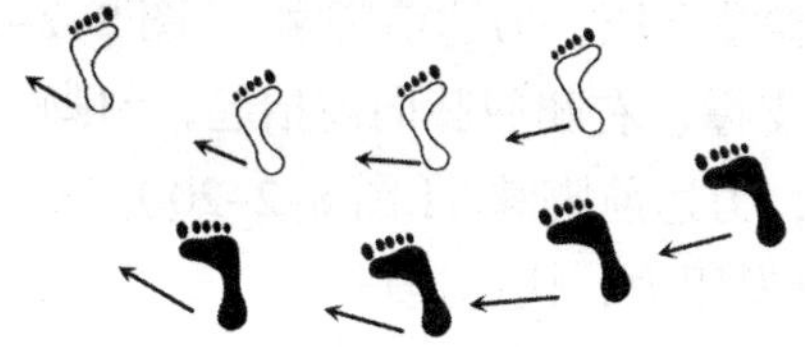

图 8–2–11

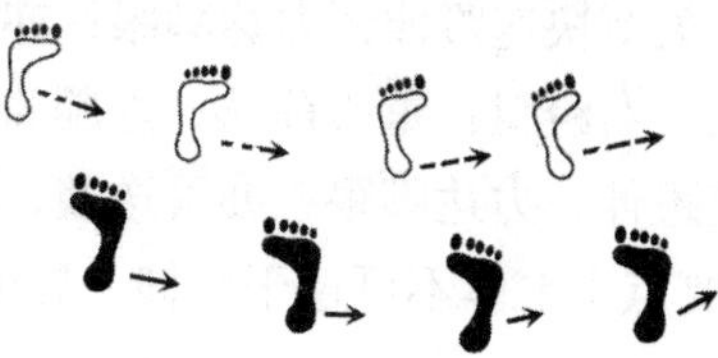

图 8–2–12

（三）基本拳法

1. 冲　拳

（1）左冲拳：基本姿势站立，右脚蹬地，上体微右转；同时左拳内旋，直线向前冲出，力达拳面，右拳收至下颌处。（图 8–2–13）

（2）右冲拳：右脚蹬地，并以前脚掌为轴向内转，转腰送肩，上体左转；同时右

拳内旋，直线向前冲出，力达拳面。左拳收至右肩前。（图 8–2–14）

【要点】冲拳时，上体不可前倾，腰要拧转；上臂带动前臂，不可先向后引拳再冲出。

2. 掼　拳

（1）左掼拳：上体微右转，同时左臂内旋，抬肘至水平，使拳向外、向前、向内成平面弧形横击，臂微屈，拳心朝下，力达拳面。（图 8–2–15）

（2）右掼拳：右脚蹬地，上体左转，同时右臂内旋，抬肘至水平，使右拳向外、向前、向内成平面弧形横击，拳心朝下，力达拳面。（图 8–2–16）

【要点】击打要借助转体的力量，转腰、发力协调一致；上体保持正直，不可掀肘，拳走弧形。

3. 抄　拳

（1）左抄拳：上体先向左转，重心微下沉；随之左膝及上体瞬间挺伸，并向右转体；同时左臂外旋，左拳由下向前上方勾起，拳心朝里，力达拳面。（图 8–2–17）

（2）右抄拳：右脚蹬地，扣膝合胯，上体左转。同时右臂外旋，右拳由下向前上方勾起，拳心朝里，力达拳面。（图 8–2–18）

【要点】发力时，上体不可后仰、挺腹；重心下沉，脚蹬地拧转，上体跟着拧转，以加大抄拳力量。动作要连贯顺达，用力由下至上，发力短促。

图 8–2–13　图 8–2–14　图 8–2–15　图 8–2–16　图 8–2–17　图 8–2–18

（四）基本腿法

腿　法

1. 蹬　腿

（1）左蹬腿：右腿直立或微屈支撑，左腿屈膝前抬，脚尖勾起，当膝高于髋关节时，膝关节快速蹬伸，力达脚跟；亦可送髋，脚掌下压，力达前脚掌。（图 8–2–19）

（2）右蹬腿：重心前移，左腿直立或微屈支撑，右腿屈膝向前抬起，勾脚，膝关节快速蹬伸，力达脚跟；亦可送髋，脚掌下压，力达前脚掌。（图 8–2–20）

【要点】上体不可过于后仰，屈膝高抬，爆发用力，快速连贯。

图 8–2–19　图 8–2–20

2. 侧踹腿

（1）左侧踹腿：重心右移，右腿直立或微屈支撑；同时左腿屈膝抬起与髋同高，小腿外翻，脚尖勾起，展髋、挺膝向前踹出，上体侧倾，力达脚底。（图 8-2-21）

（2）右侧踹腿：身体左转 180°，重心移至左腿，左腿直立或微屈支撑；同时右腿屈膝抬起与髋同高，小腿外翻，脚尖勾起，展髋、挺膝向前踹出，上体侧倾，力达脚底。（图 8-2-22）

【要点】上体、大腿、小腿和脚要成一条直线，大腿带动小腿直线用力。

图 8-2-21　　图 8-2-22

3. 鞭　腿

（1）左鞭腿：重心后移，右腿直立或微屈支撑，上体稍右转并侧倾，右脚跟内转；同时，左腿屈膝内扣、绷脚背向左侧提起，随即伸髋、挺膝，向前鞭甩小腿，脚面绷平，小趾外侧朝上，力达脚背。（图 8-2-23）

（2）右鞭腿：重心移至左腿，上体向左转，左脚跟内转；同时，右腿扣膝、绷脚背向右侧摆起，随即右腿经外向斜上、向里、向前鞭甩小腿，脚面绷平，小趾外侧朝上，力达脚背。（图 8-2-24）

【要点】扣膝，绷脚背，发力时大腿带动小腿，力点准确。

图 8-2-23　　图 8-2-24

4. 勾踢腿

左腿稍屈支撑，上体左转；同时，右脚尖勾紧，大腿带动小腿以踝关节与脚背接合部为力点，向前弧形勾踢，脚底内侧贴地面擦行，右手向右斜下拨搂对方颈部。（图 8-2-25）

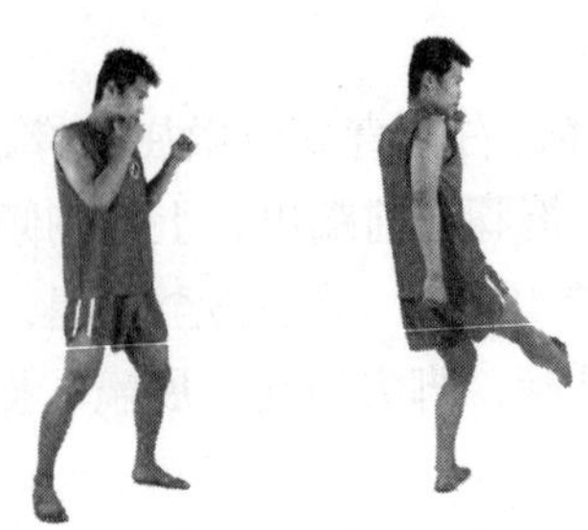

图 8–2–25

【要点】勾踢腿不可向后预摆；勾踢时短促用力，上下肢协调配合。

摔 法

（五）基本摔法

（1）抱腿前顶：基本姿势，上左步，身体下潜，两手抱住对手的双腿用力回拉；同时用左肩前顶对手的大腿或腹部，将对手摔倒。（图 8–2–26）

【要点】抱腿要紧，两臂和肩向相反方向协调用力。

（2）夹颈过背：右臂夹住对手颈部，右侧髋部贴紧对手小腹，两腿屈膝；随即两腿蹬直，向下弓腰、低头，将对手背起后摔倒。（图 8–2–27）

【要点】夹颈牢固，屈膝、蹬伸、弓腰、低头协调连贯。

图 8–2–26

图 8–2–27

（3）夹颈打腿：左手夹住对手颈部，同时右脚变步与左脚平行；随即右转体，用左小腿向后横打对手左小腿外侧，将对手摔倒。（图 8–2–28）

【要点】夹颈牢固，身体贴对手，打腿与转体协调一致。

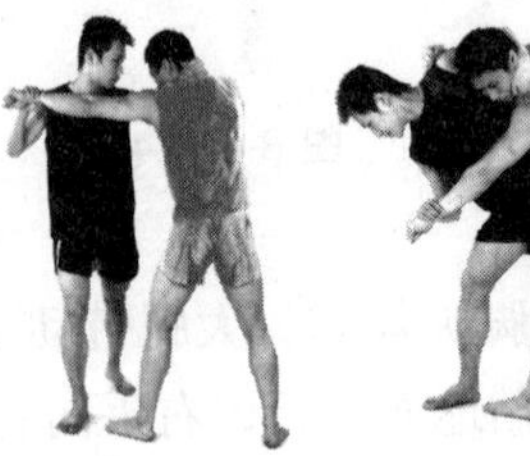

图 8–2–28

（4）抱单别腿摔：抱住对手左腿后，用左腿别住对手右腿腘窝，用胸肩贴住对手左腿向前下靠压。（图 8–2–29）

【要点】靠压有力，腿要别紧，不能让对手右腿有活动的余地。

图 8-2-29

（5）接腿勾踢：左手抄抱住对手右腿，右手向对手颈部下压，右脚勾踢对手左脚；同时上体右转，右手回拉，将对手摔倒。（图 8-2-30）

【要点】接抱腿准确；转腰、压颈、勾踢动作要协调有力，快速完整。

图 8-2-30

（6）接腿上托：两手抓住对手的脚跟，屈臂上抬，两手迅速上托并向前上方推送，使对手向后倒地。（图 8-2-31）

【要点】抓脚准而牢，推托动作快速、连贯。

图 8-2-31

（六）基本防守技术

（1）后闪：重心后移，上体略后仰闪躲。（图 8-2-32）

（2）侧闪：两膝微屈，俯身，上体向左侧或右侧闪躲。（图 8-2-33）

（3）下躲闪：两腿屈膝下蹲，同时缩头、含胸、收下颌，弧形向下躲闪，眼看对手。（图 8-2-34）

（4）拍挡：左手以掌心为力点向里横向拍挡。（图 8-2-35）

图 8-2-32　图 8-2-33　图 8-2-34　图 8-2-35

（5）外格：左前臂边内旋边向左斜举，以前臂外侧为力点向外格挡。（图 8-2-36）

（6）拍压：左拳变掌，以掌心或掌根为力点，由上向前下方拍压。（图 8-2-37）

（7）勾挂：左臂以肘关节为轴，由上向下、向外伸肘下挂于身体左侧；随即前臂内旋，以前臂和勾手勾挂住对手的来腿。（图 8-2-38）

（8）前抄抱：左手由上向下、向右上屈肘画弧，掌心向上，以前臂里侧部位为接触点，向上抄抱对手的来腿；同时，右臂贴腹夹紧，以掌心为接触点向前推抱。（图 8-2-39）

图 8-2-36　图 8-2-37　图 8-2-38　图 8-2-39

（9）侧抄抱：身体左转，右肩前领；左手由下向左上伸肘，左臂屈肘置于胸前，前臂内旋，手心向外；两肘关节相对靠近，以两前臂和掌心为接触点，同时合抱来腿。（图 8-2-40）

（10）阻挡：两脚蹬地，重心稍前移，以肩部和手心阻挡对手直线形拳法的进攻，以臂部阻挡对手直线形腿法的进攻。（图 8-2-41）

图 8-2-40

图 8-2-41

二、散打基本战术

散打战术是根据比赛双方的具体情况，为战胜对方而采取的计策和方法。散打比赛不仅是技术水平的对抗，也是心理意志和智慧的较量。

（一）强攻战术

强攻战术是指硬性突破对方防守后发出的攻击。运用强攻战术时不要蛮干，要通过这一战术发挥自己之长来攻克对方之短。

（二）先得分战术

先得分战术是指比赛中利用对方立足未稳，还没有适应比赛的机会，主动进攻对方先得分。得分后根据实际情况选择继续扩大战果或防守反击以保住得分。

（三）直攻战术

直攻战术是指在没有假动作的掩护下，直接进攻对方。

（四）佯攻战术

佯攻战术也被称为假动作战术，即比赛中有目的地利用假动作造成对方错觉，把对方引入歧途。佯攻战术也是散打比赛中最常见的战术之一。

（五）防守反击战术

防守反击战术是指利用自己反击能力较好的特点，待对方进攻时给予有力的回击。运用防守反击战术时，可以用防守反击为主，主动进攻为辅，以主动进攻掩盖自己反击战术意图。刺激对方，使其更加急躁，为反击战术创造条件。

（六）迂回战术

迂回战术是指利用步法移动从侧面进攻。

（七）制长战术

制长战术是使用相应的方法控制对方的技术专长，使其不能够正常发挥的战术形式。每名运动员都有自己的技术专长，可针对对方专长制订战术，使其专长不能发挥，从而被迫采用其他动作。

（八）制短战术

制短战术是指在比赛中集中力量专门进攻对方的薄弱环节，制其所短。每一名运动员在具备优点的同时也相对有自己的缺点，比赛中要善于发现其缺点，如有的运动员防拳能力差，有的运动员防腿能力差，有的运动员防摔能力差等。

（九）技术战术

技术战术是指利用技术全面、熟练、有效的特点，综合运用各种技术控制场上的主动权，抑制对方的进攻，从而取得比赛的胜利。

（十）多点战术

多点战术是指进攻点立体交叉，全方位攻击对方。在比赛中遇到技术水平较好的运动员时，单一的技术进攻很难奏效，应采取上、下、左、右进攻技术，综合运用拳法、腿法、摔法，针对对手的情况实施立体的攻击。

（十一）重创战术

重创战术是指比赛中利用自己的拿手技术或对方失误的机会，准确击中对方要害，使对方因被击倒或被击伤而丧失比赛能力。

（十二）体力战术

体力战术是指耐力好的运动员发挥自己体力比对方好的优势，在比赛中让对手和自己一直处于不断的运动中，消耗对方的体力，使对方因体力不支而影响技术和战术的发挥，甚至被击倒。

（十三）边角战术

边角战术是利用比赛中对方退到擂台边缘怕掉下去的心理状况进行攻击的战术。

（十四）下台战术

下台战术是指比赛中采用方法迫使对方掉下擂台的战术手段。下台战术按其形式可分为牵引下擂和逼打下擂两种。牵引下擂是指借用对方的力量，引进落空来达到使对方下擂的目的。逼打下擂是指当对方退至警戒线时，使用动作连续进攻将对方打下擂台。

（十五）突袭战术

突袭战术是针对对方自然产生的习惯动作，采用相生相克的方法进攻对方。

（十六）心理战术

心理战术是通过一些特定的方式和措施，给对方造成心理上的压力，从而取得比赛胜利的方法。

（十七）规则战术

竞技散打比赛是在一定规则限制的前提下进行的，但规则也有限制模糊的地方，比赛时要认真研究比赛规则寻找漏洞，使用各种制胜的办法攻击对手。

散打战术绝不是一成不变的，需要运动员根据自己对场上的判断，依据自己的技术及专业素养，迅速作出决定，果断执行。

第三节 女子防身术

一、女子防身基本技术

女子防身术的基本技术是运用手、脚、四肢和躯干等部位，单独或配合做出的一些简单的招式以及技术动作。它包括手法、肘法、腿法、膝法、解脱法与擒拿法等基本技术。

（一）手法和肘法

1. 手 法

（1）直击拳

【动作方法】预备姿势（左架）站立，左拳直线向前击出，力达拳面，拳心向下；左肩前顺，右腿膝盖内扣，眼视左拳。（图 8–3–1）

【学法建议】转腰、催肩、抖臂、爆发用力，拳与前臂成直线。

【攻击部位】面部是左直拳攻击的主要目标；左直拳幅度小、灵活性大、速度快，又有引拳、探拳、先锋拳之称，既可直接进攻，又可做各种诱导假动作，以迷惑对手，突破防线，为其他方法的进攻创造条件。

（2）前后撩掌

【动作方法】预备姿势站立，左拳或右拳变掌，掌心向前下，由屈到伸向前或向后撩击对方，力达手掌。（图 8–3–2）

【学法建议】腰要拧，步要进，速度要快，力点要准。

【攻击部位】主要攻击对方裆部。裆部神经丰富，被攻击后会疼痛难忍，甚至使对手全身乏力，出现休克。

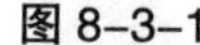

图 8–3–1

图 8–3–2

2. 肘 法

肘法属于近距离击打的技法，利用屈肘时的臂部和突起的肘尖进行进攻和防守。肘不但坚硬，且攻击力大；招式稳而速，短而险，时短时长，变化莫测，在近身厮斗中，最易发挥攻击和防守的效用。主要的攻击性肘法有以下几种。

（1）顶　肘

【动作方法】肘部平抬，屈臂，肘尖向前，发力时蹬地、送髋，同时另一手上臂向另一侧用力。顶肘是以肘尖攻击，女性自卫时多以顶击歹徒腋下。（图 8–3–3、图 8–3–4）

【学法建议】蹬腿、送髋、上臂猛伸用力，三者要协调一致。

（2）横　肘

【动作方法】横肘时上臂向前横移，实际上是用旋转身体的力量，以肘尖击打对手，适于攻击对手的太阳穴、后脑、耳门、颈部以及胸肋等部位。（图 8–3–5）

【学法建议】横肘主要是两种力，一是蹬腿，二是旋转身体。

（3）砸　肘

【动作方法】手臂上抬，肘尖朝前上方，砸击时身体迅速下沉，肘由上向下砸击。砸肘多用于对手抱腰、腿时，砸击其后脑、腰部。（图 8–3–6）

【学法建议】砸肘时，身体下沉与手臂砸击力要合二为一。

图 8–3–3

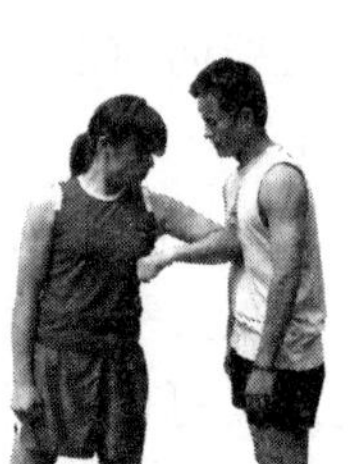
图 8–3–4

图 8–3–5

图 8–3–6

（4）反手顶肘

【动作方法】手臂略上抬，身体迅速下沉（但幅度没有砸肘大），同时肘向后顶击，力达肘尖。顶肘主要用于攻击背后之敌肋、腹部。（图 8–3–7）

【学法建议】手臂迅速快抬，身体要下沉，肘尖用力。

（5）反手横肘

【动作方法】手臂平抬，蹬腿，身体旋转发力，同时手臂随旋转方向横向、向后猛击，力达肘尖。反手横肘主要用于攻击背后之歹徒的面部、太阳穴等。（图 8–3–8）

【学法建议】抬臂要平，转体发力，力达肘尖。

图 8–3–7

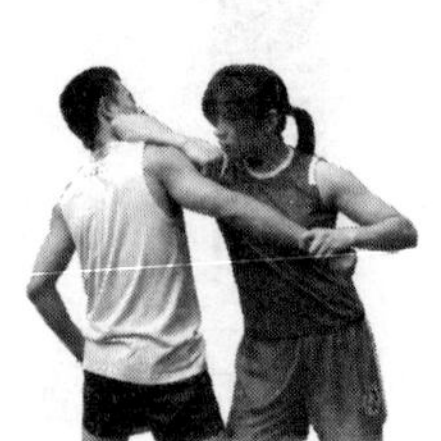
图 8–3–8

（二）腿法和膝法

1. 腿　法

腿法，即人体下肢的屈伸、摆扣、剪绞等攻击方法。腿可以上踢头胸，中踢腰腹，下踢裆腿，前后左右也均有不同的攻击方法。

（1）弹　踢

【动作方法】预备姿势站立，支撑腿稍屈，另一腿由屈到伸向前弹击，膝部挺直，脚面绷平，力达足尖或足背。先朝其面部虚击左右拳，待其招架时，以最快的速度弹踢对方，眼视对方肩部。（图 8–3–9、图 8–3–10）

【学法建议】弹击要脆、快、有力，且迅速回收。

【攻击部位】主要攻击对方裆部，裆部受击会使对手疼痛难忍，甚至昏厥。

（2）蹬　踢

【动作方法】预备姿势站立，支撑腿稍屈，另一腿由屈到伸勾足尖向前蹬击，膝部挺直，力达足跟。（图 8–3–11、图 8–3–12）

【学法建议】同弹踢。

【攻击部位】主要攻击对方小腹及裆部，蹬腿力量很大，击中对方小腹后，很容易使对方因疼痛丧失战斗力。

图 8–3–9

图 8–3–10

图 8–3–11

图 8–3–12

2. 膝　法

膝法是屈胯抬膝进行进攻或防守的方法，在格斗中具有重要的作用。膝部因其生理解剖的特点，而具有启动快、力量大的特征，是近距离的重型“武器”。膝法攻击的部位有面部、下颌、胃、肝、背部、裆部等。

（1）前顶膝

【动作方法】预备姿势站立，一腿微屈支撑，另一腿迅速提膝上抬，力达膝盖处。

【用法】当对方从正面搂抱时，即可用双手搂住对方脖子回拉下压，同时屈膝上顶。（图 8–3–13、图 8–3–14）

【学法建议】双手回拉下压与屈膝上顶要协调一致，动作要快，攻击部位要准。

【攻击部位】主要攻击对方的腹部、裆部，有时也可顶击对方的面部。

（2）横撞膝

【动作方法】预备姿势站立，一腿微屈，外撇支撑，上体稍转并侧斜倾，另一腿屈膝上抬横撞对方，力达膝盖处。

【用法】当对方近身平勾拳进攻时，应顺势低头偏身抬膝横撞，力达膝盖处。（图 8–3–15）

【学法建议】屈髋蓄劲，支撑腿要稳固。

【攻击部位】主要攻击对方软肋和腰部。

图 8-3-13

图 8-3-14

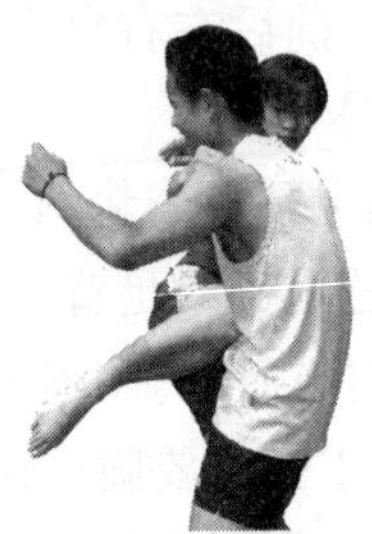
图 8-3-15

（三）解脱法与擒拿法

1. 解脱法

当自己的身体某些部位被歹徒抓住或控制住时，首先想到的就应是如何解脱。特别是女子防身时，解脱就显得更为重要。

（1）腕部被抓解脱

① 压腕脱：握拳用力下压对方虎口，对方必松。（图 8-3-16、图 8-3-17）

图 8-3-16

图 8-3-17

② 上摆脱：握拳臂内旋屈肘，即可解脱。（图 8-3-18 ~ 图 8-3-20）

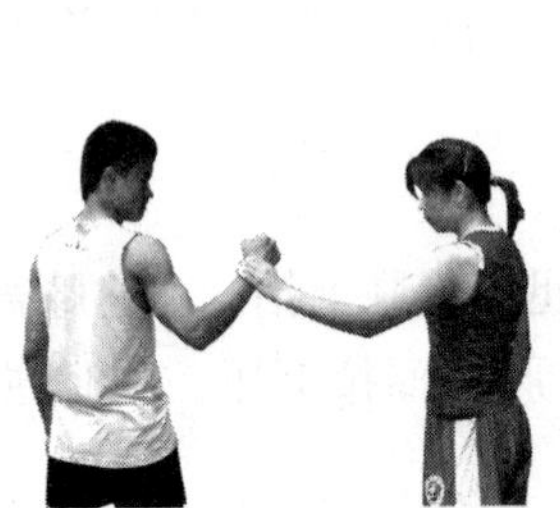
图 8-3-18

图 8-3-19

图 8-3-20

（2）胸襟被抓解脱

扣腕压肘脱：一手用力将对方抓握手固定压拧，同时蹬腿转腰，另一臂弯曲撞击对方肘部即可解脱。（图 8-3-21）

（3）肩部被抓解脱

坠肘脱：右肩被对方左手抓住时，屈肘从右上向下坠击对方前臂，即可解脱。（图 8-3-22、图 8-3-23）

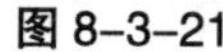
图 8-3-21

图 8-3-22

图 8-3-23

2. 擒拿法

擒拿法是针对人体各部的关节和穴位，采用相应的方法，使对方失去反抗能力的技术，是“四击”之一。运用擒拿方法，借以巧劲，能达到“四两拨千斤”的良好效果。擒拿术技击性强而又复杂，运用的秘诀在于“巧”。只有熟练地掌握各种方法，才会在实战中灵活运用，得心应手，充分发挥其攻击力。擒拿需要一定的力量，由于女性的生理特点决定了其力量小于男子，要想很好地运用擒拿术比较困难，因此，自卫防身时不提倡使用擒拿术。

二、防身技术组合

本部分是根据女性的生理特点，结合格斗技术中以柔克刚、击打要害、顺势借力等招法编排和设计的女子防身技术组合动作。

（一）托颌顶裆

【动作方法】当你自然行走或站立，歹徒在正前方，其手臂由你的腋下穿过抱住你的腰部时，双臂上举，双手托（推）歹徒下颌；屈抬右腿，用右膝上顶歹徒裆部，上体自然后仰。（图 8-3-24 ~ 图 8-3-26）

图 8-3-24

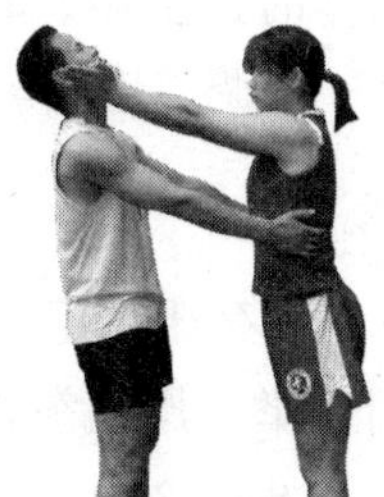
图 8-3-25

图 8-3-26

【学法建议】当歹徒双臂（或手）抱住你时，应首先搞清歹徒的意图，然后双手托其下颌，顶裆要准、狠。

（二）撞面顶裆

【动作方法】当你自然站立或乘公共汽车，歹徒在正前方抱住你的双臂及腰部时，上体后仰，然后向前勾头，用前额撞击歹徒面部；随即屈抬右腿，上体后仰，用右膝上顶歹徒裆部。（图 8-3-27 ~ 图 8-3-29）

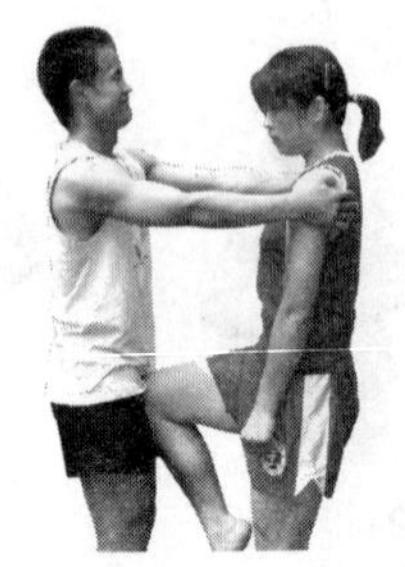

图 8-3-27　　图 8-3-28　　图 8-3-29

【学法建议】在做撞面顶裆的动作时，歹徒将你的双臂及腰抱住，在你的双臂（手）不能使用的条件下，用头先撞其面部，而后用膝顶裆。动作要连贯、有力。

（三）顶肋击面

【动作方法】当你自然行走或站立时，歹徒在背后搂抱住你的双臂及胸部时，向前上右步，双臂屈肘上提其双臂；右手抓住其左手腕，同时撤左步，身体左转，用右手击其左侧下颌。（图 8-3-30 ~ 图 8-3-33）

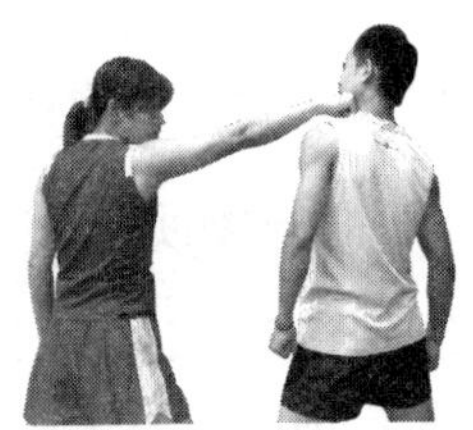

图 8-3-30　　图 8-3-31　　图 8-3-32　　图 8-3-33

【学法建议】在做顶肋击面的动作时，上步、转身要快，抓腕要牢，顶肘要狠，松手及时，击下颌要有力。动作快速、协调、连贯。

（四）砸面顶颌

【动作方法】当你自然站立或坐车，歹徒在正前方用其双臂由你的双臂腋下穿过搂抱住你的腰（胸）部时，左臂屈肘上举，用左拳背砸击其面部；右臂屈肘平抬，用右肘横击其左侧下颌。（图 8-3-34 ~ 图 8-3-36）

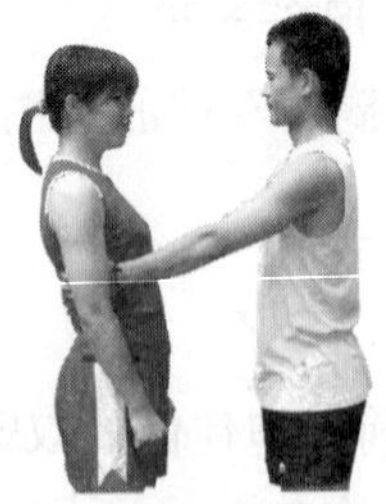
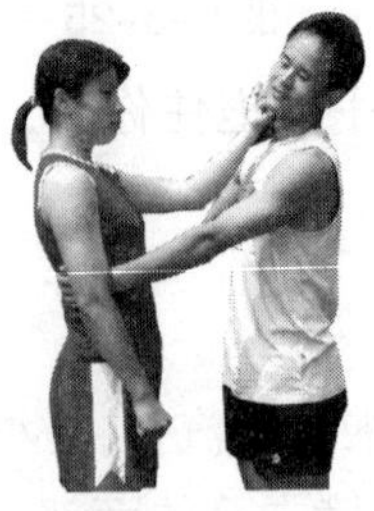
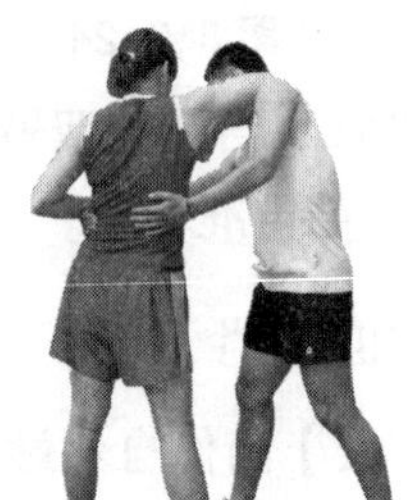

图 8-3-34　　图 8-3-35　　图 8-3-36

【学法建议】在做砸面顶颌动作时，出拳要狠，右肘横击动作要连贯、有力。

（五）压腕担肘

【动作方法】当你自然站立或行走时，歹徒在前方用其右臂下伸，右手摸裆部时，立即后撤右脚，左手抓握其右手腕；右前臂由其右臂下穿过向上担（击）其肘关节同时左手下压其右手腕。（图 8-3-37 ~图 8-3-39）

图 8-3-37

图 8-3-38

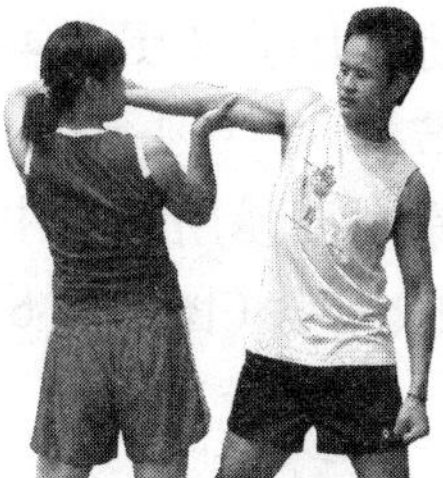

图 8-3-39

第四节　跆拳道

一、跆拳道基本技术

（一）跆拳道的基本拳法

拳是跆拳道主要的攻击和防守工具，拳法在竞技跆拳道中主要有正拳（直拳），在品势中则有正拳、里拳、铁锤拳、平拳、指节拳等五种。

实战姿势

拳　法

1. 正　拳

正拳在跆拳道中是最基本的拳式，顾名思义，就是用拳头的正面击打对方。在实战技击中，根据实际情况可变化为直拳、横拳、勾拳等拳法。其着力点是食指和中指之间。（图 8-4-1）

动作要领是伸开手掌，四指并拢握紧，把拇指压在食指和中指的第二指节上。拳握紧，拳面平，直腕。

2. 里　拳

先握正拳，然后使用食指和中指关节根部的突出部位为击打的着力点，一般用于勾拳。（图 8-4-2）

图 8-4-1

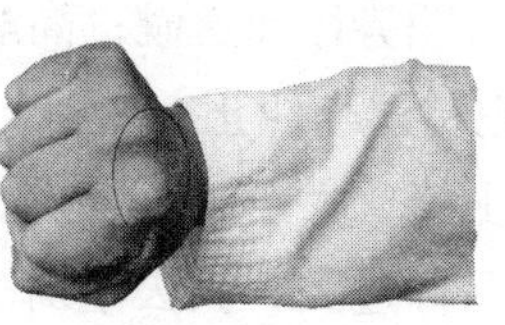

图 8-4-2

3. 铁锤拳

先握正拳，然后使用拳轮（即小指侧及掌缘的肌肉部位）为击打的着力点。在实战技击时，一般从外向里或从上向下劈击最有效。（图 8-4-3）

4. 平　拳

平拳主要使用中指的第二关节部位作为攻击的主要着力点，将食指与无名指作为攻击的辅助着力点。（图 8-4-4）

5. 指节拳

指节拳主要使用正拳中凸出的中指或食指为攻击的着力点，分为中指拳（图 8-4-5）和食指拳（图 8-4-6）等。

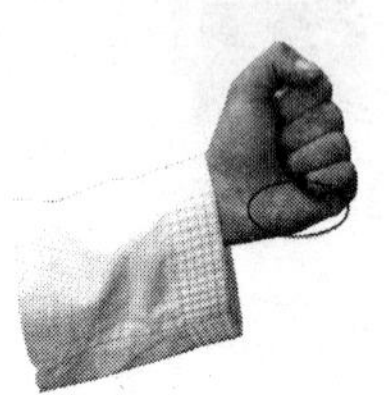

图 8-4-3

图 8-4-4

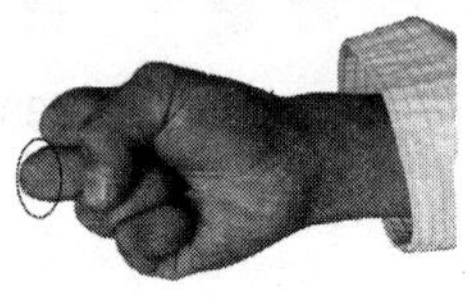

图 8-4-5

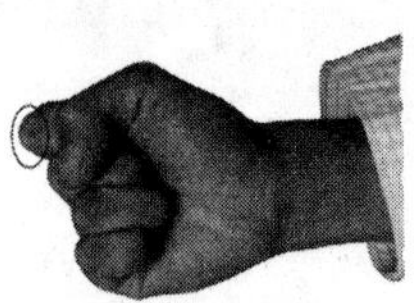

图 8-4-6

（二）跆拳道的基本腿法

1. 前　踢

前　踢

（1）练习提示

以左势实战势开始；右脚向后蹬地，身体重心前移至左脚；右脚蹬地顺势屈膝提起，左脚以前脚掌为轴外旋约 90°；同时，右腿迅速以膝关节为轴伸膝、送髋、顶髋，把小腿快速向前踢出，用脚面击打目标；踢击目标后右腿迅速放松弹回，落回原地仍成左势实战势。（图 8-4-7）

图 8-4-7

（2）注意事项

① 膝关节上提时大小腿折叠，膝关节夹紧，小腿和踝关节放松，有弹性。

② 踢击时顺势往前送髋；高踢时往上送髋。

（3）易犯错误与纠正

① 直腿上撩，大小腿没有折叠，膝关节没有夹紧。可以先练习屈膝上提。

② 上体后仰过大，失去平衡。可以先一手支撑练习前踢。

③ 踢击目标时向前用力，与推踢动作混淆。

横 踢

2. 横 踢

（1）练习提示

左脚蹬地，重心移到右脚，左腿屈膝上提，两拳置于胸前；右前脚掌碾地外旋，髋关节右转，左膝内扣；随即右脚掌继续外旋转，左腿膝关节向前抬至水平状态；小腿快速向右前横踢出；击打目标后迅速放松收回小腿，左脚落回成实战姿势。在实战中还有高横踢、前双飞和后双飞。（图 8-4-8）

图 8-4-8

（2）注意事项

膝关节夹紧，向前提膝，尽量走直线；支撑脚外旋 180° ；髋关节往前顺，身体与大小腿成直线，注意击打的力点是正脚背；踝关节放松，击打的瞬间要发力。高难动作的学习应放在基本技术之后，以便动作定型。

攻击的主要部位有头部、胸部、腹部和肋部。

（3）易犯错误与纠正

① 大小腿折叠不够。膝关节应夹紧。

② 外摆的弧形太大。

③ 上身太直，重心往下落。

④ 踝关节不放松，用脚内侧击打，应用正脚背击打。

后 踢

3. 后 踢

（1）练习提示

左势站立，以左脚掌为轴内旋的同时，上身向右后旋转，重心移到左脚，随之屈右膝收腿直线踢出（向后蹬），重心前移落下，然后，后撤右脚还原成左势。（图 8-4-9）

图 8-4-9

（2）注意事项

① 起腿后上身与小腿折叠成一团。

② 动作延伸，用力延伸。

③ 转身、提膝、出腿一次性完成，不能停顿。

④ 击打目标在正前方稍偏右。

（3）易犯错误与纠正

① 大小腿不折叠，直腿往上撩，应为直线踢出。

② 转身、踢腿有停顿，不连贯。

③ 击打成弧线，旋转发力，应为直线发力。

④ 身体旋转过大，容易被反击。转身和后踢课可以分开练习。

劈腿（下劈）

4. 劈腿（下劈）

（1）练习提示

实战姿势开始；右脚蹬地，重心前移至左脚；同时，右腿以髋关节为轴屈膝上提，两手握拳置于胸前，随即充分送髋，上提膝关节至胸部，右小腿以膝关节为轴向上伸直，将右腿直举于体前，右脚过头；然后快速下压，以右脚后跟（或脚掌）为力点劈击，一直到前面，成实战姿势。（图 8-4-10）

图 8-4-10

（2）注意事项

腿尽量往高、往头后举，要向上送髋，重心往高起；脚放松往前落，落地要有控制；起腿要快速、果断；踝关节要放松。

主要攻击部位有头颈、脸部和锁骨。

（3）易犯错误与纠正

① 起腿不够高、不够充分，重心不往高起。

② 踝关节紧张，往下压太用力，导致动作僵硬。

③ 重心和腿控制不好，落地太重。注意控制。

④ 上身后仰太多，应随重心一起前移，保持直立。

侧 踢

5. 侧 踢

（1）练习提示

实战姿势开始；左脚蹬地，左腿以髋关节为轴屈膝提起，两手握拳置于体侧，随即右脚以前脚掌为轴外旋，髋关节向右旋转，左腿以膝关节为轴向前蹬伸，左脚快速向左前上方直线踢出，着力点在脚跟；发力后沿起腿路线收腿、放松，重心落下，回

到实战姿势。(图 8-4-11)

图 8-4-11

(2)注意事项

起腿时大小腿折叠、膝关节夹紧；踢出发力时，头、肩、髋、膝、腿和踝成一直线；大小腿直线踢出，原路线收回。

主要攻击部位有肋部、胸部和头面部等。

(3)易犯错误与纠正

① 击打对方时，髋关节没有展开，导致击打力度不够。

② 大小腿折叠不够，或蹬出的速度不快。可以单做起腿和出腿练习。

6. 后旋踢

后旋踢

(1)练习提示

两脚以脚掌为轴均内旋约 180°，身体随之右转约 90°，两拳置于胸前。上体右转，与双腿拧成一定角度。右脚蹬地将蹬地的力量与上体拧转的力量合在一起，将右腿以髋关节为轴向后上直腿摆起，右腿继续向右后旋摆鞭打，同时上体向右转，带动右腿弧形摆至身体右侧，右腿屈膝回收，右脚落地成实战姿势。(图 8-4-12)

图 8-4-12

旋风踢

(2)注意事项

旋转、踢腿要连贯，一气呵成；击打点在正前方，成水平弧线；屈膝提腿的旋转速度要快；身体在原地(或腾空)旋转 360°。

攻击的主要部位是头面部和胸部。

双飞踢

(3)易犯错误与纠正

① 转身不到位致使击打力点偏离目标。

② 不能很好地利用蹬地和转体的力量，导致击打无力。

③ 重心和腿控制不好，旋摆结束时，易被反击。注意控制。

7. 旋风踢

（1）练习提示

保持基本姿势，以左脚掌为转动轴，脚跟向前转动一周，右脚屈膝上提，随身体转至正对前方时，左脚蹬地跳起左横踢，右脚、左脚依次落地。（图 8–4–13）

图 8–4–13

（2）注意事项

① 身体重心随身体的转动往上“飘”，身体沿纵轴方面旋转。

② 双手向右后甩动增加转动速度，但勿产生预动，应同身体协调、同时发力。

③ 右脚起到瞄准器的作用，应对准攻击目标。若未对准就提前出左横踢，则横踢的半径过大，不能命中；若转过火，则远离了目标。

④ 身体旋转速度要快，转动后眼睛应迅速找到目标。

⑤ 上体不能过分后仰。

（3）易犯错误与纠正

① 重心掌握不好，没有在原地旋转。

② 以脚内侧击打。

③ 旋转速度慢，旋转后找不到目标。

④ 距离感掌握不好，过近或不及目标。

二、跆拳道技术组合

所谓品势，又叫“型”，相当于中国武术的套路。跆拳道品势是将各种攻防动作按照一定规律组合在一起的固定套路。它既包含了最基本的技术动作，又蕴涵着变化无穷的技击技巧。

在中国，跆拳道爱好者更多的是对于竞技的认识和学习，殊不知，品势才是跆拳道真正的灵魂和精髓，正如中国武术套路在武学文化中的意义一样，一个人的基本功是否扎实、对跆拳道精神领悟程度的深浅，其品势水平将是最好的表现和说明。品势讲究的是动作、心理、气势、精神和对实战每招每式更深入地揣摩，以及对意义的升华，它与中国的太极八卦融会贯通。因此，竞技和品势是跆拳道不可或缺的元素，只有两者结合才能真正意义上提高自身的技术。

跆拳道中的各种套路已知的约有 11 型 25 套，每一套都有其规定的动作数量和演武路线，是相当规范的。初学者套路是太极一章到八章（1 ~ 8 型）。跆拳道的太极形态正是以宇宙哲学观为其根本原理，运用太极阴阳学说而组合成的动作套路。它演练时的路线，循着阴阳八卦线的规律进行，无论攻击或防守、前进与后退，还是急速与缓慢、刚健与柔韧的变化，都运用了太极宇宙观的基本原理。太极演练以“王”字为基本路线。这里针对初学者仅介绍太极一章到四章的动作图文。

（一）太极一章

太极一章的动作是对八卦中的“乾”（天）的运用。“乾”是八卦的第一卦。太极是万物之源，由乾开始。有天就有光和雨——这两者是自然界的开始，是生长和继续所必需的。天始地成，人的生命始于地，但其延续在于天。八卦的卦象象征性地表达了人、自然和宇宙的所有现象。太极一章由走步、弓步、直拳、中挡、前踢等组合而成。

（1）以准备势站在线的中间（D1–C1 的 B 点），向右转 90° 到 C1 上，同时左脚滑步成左走步，左臂低挡。

（2）移动右脚成右走步，右直拳攻中段。

（3）以左脚的前脚掌为轴向右转（180° 向着 D1），移动右脚成右走步，右臂低挡。

（4）移动左脚成左走步，左直拳攻中段。

（5）向左转（90° 面向 A），同时左脚滑步成左弓步，左臂抵挡。

（6）保持同样的姿势，右直拳攻中段。

（7）向右转（90° 面向 D2），右脚往前成走步，左臂向内中位格挡。

（8）左脚向前成左走步，右直拳攻中段。

（9）向左转（180° 面向 C2），左脚向前成左走步，右臂向内中位格挡。

（10）右脚向前成右走步，左直拳攻中段。

（11）向右转（90° 面向 A），右脚向前成右弓步，右臂低挡。

（12）保持同样的姿势，左直拳攻中段。

（13）向左转（90° 面向 C3）成左走步，左臂高架。

（14）左脚原地不动，右脚前踢攻中段，放下成右走步，右直拳攻中段。

（15）向右转（180° 面向 D3），右脚向前成右走步，右臂高架。

（16）右脚原地不动，左脚前踢攻中段，放下成左走步，左直拳攻中段。

（17）向右转（90° 面向 B），左脚向前成左弓步，左手低挡。

（18）右脚向前成右弓步，同时右直拳攻中段。以右脚为轴向左转 180° ，以准备势结束。

演武线如图 8-4-14 所示。

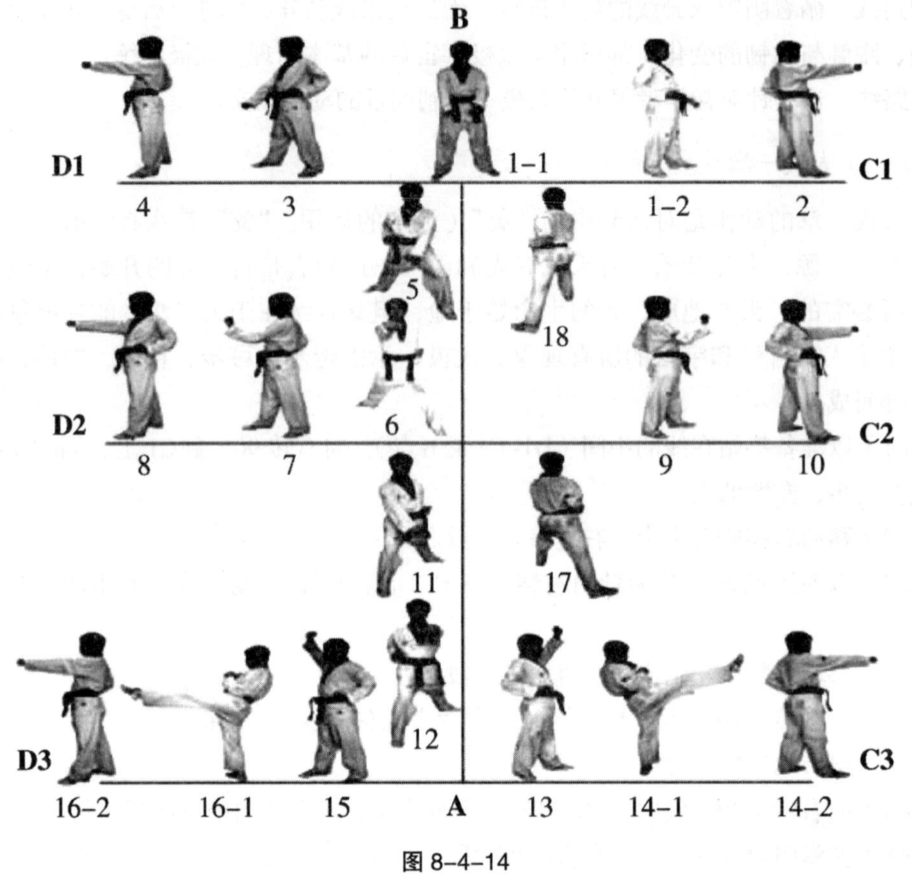

图 8-4-14

（二）太极二章

太极二章表示的是八卦中的“兑”，始于低挡、直拳、前踢，结束于脸部格挡。这些动作要做得柔中有刚。

（1）以准备势开始，站在线的中央（D1-C1 的B点），向左转 90°，左脚滑步成左走步，左臂低挡。

（2）移动右脚成右走步，同时右直拳攻中段。

（3）以左脚的前脚掌为轴，向右转（180° 向着D1），右脚滑步成右走步，右臂低挡。

（4）移动左脚成左走步，同时左直拳攻中段。

（5）以右脚的前脚掌为轴向左转（90° 向着A），左脚滑步成左弓步，右手中位向内格挡。

（6）移动右脚成右弓步，同时左手中位向内格挡。

（7）以右脚的前脚掌为轴，移动左脚向左转（90° 向着C2），成左走步，左手低挡。

（8）左脚固定，右脚前踢攻中段，放下成右弓步，同时右直拳攻高段。

（9）以左脚的前脚掌为轴向右转（180° 向着D2），右脚滑步成右走步，左手低挡。

（10）右脚固定，左脚前踢攻中段，放下成左弓步，左直拳攻高段。

（11）以右脚的前脚掌为轴，移动左脚向左转（90° 向着A），成左走步，左臂高架。

（12）左脚固定，右脚向前一步成右走步，右手高架。

（13）以右脚的前脚掌为轴，移动左脚向左转（270° 向着D3），成左走步，右手中位向内格挡。

（14）以左脚的前脚掌为轴，移动右脚向右转（180° 向着C3），成右走步，左臂中位向内格挡。

（15）以右脚的前脚掌为轴，移动左脚向左转（90° 向着B），成左走步，左手低挡。

（16）左脚固定，右脚前踢攻中段，放下成右走步，右直拳攻中段。

（17）右脚固定，左脚前踢攻中段，放下成左走步，左直拳攻中段。

（18）左脚固定，右脚前踢攻中段，放下成右走步，右直拳攻中段。以右脚的前脚掌为轴，向左转 180° 向着A，回到准备势。

演武线如图 8-4-15 所示。

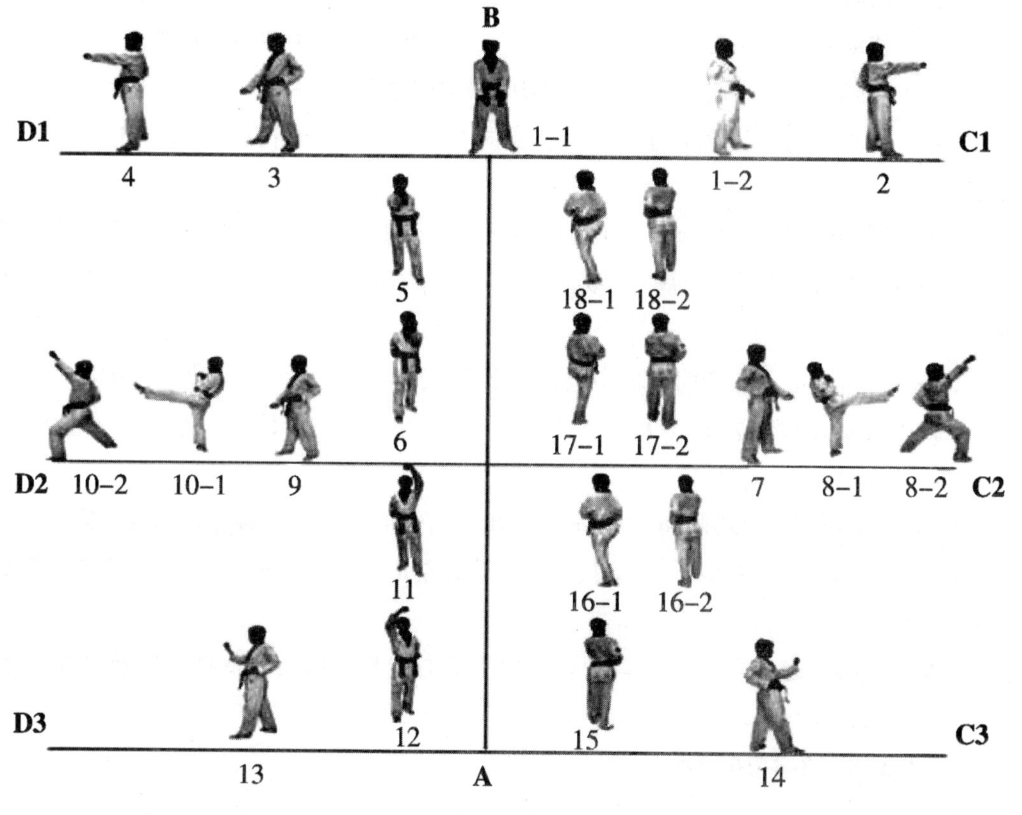

图 8-4-15

（三）太极三章

太极三章动作表示的是八卦中的“离”，这一符号的意思是火与太阳（离）。火能给人光明、温暖、热力和希望。这一套动作多变、热烈。基本动作是低挡、前踢、拳、刀手中位格挡、刀手攻击颈部等。

（1）以准备势开始站在线的中央（D1–C1 的B点），移动左脚向左传 90° ，成左走步，左臂低挡。

（2）左脚固定，右脚前踢攻中段，放下成右弓步，右直拳、左直拳攻中段。

（3）以左脚的前脚掌为轴，移动右脚向右转（180° 向着D1），成右走步，右臂低挡。

（4）右脚固定，左脚前踢攻中段，放下成左弓步，左直拳、右直拳攻中段。

（5）移动左脚向左转（90° 向着A），成左走步，右手高位向内刀手攻击（齐脖）。

（6）左脚固定，右脚向前成右走步，同时左手高位向内刀手攻击。

（7）移动左脚向左转（90° 向着C2），成右后弓步，左手中位刀手格挡。

（8）左脚滑步成左弓步，右直拳攻中段。

（9）以左脚的前脚掌为轴，移动右脚向右转（180° 向着D2），成左后弓步，右手中位刀手格挡。

（10）右脚滑步成右弓步，左直拳攻中段。

（11）移动左脚向左转（90° 向着A），成左走步，右臂中位向内格挡。

（12）右脚向前一步成右走步，左臂中位向内格挡。

（13）以右脚的前脚掌为轴，移动左脚向左转（270° 向着D3），成左走步，左臂低挡。

（14）左脚固定，右脚前踢攻中段，放下成右弓步，同时右直拳、左直拳攻中段。

（15）以左脚的前脚掌为轴，移动右脚向右转（180° 向着C3），成右走步，右臂低挡。

（16）右脚固定，左脚前踢攻中段，放下成左弓步，左直拳、右直拳攻中段。

（17）移动左脚向左转（90° 向着B），成左走步，左臂低挡，紧接着右直拳攻中段。

（18）左脚固定，右脚向前一步成右走步，右臂低挡，紧接着左直拳攻中段。

（19）右脚固定，左脚前踢攻中段，放下成左走步，左臂低挡，紧接着右直拳攻中段。

（20）左脚固定，右脚前踢攻中段，放下成右走步，以右臂低挡，紧接着左直拳攻中段。以右脚的前脚掌为轴向左转 180° 向着A，回到准备势。

演武线如图 8–4–16 所示。

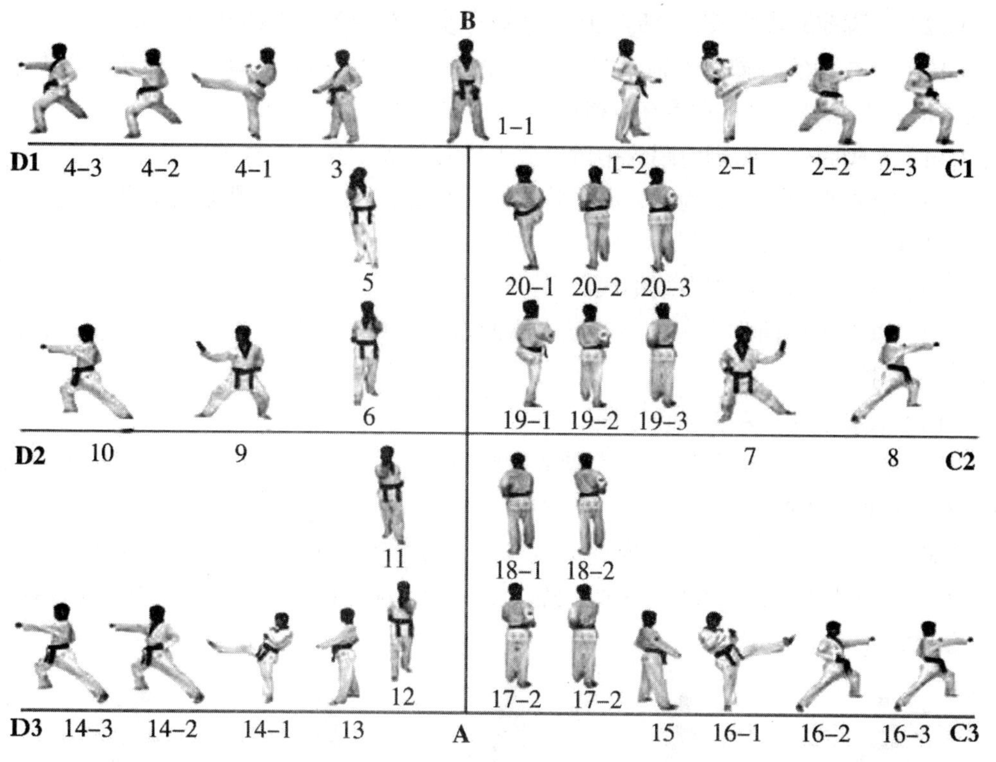

图 8–4–16

（四）太极四章

太极四章象征雷（震），使人害怕、惊恐，应用的是八卦中的“震”。它的动作包括刀手格挡、贯手攻击、腕部格挡、直拳、向外中位格挡、内中挡和前踢。

（1）以准备势开始站在线的中央（D1–C1 的B点），移动左脚向左转（90° 向着C1），成右后弓步，同时做一左手在前的双手刀。

（2）移动右脚成右弓步，左手格挡，紧接着右直拳攻中段。

（3）移动右脚向右转（180° 向着D1），成左后弓步，右手在前，双刀手格挡。

（4）移动左脚成左弓步，右手格挡，紧接着左手贯手攻中段。

（5）移动左脚向左转（90° 向着A），成左弓步，右手刀手攻高段，左刀手高位格挡（以燕子状的刀手截击颈部）。

（6）左脚固定，右脚前踢攻中段，放下成右弓步，左直拳攻中段。

（7）以右脚为轴，左脚中位侧踢。

（8）放下脚，迅速以左脚的前脚掌为轴，右脚中位侧踢；放下右脚成左后弓步，双手刀中位格挡。

（9）以右脚的前脚掌为轴，移动左脚向左转（270° 向着D3），成右后弓步，左臂向外中位格挡。

（10）右脚前踢攻中段，收回成右后弓步，右臂向内以臂格挡。

（11）以左脚的前脚掌为轴向右转（180° 向着C3），移动右脚成左后弓步，（右手）向外中位格挡。

（12）左脚前踢攻中段，收回左脚成左后弓步，左臂向内中位格挡。

（13）以右脚的前脚掌为轴，向左转（90° 向着B），移动左脚成左弓步，以左手的燕子形刀手截击颈部，右手高位格挡。

（14）左脚固定，右脚前踢攻中段，放下成右弓步，右手右背拳攻击。

（15）以右脚的前脚掌为轴，向左转（90° 向着D2），移动左脚成左走步，左臂向内中位格挡。

（16）双脚不动，右直拳攻中段。

（17）以左脚的前脚掌为轴，移动右脚向右转（180° 向着C2），成右走步，右臂向内中位格挡。

（18）双脚不动，左直拳攻中段。

（19）向左转（90° 向着B），左脚滑步成左弓步，左臂向内中位格挡。保持站势，右直拳、左直拳攻中段。

（20）左脚固定，右脚滑步向前成右弓步，右臂向内中位格挡。保持站姿，左直拳、右直拳攻中段。以右脚的前脚掌为轴，向左转 180° 向着A，移动左脚成准备势。

演武线如图 8-4-17 所示。

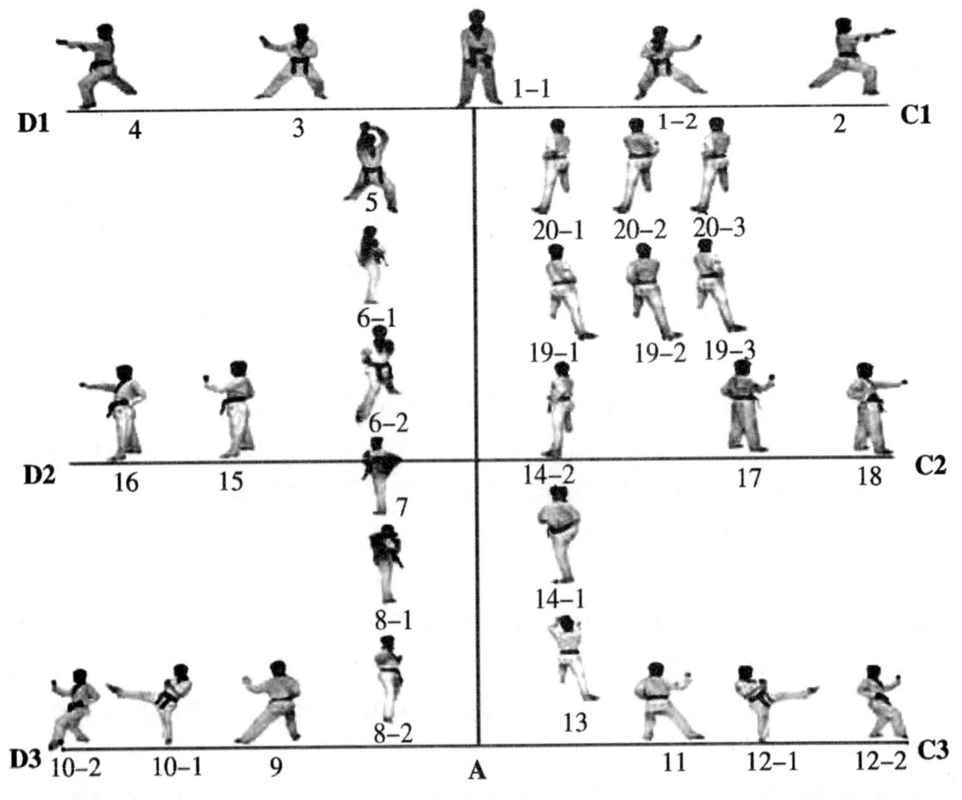

图 8-4-17

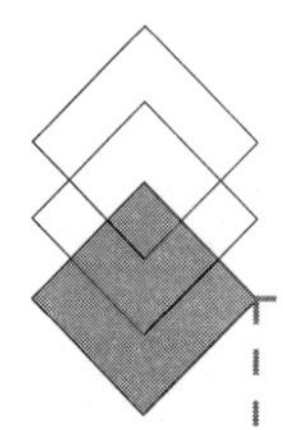

第九章 形体塑身运动

第一节 健身健美

一、健身运动的基本技术

（一）站 位

（1）平行站位：两脚脚尖朝向正前方，两脚掌相互平行。（图 9-1-1、图 9-1-2）

（正面）

图 9-1-1

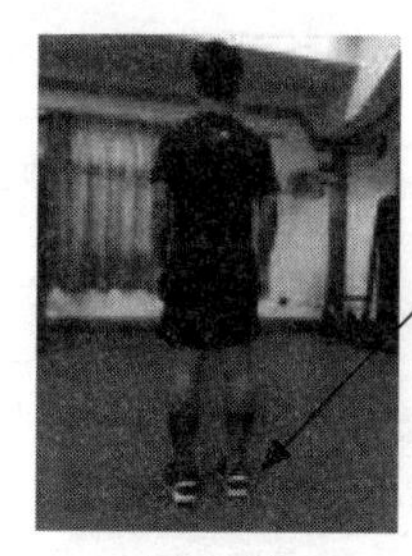

（背面）

图 9-1-2

（2）分开站位：两脚尖向外分开，脚掌形成不同的角度，有 30°、45° 和 60°。（图 9-1-3 ~ 图 9-1-5）

图 9-1-3（30°）

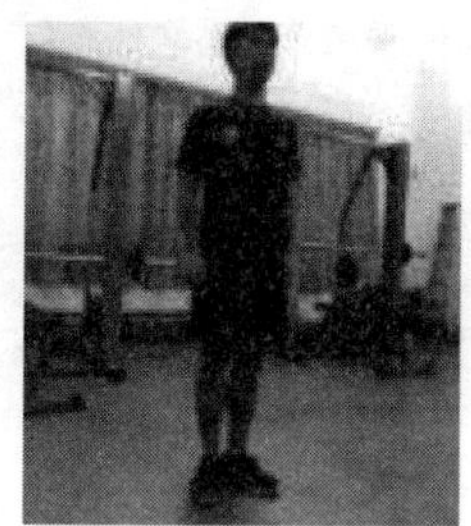

图 9-1-4（45°）

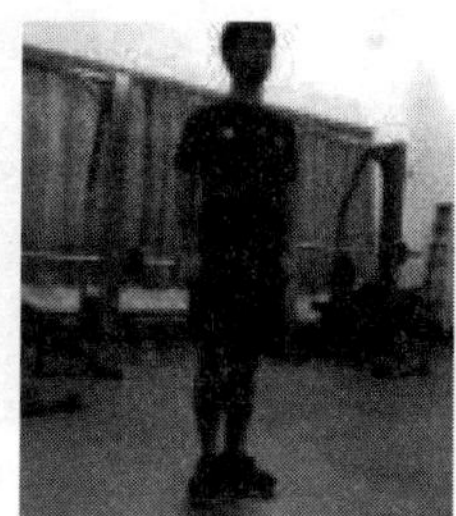

图 9-1-5（60°）

（3）前后站位：双脚前后分开，后脚脚尖与前脚脚跟相距10厘米左右。（图9-1-6、图9-1-7）

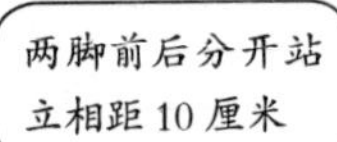

图9-1-6

图9-1-7

（二）站　距

（1）窄站距：站立时两脚的距离等于或小于髋关节的宽度。（图9-1-8）

（2）中站距：站立时两脚的距离与肩关节的宽度接近。（图9-1-9）

（正面）　　（背面）

图9-1-8

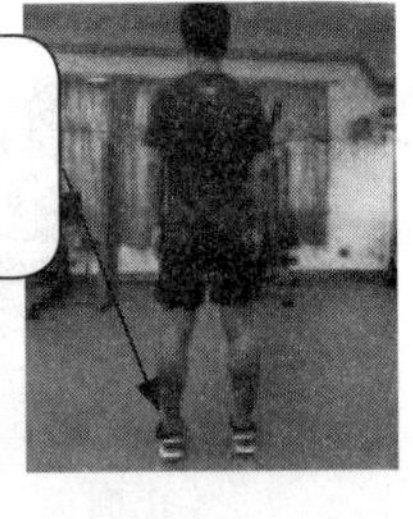

（正面）　　（背面）

图9-1-9

（3）宽站距：站立时两脚的距离大于肩关节的宽度。（图9-1-10）

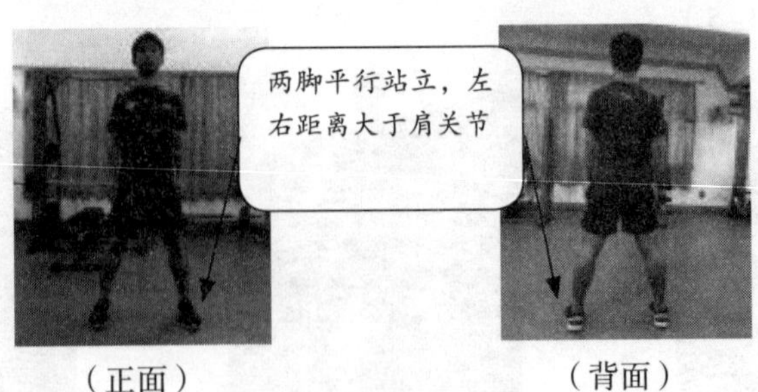

（正面）　　（背面）

图9-1-10

（三）蹲　位

（1）浅蹲：指大腿与小腿夹角大于 90°。（图 9-1-11、图 9-1-12）

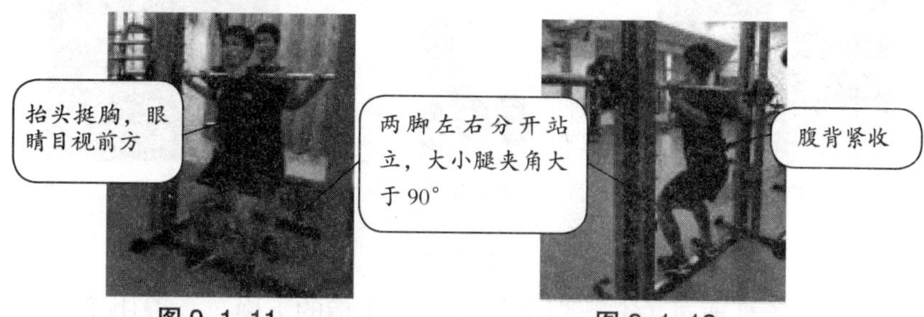

图 9-1-11　　图 9-1-12

（2）半蹲：指大腿与小腿夹角等于 90°。（图 9-1-13、图 9-1-14）

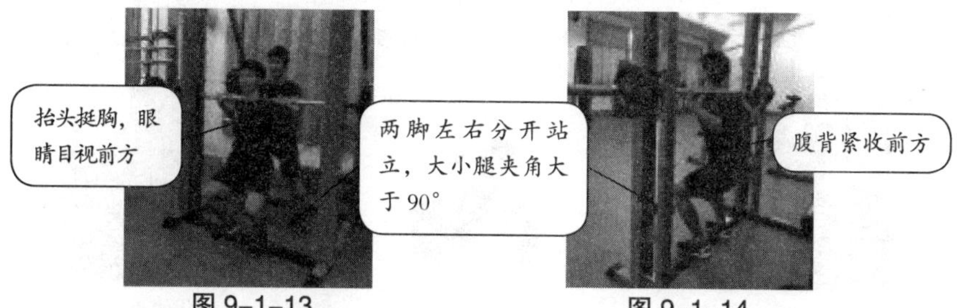

图 9-1-13　　图 9-1-14

（3）全蹲（深蹲）：指大腿与小腿夹角小于 90°。（图 9-1-15、图 9-1-16）

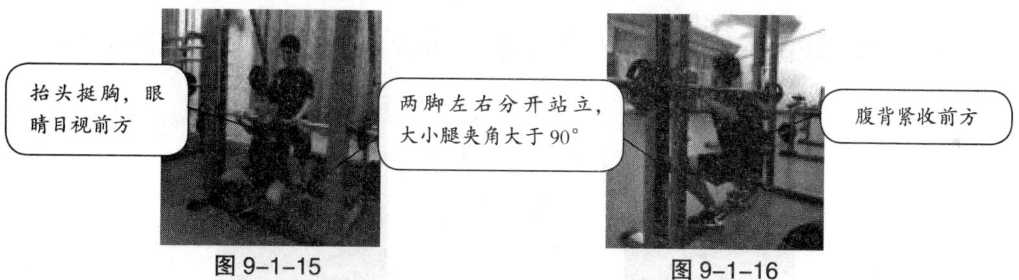

图 9-1-15　　图 9-1-16

（4）剪蹲：指两脚前后分开成弓箭步下蹲。（图 9-1-17、图 9-1-18）

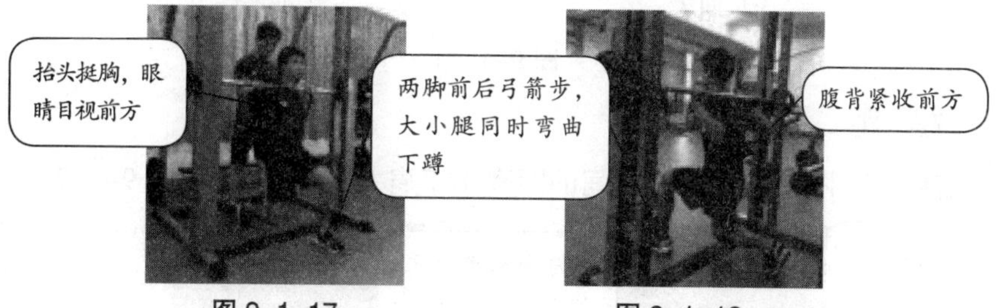

图 9-1-17　　图 9-1-18

（四）握　法

（1）普通握法：哑铃杆通过手心，拇指握在食指和中指上，五指同时用力握紧哑铃。（图 9-1-19）

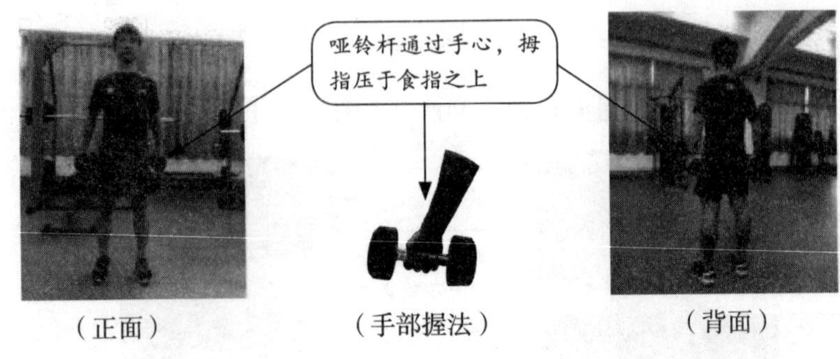

图 9–1–19

（2）锁握：哑铃杆通过手心，拇指放在其余四指的下面。一般用于握持较大重量的哑铃且上肢。（图 9–1–20）

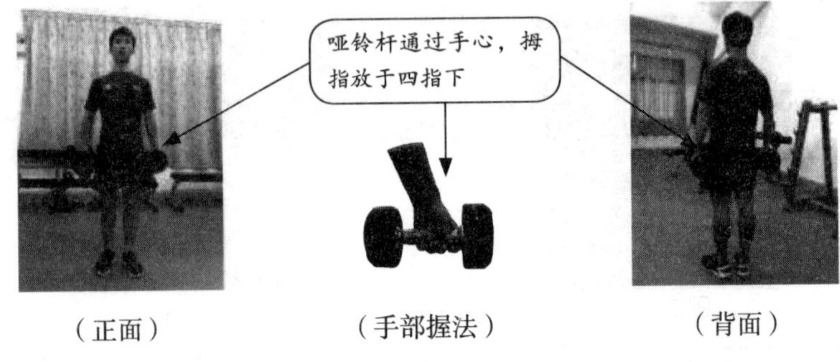

图 9–1–20

（3）空握：哑铃杆通过手心，拇指与其余四指并排位于杆的同侧。（图 9–1–21）

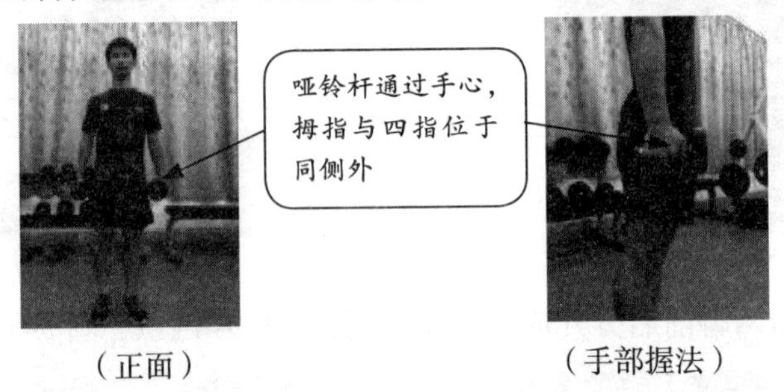

图 9–1–21

（五）握　距

（1）窄握距：两手握住器械之间的距离小于肩关节的宽度。（图 9–1–22）

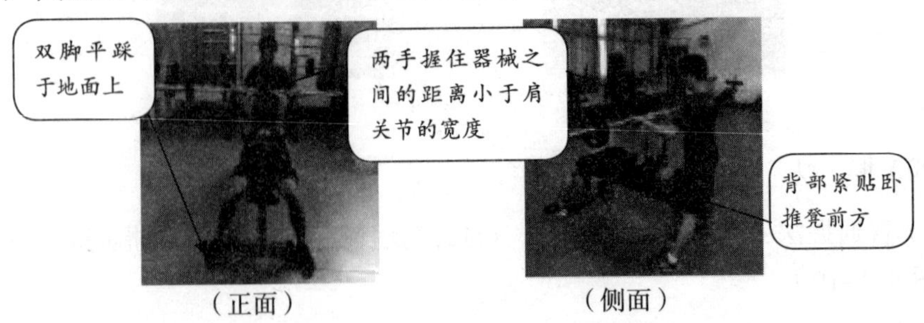

图 9–1–22

（2）中握距：指两手握住器械之间的距离等于肩关节的宽度。（图 9–1–23）

（正面） （侧面）

图 9–1–23

（3）宽握距：指两手握住器械之间的距离大于肩关节的宽度。（图 9–1–24）

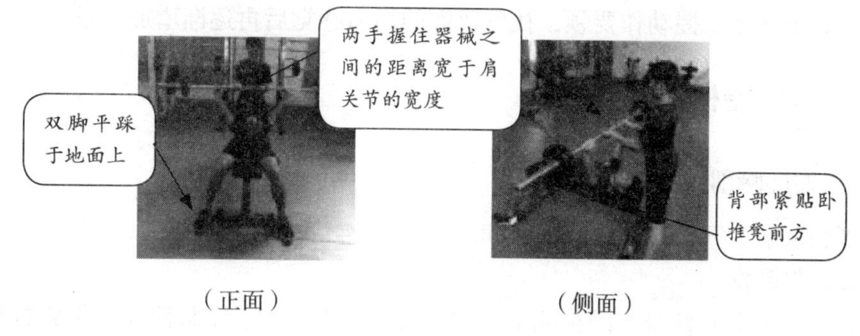

（正面） （侧面）

图 9–1–24

（六）常用的几种呼吸

呼吸是人体摄入氧气排出二氧化碳与外界环境进行气体交换的生理过程。通常进行器械训练的过程中伴随有氧代谢和无氧代谢两种，器械健身是以无氧代谢为主，在身体施加一定重量的基础上进行锻炼，一般要求在训练过程中主要采用用力前吸气用力后呼气。常见的呼吸有自由式呼吸、顺式呼吸和逆式呼吸。

（1）自由调节式呼吸法：在进行小强度训练时，呼吸常采用自由调节式，呼吸较为平稳顺畅。

（2）顺式呼吸：顺式呼吸就是吸气时膈肌收缩，横膈下沉，增加了胸腔的空间，空气即被大量吸进。呼气时，膈肌松弛横膈上升使胸腔收缩，气体就被排出。

（3）逆式呼吸：逆腹式呼吸是指吸气时腹部自然内收，呼气时小腹自然外鼓。吸气时腹肌收缩，腹壁回缩或稍内凹，横隔肌随之收缩下降，使腹腔容积变小。生理学上称作等容呼吸。

（七）次　数

指能连续完成动作的多少。一般规定 1 ~ 6 次为少次数，7 ~ 15 次为中次数，15 ~ 30 次为高次数。低次数以增长体力和力量为目的，高次数以增强肌肉耐力、消除脂肪。

（八）组　数

指将一个或多个动作反复完成到力竭称为一组。

（九）间　歇

两个练习组之间的休息。一般间歇时间小于 10 秒为极短间歇，10 ~ 30 秒为短间歇，30 ~ 60 秒为中间歇，60 ~ 80 秒为长间歇，超过 80 秒属于彻底放松，失去了间歇作用。

（十）重　量

即为训练负荷，包括器械重量和自身质量。对健美锻炼者来说，重量的调整非常关键，是决定运动效果的重要因素，一般情况下建议重量的选择遵循宁小勿大的原则，从小重量开始掌握动作要领，找到肌肉的用力感觉后再逐渐增加重量。

二、常用器械动作练习

（一）发展胸部肌群练习方法

发展胸大肌、三角肌、肱三头肌和前锯肌。

1. 杠铃平卧推

做法：双腿分开仰卧于卧推凳上，双手可采用宽、中、窄握距，缓慢将杠铃杆放于胸大肌中部，然后垂直推起至两臂伸直。（图 9-1-25）

图 9-1-25

要点：杠铃至于胸上时收紧背部胸要挺起，用力时利用胸大肌发力。

呼吸：两臂下落时吸气，用力上推完成动作呼气。

2. 杠铃斜上推

做法：仰卧于 45° ~ 60° 的斜凳上，双手采用宽握距成准备姿势。用力将杠铃从胸前向上推起，至两臂伸直。（图 9-1-26）

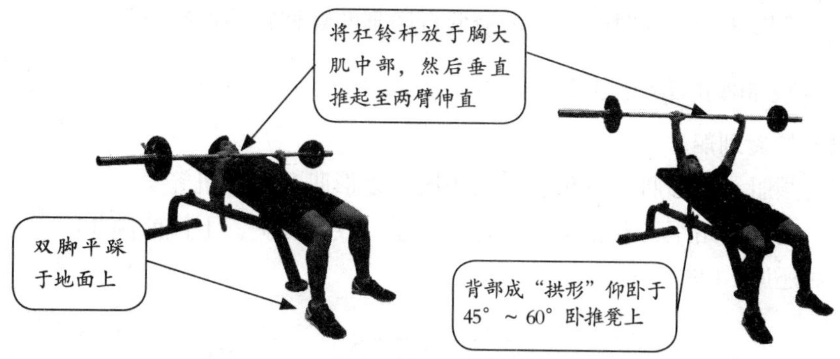

图 9-1-26

要点:肘部下落时不要过早分开，推举是利用胸大肌上部发力。

呼吸：两臂下落时吸气，用力上推完成动作呼气。

3. 哑铃仰卧飞鸟

做法：仰卧于长凳，两脚平踩于地面，背部成“拱形”。双手持哑铃手臂缓慢下降使肘部低于体侧时，大臂与小臂夹角控制在 100° ~ 120° 之间，然后胸大肌主动用力至两臂伸直。（图 9-1-27）

图 9-1-27

要点：下降时肘部低于体侧，使胸大肌处于充分拉伸状态。

呼吸：两臂张开下降时吸气，由最低点回到两臂伸直动作完成后呼气。

4. 哑铃斜上飞鸟

做法：仰卧于 45° ~ 60° 的斜凳上，双手持握哑铃做飞鸟动作。（图 9-1-28）

图 9-1-28

要点：胸大肌充分拉伸，使胸大肌主动用力。

呼吸：两臂张开下降时吸气，由最低点回到两臂伸直动作完成后呼气。

（二）发展腹背肌群练习方法

1. 附身杠铃划船

发展背阔肌、大圆肌、三角肌、二头肌、菱形肌和斜方肌等

做法：两脚中站距，双腿微屈，背部收紧，收腹挺胸，上体前倾 45° 。杠铃拉至一定高度后还原。（图 9-1-29）

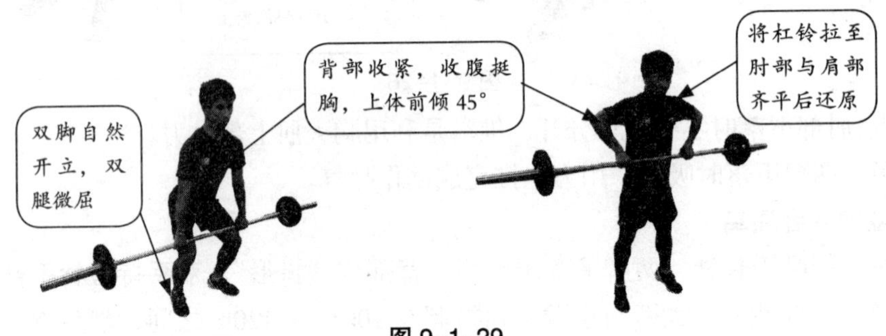

图 9-1-29

要点：上体保持动作姿势不变，两臂做划船动作。

呼吸：提拉时吸气，还原时呼气。

2. 负重腹背练习方法

发展髂腰肌、腹直肌和股直肌等。

做法：将杠铃片置于背上部，脚放于脚托上，采用仰卧（图 9-1-30）或俯卧（图 9-1-31）将身体卷起后还原。

要点：肩部挺直保持动作不变，斜方肌和锯前肌主动用力提拉下肢。

呼吸：屈膝时吸气，还原时呼气。

图 9-1-30

图 9-1-31

（三）发展下肢肌群练习方法

杠铃蹲起

发展股四头肌、腰背伸肌、骨骺肌群和小腿三头肌等。

做法：前蹲将杠铃放于胸前锁骨上，两手采用中握距。负重后离开深蹲架前 1 米，抬头挺胸腰背收紧呈“反弓形”，下蹲时大小腿夹角小于 90°，后快速站起。（图 9–1–32）

图 9–1–32

后蹲将杠铃置于颈后，两手采用宽握距。负重后离开深蹲架前 1 米，抬头挺胸，腰背收紧成“反弓形”，下蹲时大小腿夹角 90° 为半蹲；小于 90° 为深蹲（如图 9–1–33），后快速站起。

要点：抬头挺胸背部收紧成“反弓形”，下蹲缓慢，起立速度快。

呼吸：下蹲前吸气，起立完成动作后呼气。

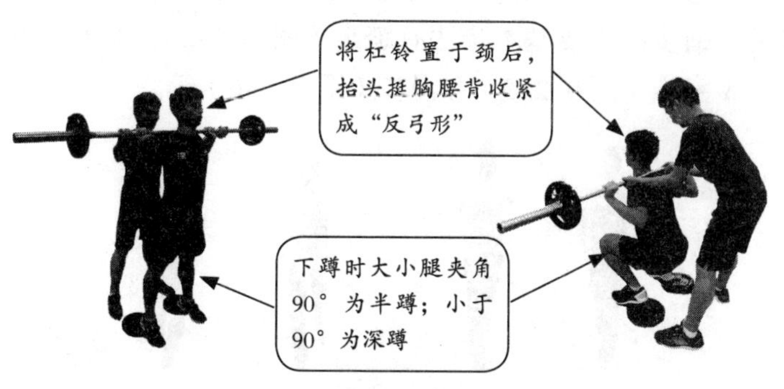

图 9–1–33

哑铃一周增肌方案

男子一般健美体围标准

女子一般健美体围标准

第二节 健美操

一、健美操的基本动作

基本手型

健美操的基本动作由上肢动作、基本步法和基本手型组成。下面介绍后两种。

（一）基本手型（图 9-2-1）

并掌　　开掌　　花掌　　立掌　　拳

图 9-2-1

基本步法

（二）基本步法

健美操的基本步法是根据人体运动时对地面的冲力大小划分的，包括低冲击力步法、高冲击力步法和无冲击力步法。

1. 低冲击力步法

低冲击力步法包括四大类：踏步、点地、迈步、跳步。

（1）踏步类：踏步的主要基本步法有踏步（图 9-2-2）、走步（图 9-2-3）、一字步（图 9-2-4）、V字步（图 9-2-5）和漫步（图 9-2-6）等。

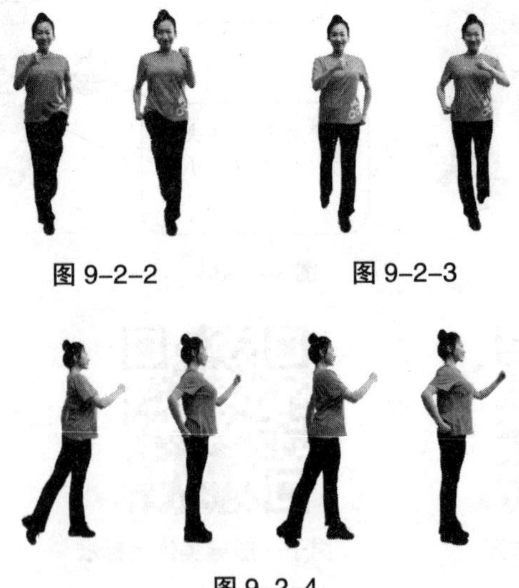

图 9-2-2　　图 9-2-3

图 9-2-4

图 9-2-5　　图 9-2-6

（2）点地类：点地的基本步法主要有脚跟点地、脚尖向前或向侧点地。（图 9-2-7）

（3）迈步类：迈步的基本步法主要有并步（图 9-2-8）、迈步屈腿（图 9-2-9）、迈步吸腿、迈步踢腿（图 9-2-10）和交叉步（图 9-2-11）等。

图 9-2-7　　图 9-2-8　　图 9-2-9

图 9-2-10　　图 9-2-11

（4）抬腿类：抬腿的基本步法主要有吸腿（图 9-2-12）、踢腿（图 9-2-13）、弹踢（图 9-2-14）和后屈腿（图 9-2-15）等。

图 9-2-12　　图 9-2-13

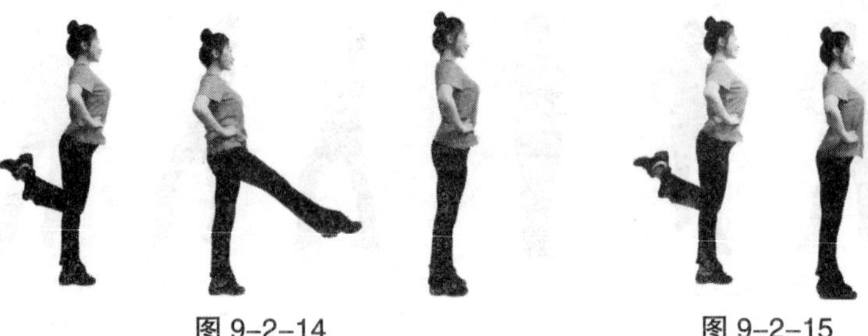

图 9-2-14　　图 9-2-15

2. 高冲击力步法

高冲击力步法包括四大类：迈步起跳、双脚起跳、单脚起跳、后踢腿跑。

（1）迈步起跳的基本步法：并步跳（图 9-2-16）、迈步吸腿跳（图 9-2-17）和迈步后屈腿跳（图 9-2-18）等。

图 9-2-16　　图 9-2-17　　图 9-2-18

（2）双脚起跳的基本步法：并立纵跳（图 9-2-19）、开合跳（图 9-2-20）、小马跳（图 9-2-21）和弓步跳（图 9-2-22）等。

图 9-2-19　　图 9-2-20

图 9-2-21　　图 9-2-22

（3）单脚起跳的基本步法：钟摆跳（图 9-2-23）和踢腿跳（图 9-2-24）等。

（4）后踢腿跑如图 9-2-25 所示。

图 9-2-23　　图 9-2-24　　图 9-2-25

3. 无冲击力步法

无冲击力步法是指双脚不离开地面的动作。它包括双膝弹动（图 9-2-26）、半蹲（图 9-2-27）、弓步（图 9-2-28）和提踵（图 9-2-29）等。

图 9-2-26　　图 9-2-27　　图 9-2-28　　图 9-2-29

二、健美操的基本套路组合

健美操大众锻炼标准三级套路

健美操大众锻炼标准三级套路图解和说明。

组合一

动　作		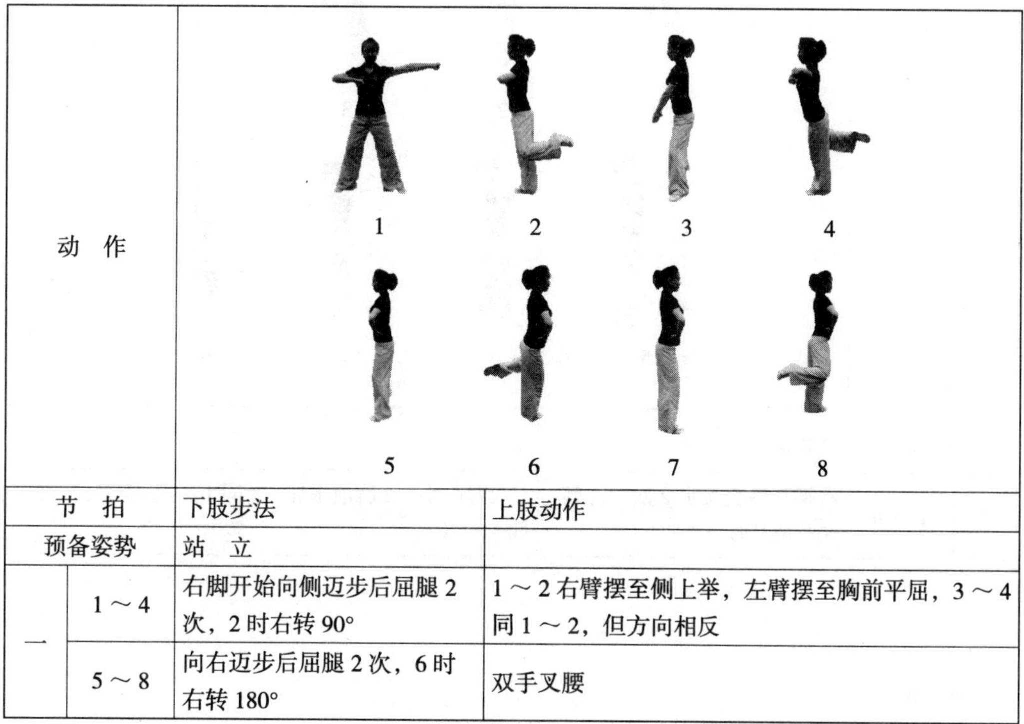 1 2 3 4 5 6 7 8	
节　拍		下肢步法	上肢动作
预备姿势		站　立	
一	1 ～ 4	右脚开始向侧迈步后屈腿 2 次，2 时右转 90°	1 ～ 2 右臂摆至侧上举，左臂摆至胸前平屈，3 ～ 4 同 1 ～ 2，但方向相反
	5 ～ 8	向右迈步后屈腿 2 次，6 时右转 180°	双手叉腰

<table>
<tr><td colspan="2">动 作</td><td colspan="2">
1 2 3～4

5 6～7 8</td></tr>
<tr><td colspan="2">节 拍</td><td>下肢步法</td><td>上肢动作</td></tr>
<tr><td rowspan="2">二</td><td>1～2</td><td>1 / 2V字步</td><td>1右臂侧上举，2左臂侧上举</td></tr>
<tr><td>3～8</td><td>6拍漫步，8拍右转90°</td><td>随脚的动作自然前后摆动</td></tr>
<tr><td colspan="2">动 作</td><td colspan="2">
1 2 3 4

5 6 7 8</td></tr>
<tr><td colspan="2">节 拍</td><td>下肢步法</td><td>上肢动作</td></tr>
<tr><td>三</td><td>1～8</td><td>右脚开始交叉步2次，左转90° 成L形</td><td>1双臂前举，2胸前平屈，3同1，4击掌；5～8同1～4</td></tr>
</table>

动作		1　～　2 3～4　5～6　7～8	
节拍		下肢步法	上肢动作
四	1～4	左脚侧并步跳，1/2 后漫步	1～2 双臂侧上举，3～4 右臂摆至体前，左臂摆至体后
	5～8	左转 90°，左脚开始小马跳 2 次	5～6 右臂上举，7～8 左臂上举
第 5～8 个 8 拍，动作同第 1～4 个 8 拍，但方向相反			

组合二

动作		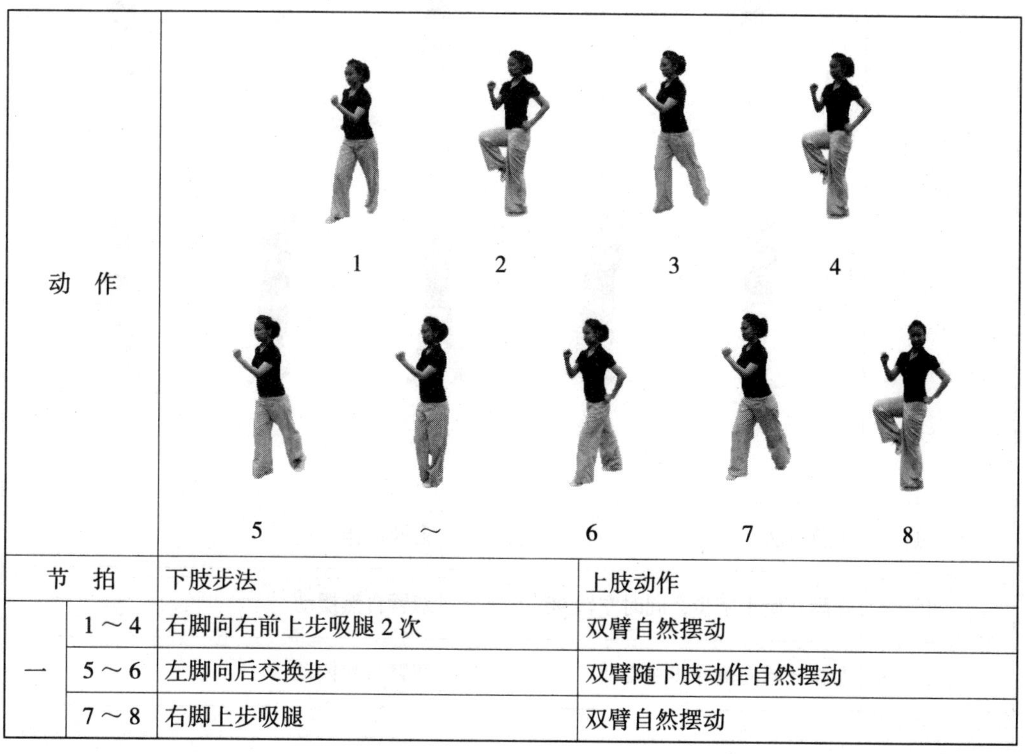 1　2　3　4 5　～　6　7　8	
节拍		下肢步法	上肢动作
一	1～4	右脚向右前上步吸腿 2 次	双臂自然摆动
	5～6	左脚向后交换步	双臂随下肢动作自然摆动
	7～8	右脚上步吸腿	双臂自然摆动

<table>
<tr><td colspan="2">动 作</td><td colspan="2"> 1 2 3 
4 5～6 7～8</td></tr>
<tr><td colspan="2">节 拍</td><td>下肢步法</td><td>上肢动作</td></tr>
<tr><td rowspan="2">二</td><td>1～4</td><td>左脚开始向右侧交叉步</td><td>双臂随步法向反方向臂屈伸</td></tr>
<tr><td>5～8</td><td>右转 45°，左脚做漫步</td><td>5～6 双臂侧屈外展，7～8 经体前交叉摆至侧下举</td></tr>
<tr><td colspan="2">动 作</td><td colspan="2"> 1 2 3 4 5 
～ 6 7 ～ 8</td></tr>
<tr><td colspan="2">节 拍</td><td>下肢步法</td><td>上肢动作</td></tr>
<tr><td rowspan="2">三</td><td>1～4</td><td>左脚开始十字步，同时左转 90°</td><td>双臂自然摆动</td></tr>
<tr><td>5～8</td><td>左脚开始向侧并步跳 2 次</td><td>双臂自然摆动</td></tr>
</table>

<table>
<tr><td colspan="2">动　作</td><td colspan="2">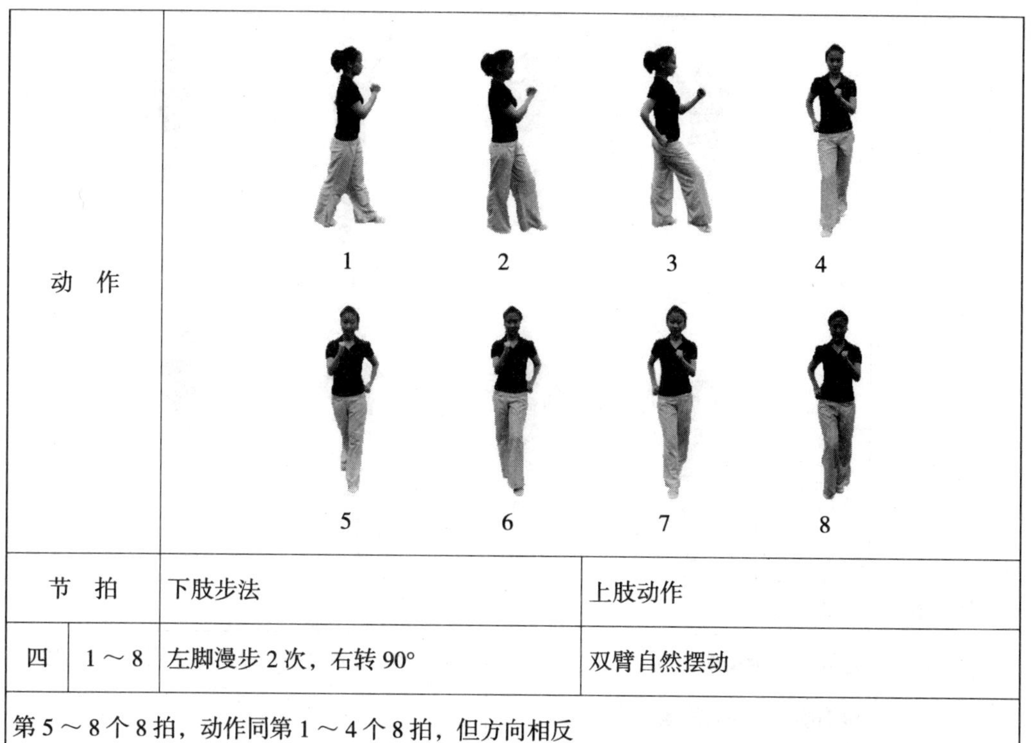
</td></tr>
<tr><td colspan="2">节　拍</td><td>下肢步法</td><td>上肢动作</td></tr>
<tr><td>四</td><td>1～8</td><td>左脚漫步 2 次，右转 90°</td><td>双臂自然摆动</td></tr>
<tr><td colspan="4">第 5～8 个 8 拍，动作同第 1～4 个 8 拍，但方向相反</td></tr>
</table>

组合三

<table>
<tr><td colspan="2">动　作</td><td colspan="2">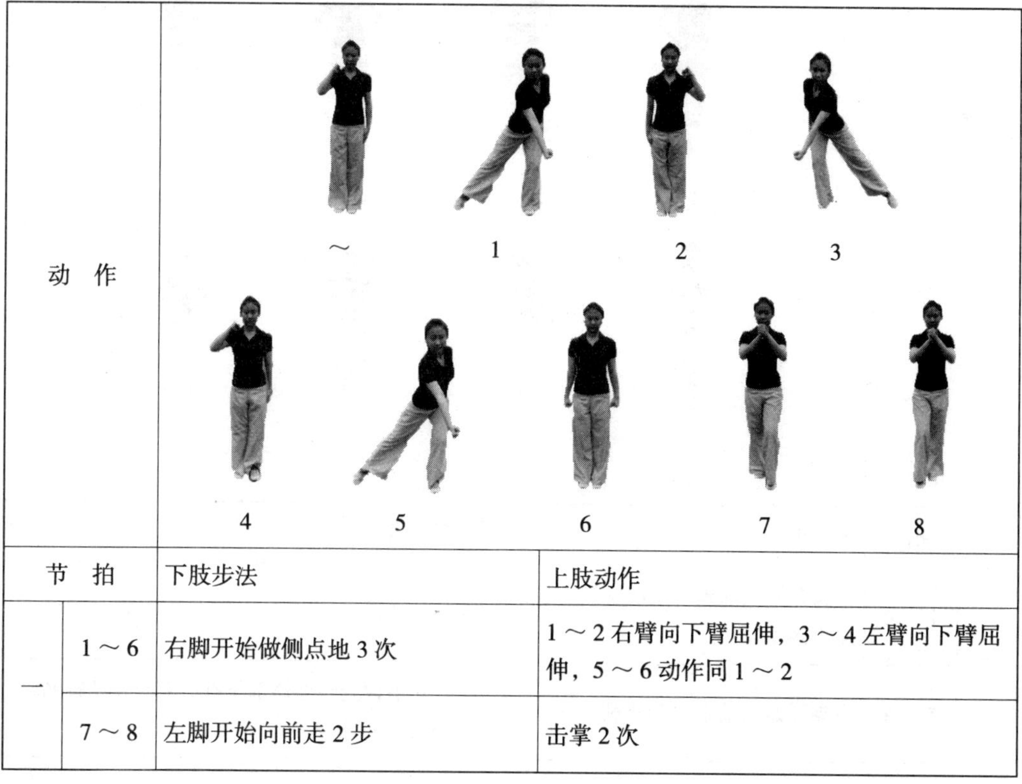
</td></tr>
<tr><td colspan="2">节　拍</td><td>下肢步法</td><td>上肢动作</td></tr>
<tr><td rowspan="2">一</td><td>1～6</td><td>右脚开始做侧点地 3 次</td><td>1～2 右臂向下臂屈伸，3～4 左臂向下臂屈伸，5～6 动作同 1～2</td></tr>
<tr><td>7～8</td><td>左脚开始向前走 2 步</td><td>击掌 2 次</td></tr>
</table>

<table>
<tr><td colspan="2">动 作</td><td colspan="2"> 1 2 3 4
5 6 7 8</td></tr>
<tr><td colspan="2">节 拍</td><td>下肢步法</td><td>上肢动作</td></tr>
<tr><td rowspan="2">二</td><td>1～4</td><td>左脚开始吸腿跳 2 次</td><td>1 侧上举，2 双臂胸前平屈，3 同 1，4 叉腰</td></tr>
<tr><td>5～8</td><td>吸右腿跳，向后落地，转体 180°，吸左腿</td><td>双手叉腰</td></tr>
<tr><td colspan="2">动 作</td><td colspan="2"> 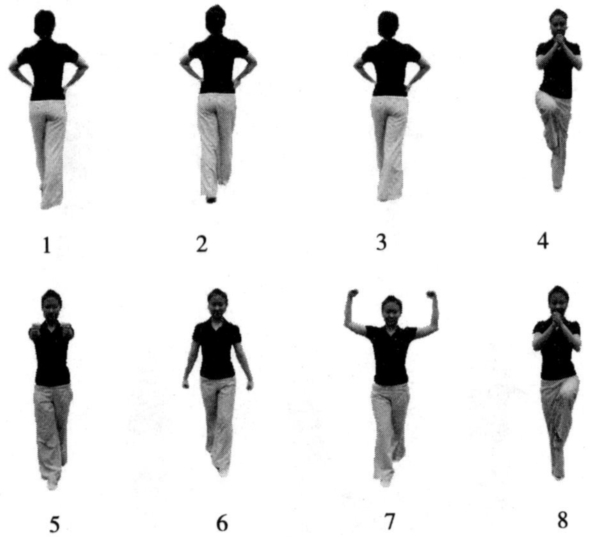1 2 3 4
5 6 7 8</td></tr>
<tr><td colspan="2">节 拍</td><td>下肢步法</td><td>上肢动作</td></tr>
<tr><td rowspan="2">三</td><td>1～4</td><td>左脚开始向前走 3 步吸腿跳，同时左转体 180°</td><td>1～3 叉腰，4 击掌</td></tr>
<tr><td>5～8</td><td>右脚开始向前走 3 步吸腿</td><td>5～6 手臂同时经体前下摆，7～8 经肩侧屈外展至体前击掌</td></tr>
</table>

动 作		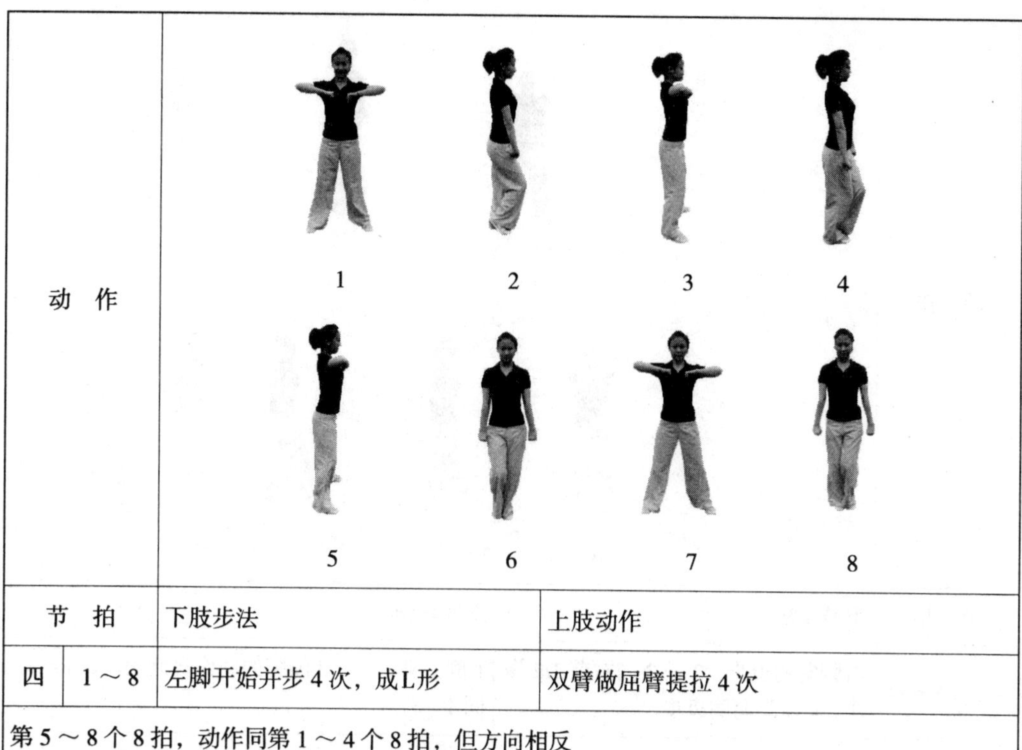 1 2 3 4 5 6 7 8	
节 拍		下肢步法	上肢动作
四	1～8	左脚开始并步 4 次，成L形	双臂做屈臂提拉 4 次
第 5～8 个 8 拍，动作同第 1～4 个 8 拍，但方向相反			

组合四

动 作		1 2 3 4 5 6 7 8	
节 拍		下肢步法	上肢动作
一	1～4	右腿上步吸腿	双臂做向前冲拳、后拉 2 次
	5～8	左脚向前走 3 步吸腿	手臂同时经前向下摆，7 肩侧屈外展，8 击掌

动 作	 1　2～3 　4　5～6　7～8	
节 拍	下肢步法	上肢动作
二 1～4	右脚向侧迈步，2～3 向右前 1/2 漫步，4 左脚向侧迈步	1 侧上举，2～3 随脚的动作自然摆动，4 动作同 1
二 5～8	右脚向左前方做漫步	双臂自然摆动
动 作	 1　2　3　4 　5　6　7　8	
节 拍	下肢步法	上肢动作
三 1～6	右脚开始上步吸腿 3 次	1 肩侧屈外展，2 击掌，3～6 动作同 1～2
三 7～8	左脚前 1 / 2 漫步	双臂自然摆动

动　作		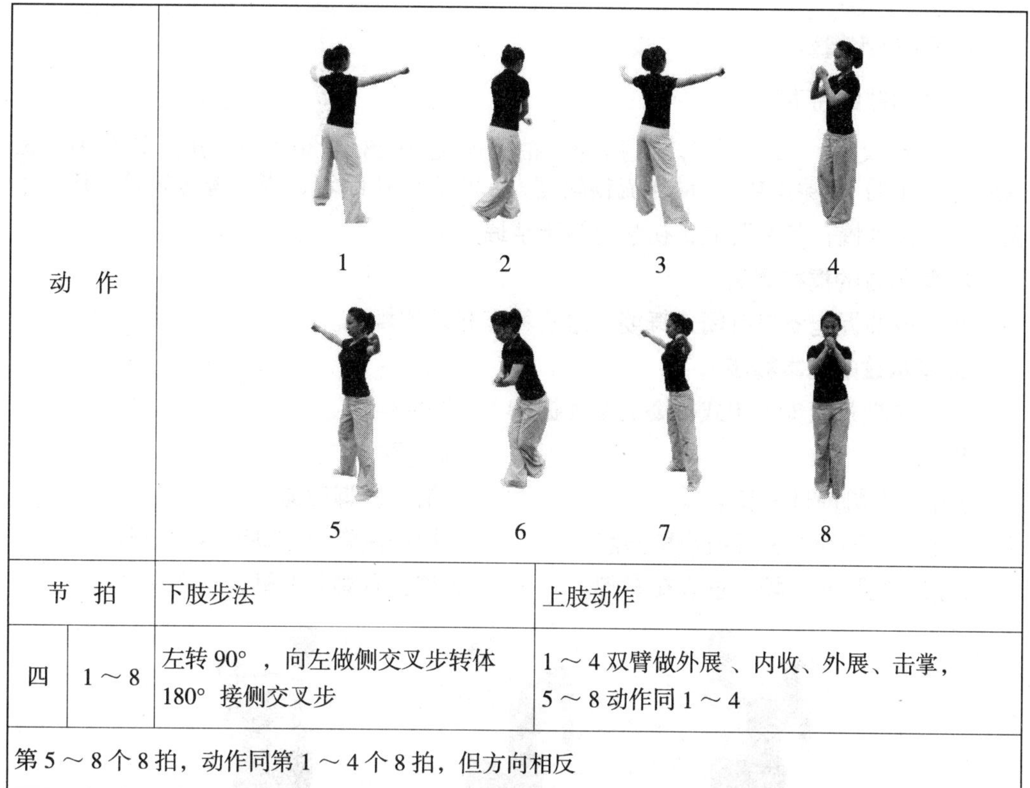	
节　拍		下肢步法	上肢动作
四	1～8	左转 90°，向左做侧交叉步转体 180° 接侧交叉步	1～4 双臂做外展、内收、外展、击掌，5～8 动作同 1～4
第 5～8 个 8 拍，动作同第 1～4 个 8 拍，但方向相反			

第三节　体育舞蹈

一、体育舞蹈的基本动作

（一）手　型

女：拇指和中指向里合，其余三指向上翘起。

男：拇指向里合，其余四指并拢，或拇指向里合，食指向上翘，其余三指并拢。

（二）站立姿势

（1）直立：身体保持立正姿势，脚跟合拢，脚尖打开，成八字步站立。

（2）起踵立：前脚掌支撑，脚跟向上抬起，使脚面与腿在同一条垂直线上。

（3）点地立：一条腿直立或微屈支撑，另一条腿绷直脚面，脚尖在前（侧、后）方点地。

（三）基本舞姿

1. 华尔兹的特点

华尔兹又称“慢三步”，节拍为$\frac{3}{4}$拍，速度为 28 ~ 30 小节/分，节奏为：蓬（强）、嚓（弱）、嚓（弱）。动作流畅幅度大、重心起伏跌宕、步法婉转曼妙，舞姿华丽典雅。速度慢，节奏明显，初学者易于掌握。

2. 华尔兹的握抱姿势

华尔兹的握抱姿势有闭式舞姿、敞式舞姿和外侧舞姿。

3. 华尔兹的基本舞步

（1）左脚并换步（闭式舞姿的基本握持）（图 9–3–1）

男 步	女 步
1 拍：左脚前进一步。	1 拍：右脚后退一步。
2 拍：右脚经左脚旁横步稍向前。	2 拍：左脚经右脚旁横步稍向后。
3 拍：左脚并右脚，重心在右脚。	3 拍：右脚并左脚，重心在左脚。

1 拍　　2 拍　　3 拍

图 9–3–1

（2）左转步（闭式舞姿的基本握持）（图 9–3–2）

男 步	女 步
1 拍：左脚前进一步开始左转。	1 拍：右脚后退一步，开始左转。
2 拍：右脚经左脚旁横步，左转 90°。	2 拍：左脚经右脚旁横步，身体左转 35°。
3 拍：左脚并右脚，左转 45° 重心在左脚。	3 拍：右脚并左脚，重心在右脚。
4 拍：右脚后退一步，稍左转。	4 拍：左脚向前进一步，稍左转。
5 拍：左脚经右脚旁横步，左转 135°。	5 拍：右脚经左脚旁横步，左转 90°。
6 拍：右脚并左脚，重心在右脚。	6 拍：左脚并右脚，左转 45° 重心在左脚。

1 拍　2 拍　3 拍　4 拍　5 拍　6 拍

图 9-3-2

（3）右脚并换步（闭式舞姿的基本握持）（图 9-3-3）

男　步	女　步
1 拍：右脚前进一步。	1 拍：左脚后退一步。
2 拍：左脚经右脚旁横步稍向前。	2 拍：右脚经左脚旁横步稍向后。
3 拍：右脚并左脚，重心在右脚。	3 拍：左脚并右脚，重心在左脚。

1 拍

2 拍

3 拍

图 9-3-3

（4）右转步（闭式舞姿的基本握持）（图 9-3-4）

男　步	女　步
1 拍：右脚前进一步，开始左转。	1 拍：左脚后退一步，开始右转。
2 拍：左脚经右脚旁横步，身体右转 90°。	2 拍：右脚经左脚旁横步，身体右转 135°。
3 拍：右脚并左脚右转 45°，重心在右脚。	3 拍：左脚并右脚，重心在左脚。
4 拍：左脚后退一步。	4 拍：右脚向前进一步，右转。
5 拍：右脚经左脚旁横步，右转 135°。	5 拍：左脚经右脚旁横步稍前，右转 90°。
6 拍：左脚并右脚，重心在左脚。	6 拍：右脚并左脚右转 45°，重心在右脚。

1 拍　　2 拍　　3 拍　　4 拍　　5 拍　　6 拍

图 9–3–4

（5）叉形步（由闭式位到开式位基本舞姿）（图 9–3–5）

男　步	女　步
1 拍：左脚前进一步。	1 拍：右脚后退一步。
2 拍：右脚横步稍向前，左转 45°。	2 拍：左脚经斜后退，身体右转 90°。
3 拍：左脚在右脚后交叉，重心在左脚。	3 拍：右脚在左脚后交叉，重心在右脚。

1 拍

2 拍

3 拍

图 9–3–5

（6）侧行追步（由开式位到交叉位基本舞姿）（图 9–3–6）

男　步	女　步
1 拍：右脚前进并交叉于反身动作位置。	1 拍：左脚前进并交叉于反身动作位置，开始左转。
2 拍：左脚横步稍前。	2 拍：右脚横步，身体左转 45°。
哒拍：右脚并左脚。	哒拍：左脚并右脚。
3 拍：左脚横步稍前。	3 拍：右脚后退一步，左转 45°。

1　拍　　2　拍　　哒　拍　　3　拍

图 9-3-6

（7）踌躇换步（闭式舞姿的基本握持）（图 9-3-7）

男　步

1 拍：左脚后退一步，准备右转。

2 拍：右脚横步（小步拉左脚跟），右转 135°　。

3 拍：左脚虚点于右脚旁，完成转动。

女　步

1 拍：右脚前进一步，准备右转。

2 拍：左脚经斜后退，右转 135°　。

3 拍：右脚虚点于左脚旁，完成转动。

1　拍　　2　拍　　3　拍

图 9-3-7

（8）右旋转步（闭式舞姿的基本握持）（图 9-3-8）

男　步

1 拍：右脚前进一步开始右转。

2 拍：左脚经右脚旁横步，右转 90°　。

3 拍：右脚并左脚，右转 45°　，重心在右脚。

4 拍：左脚后退右脚保持反身动作位置，右轴转 180°　。

5 拍：右脚前进一步，右转。

6 拍：左脚横步稍后，右转 135°　，重心在左脚。

女　步

1 拍：左脚后退一步，开始右转。

2 拍：右脚经左脚旁横步，右转 135°　。

3 拍：左脚并右脚，转动完重心在左脚。

4 拍：右脚前进，右轴转 135°　。

5 拍：左脚后腿并稍向左侧，右转。

6 拍：右脚经左脚旁斜进，右转 135°　。

1 拍　2 拍　3 拍　4 拍　5 拍　6 拍

图 9-3-8

二、校园体育舞蹈套路组合

（一）伦　巴

伦巴示范

伦巴起源于古巴，被称为“拉丁舞之灵魂”。伦巴是激情与爱之舞，伦巴的特点在音乐上缠绵深情，舞步上婀娜多姿，动作缓慢舒展，风格上柔美抒情，令人陶醉。伦巴与恰恰恰是姐妹舞，动作名称和身体姿态大多相似。

1. 握持姿势

与恰恰恰的握持姿势相同，请参考上一部分。

2. 基本舞步

（1）十字步（图 9-3-9 ~ 图 9-3-11）

① 前进十字步

【准备】左脚侧点的开式舞姿。

【做法】

2 拍：左脚前进一步。

3 拍　男：右脚在原地。

4-1 拍　男：左脚左横一步。

② 后退十字步

【做法】

2 拍：右脚后退一步。

3 拍：左脚在原地。

4-1 拍：右脚右横一步。

图 9-3-9

图 9-3-10

图 9-3-11

（2）纽约步（图 9–3–12 ~ 图 9–3–14）

【准备】左脚侧点的开式舞姿。

【做法】

2 拍　男：左脚前进在分式相对侧行位置脚尖外转，右转 1/4 周。女：右脚前进在分式相对侧行位置脚尖外转，左转 1/4 周。

3 拍　男：右脚在原地。女：左脚在原地。

4–1 拍　男：左脚向侧，左转 1/4 周。女：右脚向侧，右转 1/4 周。

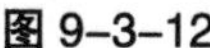
图 9–3–12

图 9–3–13

图 9–3–14

（3）定点转（图 9–3–15 ~ 图 9–3–17）

【准备】右脚侧点的开式舞姿。

2 拍　男：右脚向左前交叉点步，左转 1/4 周。女：左脚向前交叉点步，右转 1/4 周。

3 拍　男：左转 1/2 周，重心移向左脚。女：右转 1/2 周，重心移向右脚。

4–1 拍　男：左转 1/4 周，成双拉手势。女：右转 1/2 周，成双拉手势。

【要点】& 拍转体时一定要收紧身体，注意动力脚必须经主力脚迈出。

图 9–3–15

图 9–3–16

图 9–3–17

（4）手接手（图 9–3–18 ~ 图 9–3–20）

【准备】左脚侧点的开式舞姿。

【做法】

2 拍　男：左脚后退一步，左转 1/4 周，右手向前单拉手势。女：右脚后退一步，右转身 1/4 周，左手向前单拉手势。

3 拍　男：右脚在原地，右肩与女伴左肩相靠。女：左脚在原地。左肩与男伴右肩相靠。

4–1 拍　男：左脚左横步，右转身 1/4 周，成双拉手势。女：右脚右横步，左转身 1/4 周，成双拉手势。

2 拍　男：右脚后退一步。右转 1/4 周，成单拉手势。女：左脚后退一步，左转身 1/4 周，成单拉手势。

3 拍　男：左脚在原地，左肩与女伴右肩相靠。女：右脚在原地，右肩与男伴左肩相靠。

4–1 拍　男：右脚右横步，左转身 1/4 周，成双拉手势。女：左脚左横步，右转身 1/4 周，成双拉手势。

图 9–3–18

图 9–3–19

图 9–3–20

（5）扇形步（图 9–3–21 ～图 9–3–23）

2 拍　男：右脚后退。女：左脚前进。

3 拍　男：左脚在原地，左转 1/8 周。女：右脚向侧稍后（脚尖内转），左转 1/8 周。

4–1 拍　男：右脚向右横步稍前。女：左脚向左后退，左转 1/4 周，重心左移。

图 9–3–21

图 9–3–22

图 9–3–23

（6）曲棍步（图 9–3–24 ～图 9–3–29）

【准备】扇形位置开始。

2 拍　男：左脚前进，脚尖外转。女：右脚向左脚并合。

3 拍　男：右脚在原地。女：左脚前进。

4–1 拍　男：左脚向右脚并合。女：右脚前进。

2 拍　男：右脚后退。女：左脚前进，向左转体 1/8 周。

3 拍　男：左脚在原地，重心移至左脚，右转 1/8 周。女：右脚后退并稍向侧，向左后转体 3/8 周。

4–1 拍　男：右脚前进。女：左脚后退。

图 9-3-24　图 9-3-25　图 9-3-26

图 9-3-27　图 9-3-28　图 9-3-29

（7）肩下右转（图 9-3-30 ~ 图 9-3-32）

【准备】右脚侧点的开式舞姿。

【做法】

2 拍　男：右脚后退，左手握女伴右手上举。女：左脚越过右脚前进，右转 1/4 周，重心前移。

3 拍　男：左脚在原地。左手引领女伴右转。女：转成左脚后退，右转 1/2 周。

4–1 拍　男：右脚右横步，与女伴成双拉手势。女：左脚左横步，继续右转 1/4 周，与男伴相对。

图 9-3-30　图 9-3-31　图 9-3-32

（二）恰恰恰

1. 握持方式

（1）闭式舞姿

男女相对，相距 15 厘米，重心可在任意脚，女士与男士相反。男士的右手扶在女士背阔肌外缘。男士左手四指并拢、虎口张开，与女士右手相握，两前臂内侧贴

恰恰恰示范

近，肘部下缘平于女士胸隔膜线。女士的左臂轻靠在男士右臂上方，左手放在男士右肩上。

（2）开式舞姿

男女相对，分开约一臂距离，重心可落在任意脚（男女相反），另一脚向侧打开，脚尖点地。男士左手手心向上，握住女士右手的四指，相握的手臂略弯曲。男士的右臂和女士的左臂向外侧伸出并略下收、弯曲，与肩成一条柔和曲线。

2. 基本步法

（1）时间步

【准备】两腿并拢，脚尖微微打开，重心放于右腿，左脚脚掌着地。

【做法】

2 拍：左脚跟落地，变为支撑腿，左髋向后。

3 拍：两腿交换，做法同 2 拍。

4 拍：左腿向侧一步。

& 拍：右腿向左腿并合。

1 拍：左脚向侧一步。

【要点】在做前两拍时髋部的动作要快，起伏要小，后三步出腿时髋稍滞后。

（2）定点转（图 9–3–33）

【准备】右腿向右打开，脚尖点地，重心放于左腿。

【做法】

2 拍：左转 90°，同时右脚向前一步，后半拍（&）向左后转体 180°。

3 拍：重心前移至左腿。

4 拍：向左转体 90° 同时右脚经左脚向侧一步。

& 拍：左腿向右腿并合。

1 拍：右腿向右横跨一步同时重心移至右腿，左脚尖点地。

【要点】2 拍的后半拍（&）转体时身体一定要收紧。

（3）前进锁步（图 9–3–34）

【准备】两脚前后开立，左脚在前，重心在左脚。

【做法】

2 拍：右脚向前一步同时重心移至前脚掌。

& 拍：左腿跟进，膝关节贴住右腿腘窝。

3 拍：右脚继续向前一步同时重心移至前脚掌。

4 拍：左脚向前一步同时重心移至前脚掌。

& 拍：右腿跟进，膝关节贴住左腿腘窝。

1 拍：左脚继续向前一步同时重心移至前脚掌。

【要点】迈步时注意重心迅速跟进。

图 9-3-33

图 9-3-34

（4）追　步

左恰恰追步（图 9-3-35）

【准备】两腿并拢，脚尖微微打开，重心放于右腿，左脚脚掌着地。

【做法】

4 拍：左腿向侧一步。

& 拍：右腿向右腿并合。

1 拍：左脚向侧一步。

【要点】注意 1 拍，髋动作一次到位。

图 9-3-35

（5）基本步（图 9-3-36、表 9-3-1）

图 9-3-36

表 9-3-1 基本步

步序		1	2	3～5	6	7	8～10
节奏		2	3	4&1	2	3	4&1
男子舞步	脚位	左脚向前	重心回到右脚	向左追步	右脚向后	重心回到左脚	向右追步
	转度	开始左转		1～5 步完成左转 1/8 周			6～10 步完成左转 1/8 周
女子舞步	脚位	右脚向后	重心回到左脚	向右追步	左脚向前	重心回到右脚	向左追步
	转度			6～10 步完成左转 1/8 周			1～5 步完成左转 1/8 周

（6）扇形步（图 9-3-37、表 9-3-2）

准备　　2　　3

4　　&　　1

图 9-3-37

表 9-3-2 扇形步

步序		1	2	3
节奏		2	3	4&1
男子舞步	脚位	右脚后退	左脚向左前迈进	右追步
	转度	左转 1/8 周		
女子舞步	脚位	右转左脚前进	右脚前进同时以脚掌为轴左转	左脚后退后锁步
	转度	右转 1/4 周	开始左转	2～3 步左转 1/2 周

（7）纽约步（图 9-3-38、表 9-3-3）

图 9-3-38

表 9-3-3 纽约步

步序		1	2	3～5	6	7	8～10
节奏		2	3	4&1	2	3	4&1
男子舞步	脚位	左脚向右前	重心回到右脚	向左追步	右脚向左前	重心回到左脚	向右追步
	转度	右转 1/4 周	开始左转	2～5 步完成左转 1/4 周	左转 1/4 周	开始右转	7～10 步完成右转 1/4 周
女子舞步	脚位	右脚向左前	重心回到左脚	向右追步	左脚向右前	重心回到右脚	向左追步
	转度	左转 1/4 周	开始右转	7～10 步完成右转 1/4 周	右转 1/4 周	开始左转	2～5 步完成左转 1/4 周

（8）阿里曼娜（图 9-3-39、表 9-3-4）

图 9-3-39

表 9-3-4 阿里曼娜

步序		1	2	3～5	6	7	8～10
节奏		2	3	4&1	2	3	4&1
男子舞步	脚位	左脚向前	右脚重心	原地步	右脚向后	左脚重心	右追步
	转度						
女子舞步	脚位	右脚向后	左脚向前	右前锁步	左脚向前	右脚向前	向左追步
	转度			转度右转1/8周	6～10步右转1周加1/8周		

（9）右陀螺转（图 9-3-40、表 9-3-5）

图 9-3-40

表 9-3-5　右陀螺转

步　序		1	2	3～12	13	14	15
节　奏		2	3	4&1、2、3 4&1、2、3	4	&	1
男子舞步	脚　位	右脚交叉在左脚后	左脚向侧	3～12 步重复 1～2 步 5 次	右脚靠近左脚	重心移至左脚	右脚向侧为重
	转　度		开始右转	1～15 步右转两周半			
女子舞步	脚　位	左脚向侧	右脚交叉在左脚前	3～14 步重复 1～2 步 6 次			左脚向侧
	转　度		开始右转	1～15 步右转两周半			

（10）闭式扭臀（图 9-3-41、表 9-3-6）

准　备　　2　　3　　4　　&　　1

图 9-3-41

表 9-3-6　闭式扭臀

步　序		1	2	3
节　奏		2	3	4&1
男子舞步	脚　位	左脚向右前左脚向右前	重心回到右脚	左追步（小步）
	转　度	稍右转	开始左转	回转到开始位
女子舞步	脚　位	右脚向后	重心回到左脚	向后追步
	转　度	以左脚掌为轴右转 1/2 周	开始左转	2～5 步左转 1/2 周

（11）曲棍球步（图 9-3-42、表 9-3-7）

准　备　　2　　3

图 9-3-42

表 9-3-7　曲棍球步

步　序		1	2	3 ~ 5	6	7	8 ~ 10
节　奏		2	3	4&1	2	3	4&1
男子舞步	脚　位	左脚向前	重心回到右脚	原地步	右脚向后	左脚右前上步	右脚向前锁步
	转　度				开始右转	6 ~ 7 步右转 1/8 周	
女子舞步	脚　位	右脚向后靠近左脚	左脚向前	右脚向前锁步	左脚向前以掌为轴	右脚向后稍侧	左脚后退锁步
	转　度				开始左转	6 ~ 7 步左转 5/8 周	左转完成

3. 铜牌级动作组合

基本步、扇形步、阿里曼娜、纽约步、定点转、前进锁步、后退锁步、三个连续锁步、右陀螺转、闭式扭臀和曲棍球步等。

恰恰恰
铜牌套路

第四节　瑜　伽

一、瑜伽的基本技术

（一）瑜伽的基本坐姿

简易坐

1. 简易坐

坐在瑜伽垫上，两腿向前伸直。屈双膝，两腿在小腿处交叉，两手抓住脚尖向后拉，膝盖下沉。

半莲花坐

2. 半莲花坐

保持上体位，将左脚放到右大腿根部上。

3. 莲花坐

保持上体位，将右脚拉起，放于左大腿根部上。

莲花坐

（二）瑜伽常用手印

1. 智慧手印

食指抵住拇指中段，其余手指自然伸直。

2. 能量手印

无名指、中指、拇指自然相触，其余手指自然伸展。

两手合十

3. 合十印

十指并拢，两手合掌，两手合十，放于胸前。

（三）瑜伽呼吸法

腹式呼吸

1. 腹式呼吸

左手和右手放于肚脐上。吸气，将空气吸入腹部，使腹部扩张；呼气，腹部向内，朝脊柱方向回收。

2. 胸式呼吸

吸气，将空气吸入胸部，使胸腔扩张；呼气时，腹部向内收。

3. 完全式呼吸

此呼吸法是把以上的两种呼吸方法结合起来完成。

二、瑜伽的套路组合

（一）热身套路

动作名称及顺序：头部运动—肩部练习—肘部练习—脚趾练习—脚踝练习—半莲花膝部练习—动物放松功。

（二）初级瑜伽套路

1. 动作名称及顺序

山式—风吹树式—三角伸展式—三角侧伸展式—战士一式和战士二式—蹲式—简化脊柱扭动式—圣哲玛里琪第一式—猫伸展式—虎式—上抬腿式—犁式系列—挺尸式。

2. 动作详解

（1）山　式

并腿站立，目视前方，两臂垂于体侧，指尖朝下（图 9-4-1），保持此姿势 1 分钟。

【要点】收紧踝关节、膝关节、大腿内侧、臀部和腹部。上体挺直，双肩松沉。

【功效】拉长身体线条，使体态更加挺拔；有助于消除腹部和臀部的多余脂肪。

（2）风吹树式

接上体位，两脚打开与肩同宽。两臂于头顶合掌（图 9-4-2）。十指交叉，翻转掌心向上。呼气，上体右侧屈，保持数秒。还原站姿，反侧练习（图 9-4-3）。

【要点】身体侧屈时，下体不动，髋部前推，背部保持在一个平面上。

【功效】有助于消除腰部、腹部的多余脂肪，增强身体的灵活性。

（3）三角伸展式

山式站立，两脚打开约 2 个肩宽，右脚外展 90°，左脚内扣 30°，两臂侧平举。（图 9-4-4）

呼气，身体右侧屈，右手指尖触地，两臂呈一条直线，转头看左手（图 9-4-5）。呼气，左手放下贴近耳根（图 9-4-6），保持数秒。还原站姿，反侧练习。

【要点】向侧弯腰时，注意将髋部向前推，避免上体有向前弯的倾向。

【功效】拉伸胸部、腿部肌肉；可帮助消化；减少腰部多余脂肪。

图 9-4-1　图 9-4-2　图 9-4-3

图 9-4-4　图 9-4-5　图 9-4-6

（4）三角侧伸展式

预备姿势同“三角伸展式”。屈右膝，大腿平行于地面。两臂侧平举。

呼气，身体右侧屈，右手手掌于右脚外缘扶地，左手贴耳根（图 9–4–7），保持数秒。还原站姿，反侧练习。

【要点】保持姿势时，胸、髋、臂呈一条直线；还原时，手、躯干、脚依次回到基本站立姿势。

【功效】同“三角伸展式”。

（5）战士一式和战士二式

战士一式：预备姿势同“三角伸展式”。屈右膝，大腿平行于地面。两臂侧平举，身体右转（图 9–4–8）。两臂于头顶上方合掌。呼气，头后仰，目视指尖（图 9–4–9），保持数秒。呼气，上体前倾（图 9–4–10），保持数秒。还原站姿，反侧练习。

战士二式：从基本站立式开始，呼气，转头看右手指尖（图 9–4–11），保持数秒。还原站姿，反侧练习。

【要点】战士一式中手臂上举时，肩膀松沉，伸展背部，手和背部呈一条直线。

【功效】加强双踝、双膝、双髋和双肩的力量；扩展胸膛，加深呼吸，对肺部有益。

图 9–4–7　图 9–4–8　图 9–4–9

图 9–4–10　图 9–4–11

（6）蹲　式

山式站立，两脚打开比肩宽。两臂下垂，两手于腹前十指相交。（图 9–4–12）

呼气，屈膝下蹲。每降低一个高度，先恢复直立，再次下蹲，重心比前次略低。最后下蹲到两手略高于地面（图 9–4–13、图 9–4–14）。重复练习。

【要点】下蹲时呼气；起身时吸气。

【功效】加强双踝、双膝、大腿内侧和子宫部位肌肉力量。

（7）简化脊柱扭动式

坐姿，双腿伸直并拢，绷脚面；立腰，目视前方；两手体侧打开。（图 9–4–15）

屈右膝，右脚放于左膝外侧（图 9–4–16）。左肘抵住右膝外侧，身体右转，两手体侧打开（图 9–4–17），屏息数秒。还原坐姿，反侧练习。

【要点】上体扭转时，保持腰背挺直。

【功效】伸展、强化颈部肌肉，放松肩关节，活化脊柱，预防背痛。

图 9–4–12　图 9–4–13　图 9–4–14

图 9–4–15　图 9–4–16　图 9–4–17

（8）圣哲玛里琪第一式

接上体位，屈右膝，脚跟靠近臀部。（图 9–4–18）

上体前倾，右手由内向外抱住右腿，两手背后相扣（图 9–4–19），保持数秒。呼气，上体前屈，额头贴近左膝（图 9–4–20），保持数秒。还原坐姿，反侧练习。

【要点】初学时弯身困难，不要勉强，达到自己能力所及的位置即可，但尽量保持腰背挺直。

【功效】有助于内脏保持强壮健康；改善支气管炎或肠胃问题；强壮背部、双肩、两臂和双腿。

图 9–4–18　图 9–4–19　图 9–4–20

（9）猫伸展式

跪立。双膝、两手着地成“四脚”姿势。目视前方。（图 9–4–21）

吸气抬头，塌腰翘臀（图 9–4–22），屏息数秒；呼气，低头含胸，拱背收腹（图 9–4–23），保持数秒。重复练习。

【要点】“四脚”姿势时两臂、大腿与地面垂直，上身与地面平行。

【功效】可有效消除腰部、腹部多余脂肪，丰满胸部；增强脊柱灵活性；按摩腹部脏器，促进消化。

图 9–4–21

图 9–4–22

图 9–4–23

（10）虎　式

接上体位。右腿上抬，保持数秒。（图 9–4–24）

呼气，屈右膝，膝盖向前靠近胸部。低头拱背，鼻尖触膝（图 9–4–25），保持数秒。重复几次，反侧练习。

【要点】屈膝向前时，脚背、膝盖离地。

【功效】强壮脊神经和坐骨神经；减少髋部和大腿区域的多余脂肪，强壮生殖器官。

图 9–4–24

图 9–4–25

（11）上抬腿式

仰卧，两腿伸直并拢，两臂放于体侧，掌心朝下。（图 9–4–26）

双腿离地，依次控腿与地面呈 30° 角、60° 角、90° 角（图 9–4–27 ~ 图 9–4–29），每个高度保持数秒。缓慢还原，勿猛然落下双腿。休息片刻，重复练习。

【要点】抬腿时，膝盖伸直，头部和身体其他部位平贴地面。

【功效】增强腿部、背部力量；消除腰部多余脂肪；补养腹部脏器，刺激消化过程，消除便秘。

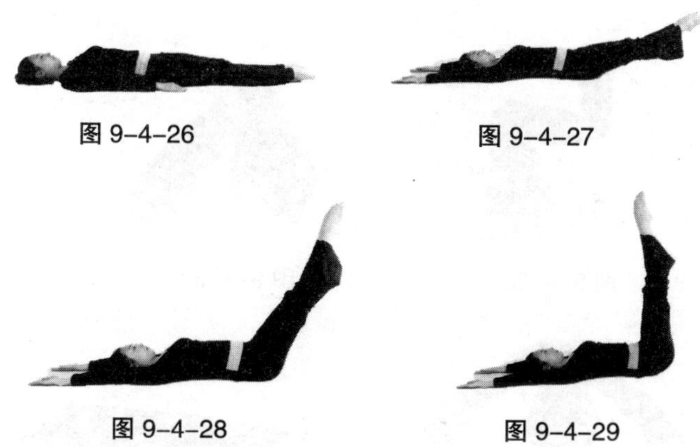
图 9–4–26

图 9–4–27

图 9–4–28

图 9–4–29

（12）犁　式

仰卧，两腿伸直并拢。两臂放于体侧，掌心朝下。

双掌按地，两腿举起垂直于地面（图 9-4-30）。呼气，两腿摆至头后，脚趾触地，两臂伸于头后（图 9-4-31、图 9-4-32），保持数秒，缓慢还原。

【要点】两腿摆至头后时，臀部和下背部离地，头部不要离开地面。

【功效】滋养脊神经，有助于消除肩膀和肘部的僵硬感；促进消化功能，消除胃胀，调理月经失调等。

图 9-4-30　　图 9-4-31　　图 9-4-32

（13）侧犁式

接上体位。两手推背，使背部垂直于地面（图 9-4-33）。呼气，双腿转向右方（图 9-4-34），保持数秒。呼气，双腿转向左方，保持数秒，恢复犁式。

【要点】双腿转向另一侧时，保持胸和两肩不动。

【功效】同“犁式”，还可以促进排泄过程。

（14）双角犁式

接上体位。双腿大大分开，保持数秒，恢复犁式。（图 9-4-35）

【要点】尽量抬起脚跟使下背部抬起更高些。

【功效】同“犁式”，还可以伸展和补养双腿。

（15）挺尸式

成放松姿势。仰卧，双腿自然放于地面，两臂放于体侧。（图 9-4-36）

【要点】闭上双眼，放松全身，平静自然地呼吸，意守自己的呼吸。

【功效】消除神经紧张，使心灵得到安宁。

图 9-4-33　　图 9-4-34

图 9-4-35　　图 9-4-36

休闲
体育健身篇

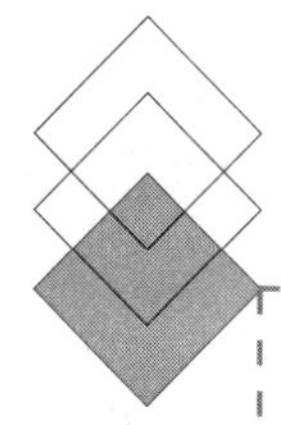

第十章 游泳运动

第一节 游泳运动基本技术

一、蛙 泳

蛙泳是模仿青蛙游泳动作的一种游泳姿势，也是最古老的泳姿。蛙泳的优点为呼吸节奏容易掌握，游动声音小，容易观察和判断游动方向，每个动作周期结束后都有短暂的滑行放松时间。蛙泳的臂、腿变化方向较多，其内部技术结构是四种泳姿中最为复杂的。由于游泳者在水下移臂和收腿都会给前进带来很大的阻力，使行进速度下降，所以它是四种泳姿中速度最慢的。

蛙 泳

（一）蛙泳基本技术

1. 身体姿势

蛙泳时，身体姿势不是固定不变的，而是随着臂、腿及呼吸动作的周期性变化而不断变化。当蹬腿结束后，两臂并拢前伸。两腿向后蹬直并拢时，身体处于较好的流线型滑行状态，身体较平，头略抬起，水浸于前额处，胸部一部分、腹部和大小腿处在水平姿势。这时身体纵轴与水平面成 5° ~ 10° 角。（图 10–1–1）

2. 腿部动作

蛙泳时腿的技术动作可分为收腿、翻脚、蹬夹腿和滑行，这四个动作紧密相连。

（1）收腿。开始收腿时，两腿随着吸气的动作自然向下，同时两膝开始弯曲并自然分开，小腿向前回收。回收时，两脚放松，脚向臀部靠拢，边收边分。收腿时力量要小，两脚和小腿回收时，要收在大腿的投影截面内。收腿结束时大腿与躯干成 130° ~ 140° 角，两膝内侧与髋关节同宽，为翻脚和蹬夹腿做准备。（图 10–1–2）

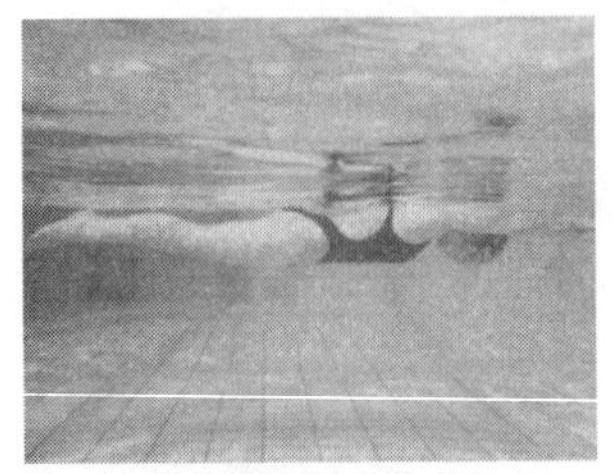

图 10-1-1

图 10-1-2

（2）翻脚。收脚结束时，脚仍向臀部靠近。这时大腿内旋，膝关节稍向内，同时两脚向外侧翻开，勾脚尖，使脚和小腿内侧对好蹬水方向，使腿在蹬夹时有一个良好的对水面。（图 10-1-3）

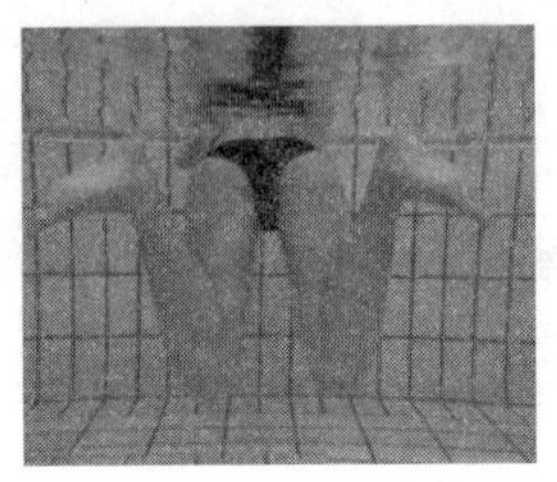
图 10-1-3

（3）蹬夹腿：翻脚后，立即以腰腹和大腿同时发力向后蹬水。先伸髋，再伸膝，以大腿、小腿内侧和脚掌向后做急速而有力的蹬夹动作。在蹬夹腿过程中，当两腿并拢时略向下压，以形成前后鞭打动作。该动作是推动身体前进的重要动力来源。（图 10-1-4）

（4）滑行：蹬腿结束后，腿处于较低的位置，脚距离水面为 30 ~ 40 厘米。此时，两腿迅速并拢伸直，身体适度紧张，呈流线型，做短暂滑行，准备开始下一个腿部动作周期。（图 10-1-5）

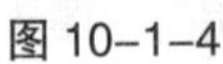
图 10-1-4

图 10-1-5

3. 臂部动作

蛙泳的手臂划水对产生牵引力具有重要作用，两臂动作对称、速度一致，可分为开始姿势、抓水、划水、收手和前伸五个连续的步骤，整体路线近似心形。

（1）开始姿势：当蹬水，伸臂结束后，身体呈流线型向前滑行，手指并拢，掌心向下，两手尽量接近水面，使身体在较高的位置上保持稳定。

（2）抓水：肩保持前伸，两臂内旋对称外划，掌心转向斜外下方。当双臂间距超过肩宽时，向外、下屈，手腕成 150° ~ 160° 角。此时，两臂与水平面及前进方向成 15° ~ 20° 角，肘关节伸直。（图 10-1-6）

（3）划水：掌心从外后转向内后，双臂向斜下方快速拨水。两手划至肩线时，逐渐屈臂提肘，同时加速沿弧线继续划水。整个动作过程，肩部向前伸展，肘高于手并前于肩。划水结束时，形成高肘姿势，臂与前进方向约成 80° 角，肘关节的角度为 120° ～ 130° 。（图 10–1–7）

图 10–1–6

图 10–1–7

（4）收手：高肘划水完成后，双手倾斜相对向内上移动，同时上臂外旋，双肘逐渐向内、向下靠近。（图 10–1–8）

（5）前伸：收手到下颌前时，迅速推肘伸臂，两手先向前上、再向前伸，掌心转向下，肩关节和身体尽量伸展、放松，两臂伸直靠拢，恢复为滑行姿势。（图 10–1–9）

图 10–1–8

图 10–1–9

4. 整体配合

蛙泳一般采用 1 ∶ 1 ∶ 1 的配合方式，即一次腿部蹬夹水，一次划臂，一次呼吸。两臂划水时，腿伸直；两臂前伸时，腿蹬水；收手的同时收腿。

（二）蛙泳的呼吸方法

蛙泳的呼吸方法有两种：早吸气和晚吸气。

1. 早吸气

早吸气是在手臂刚开始划水时抬头吸气，吸气相对较长，收手和移臂时低头呼气。这种配合易于掌握，可以利用划水时的下压产生升力，有助于使上身浮起，抬头吸气。

2. 晚吸气

晚吸气是划水几乎结束时才开始抬头，吸气时间较短，在身体达到最高点时吸气，收手结束时闭气低头，从两臂开始外划直至划水过程中慢慢呼气。

自由泳

二、自由泳

（一）自由泳的定义

自由泳是身体俯卧在水中，两腿交替上下打水，两臂轮流向后划水的泳姿。其动作结构比较合理，推进力均匀，阻力小，既省力又能产生最大速度。因此，自由泳是游泳中游得最快的一种泳姿。在游泳竞赛中，自由泳项目运动员可以选择任何泳姿比赛，运动员几乎都用爬泳游进，故爬泳被称为“自由泳”。

（二）自由泳基本技术

1. 身体姿势

自由泳时，身体几乎水平地俯卧于水面成流线型，略抬头，使身体纵轴与水平面构成一个不大的角度（3° ~ 5°）。在游进中应保持头部平稳，水齐前额，目视前下方，后脑勺部分露出水面，身体随划水和移臂动作不停地、有节奏地沿身体纵轴转动，向每侧转动的角度（两肩连线与水面形成的夹角）为 35° ~ 45°。（图 10–1–10）

2. 腿部动作

自由泳腿的动作，主要是起维持身体平衡和配合两臂划水的作用，并能产生一定的推进力。

自由泳腿打水时，两腿自然并拢，两脚稍内扣，以髋关节为轴，由大腿发力，带动小腿和脚在水下做“鞭状”打水动作。游自由泳时，两腿轮流上下交替做打水动作。两脚尖最大距离 30 ~ 45 厘米，膝关节弯曲度为 140° ~ 160°。自由泳打腿分为向上打腿和向下打腿，其中向下打腿是产生推进力的主要力量。（图 10–1–11）

向下打腿时，大腿开始向下发力，由于惯性作用，此时小腿和脚仍继续向上移动。当膝关节弯曲约成 160° 时（此时脚升至水面），腿和脚开始向下移动。

当膝关节尚未完全伸直时，大腿开始向上打水，而小腿和脚仍继续向下，直到膝关节完全伸直。此后，小腿和脚随大腿向上移动，当脚尚未升至水面时，大腿开始向下打水，进入下一次打水动作。

图 10–1–10

图 10–1–11

3. 手臂技术

游自由泳时，两臂轮流交替地向后划水，是推动身体前进的主要力量。为了描述方便，将手臂动作习惯性地分为入水、抱水、划水、出水和空中移臂五个阶段。这几个阶段在划水动作中是紧密相连的一个完整动作。

（1）入水。入水是伸展手臂的水中定位动作，肘关节略屈并高于手，手指自然伸直并拢，掌心朝向侧下方，拇指领先入水，入水点在肩的延长线上或在身体中线与肩延长线之间，整个手臂入水的顺序为手、前臂和上臂。（图 10–1–12）

（2）抱水。抱水是手臂寻找发力点和支撑点的抱球动作。手臂入水后，积极插向前下方，手臂伸直，外旋，掌心转向正下方，紧接着屈腕、屈肘、手向后下方移动，保持肘关节高于手的位置姿势。上臂和前臂与水平面分别约成 30° 角和 60° 角，手掌接近垂直对水，肘关节屈至 150° 左右，形成抱水姿势。（图 10–1–13）

（3）划水。划水是获得推进力的主要阶段，分为拉水和推水两个部分。紧接着抱水阶段进入拉水，这个过程中，肘关节弯曲的程度逐渐加大，前臂和手的运动速度要快于上臂，手的运动方向主要是向后、向内，当手划到肩的下方时，拉水动作结束，此时手臂与水面垂直，肘高于手，肘关节弯曲成 90° ~ 120° 。同时，推水手臂向后移动，肘关节逐渐伸直。手的运动方向是向后、向上、向外，当手划至大腿旁边时，推水动作结束，此时，肘关节几乎伸直。整个划水动作，手的轨迹始于肩前，继而到腹下，最后到大腿旁边，手在水下经历向外、向下、向内、向外、向上的三维动作，移动路线为“S”形。速度由慢到快，有明显的加速划水动作。（图 10–1–14）

图 10–1–12

图 10–1–13

图 10–1–14

（4）出水。划水结束后，掌心转向大腿，出水时小指向上，由肩的带动将手臂提出水面，肩、上臂、前臂、手依次出水，掌心转向后上方。手臂出水动作必须自然连贯，前臂和手要放松。（图 10–1–15）

（5）空中移臂。空中移臂是出水的继续，不能停顿，在移臂过程中，手和前臂放松。上臂以肩为轴向前移动，肘关节经历了逐渐屈肘再到逐渐伸肘的过程。在移臂的

前半部分，肘领先于手前移，移至肩侧时，手和前臂开始超过肘向前移动准备入水，开始下一轮手臂动作。（图 10-1-16）

图 10-1-15

图 10-1-16

4. 两臂的配合技术

两臂的正确配合是爬泳前进速度均匀性的重要条件之一。划水时，依照两臂所处的不同位置，可以分为三种配合形式，即前交叉、中交叉和后交叉。前交叉是指一臂入水时，另一臂已前摆至肩前方，与平面成 30° 角左右。前交叉有利于初学者掌握爬泳动作和呼吸。中交叉是指一臂入水时，另一臂处在向内划水阶段与水平面成 90° 角。后交叉是指一臂入水时，另一臂划至腹下，手与水平面约成 180° 角。一般优秀运动员都采用中前交叉的技术。

5. 两臂与呼吸的配合技术

游自由泳时，通过头向左或向右侧转吸气，头还原后做短暂的憋气接着呼气。吸气时，头随着肩、身体的纵向转动转向一侧，在低于水平面的波谷进行吸气。转头动作应自然、柔和、稳定、有节奏。避免突然加速转或减速而影响动作节奏。吸气后头回转到位时做短暂憋气，可提高肌体对氧的利用率。当臂在水中划水过一半时开始呼气，呼气时应用嘴和鼻腔从容地呼出，不宜过分用力，否则会过早耗费储备氧。呼气动作应持续到划水结束，开始转头时才做最后的加速呼气，以排开口、鼻周围的余水，有利于吸气。（图 10-1-17）

图 10-1-17

6. 完整的配合技术

完整的配合技术，即呼吸、手臂和腿的配合。自由泳时，一般是在两臂各划水一次的过程中进行一次呼吸，以向右边吸气为例：右手入水后，嘴和鼻开始慢慢呼气。右臂划水至肩下，开始向右侧转头和增大呼气量。右臂推水即将结束，则用力呼气。右臂出水时，张嘴吸气，至空中移臂的前半部为止，并开始转头还原。然后，直至臂入水结束，有一个短暂的闭气过程，面部转向前下。头部稳定时，右臂入水，再开始下一慢慢呼气的过程。自由泳的呼吸与手臂、腿配合，比例主要有三种：1 ∶ 2 ∶ 2（呼吸 1 次、臂划 2 次、腿打 2 次）、1 ∶ 2 ∶ 4 和 1 ∶ 2 ∶ 6 的方法，即这种配合方

法易保持平衡和协调掌握爬泳技术。（图 10–1–18）

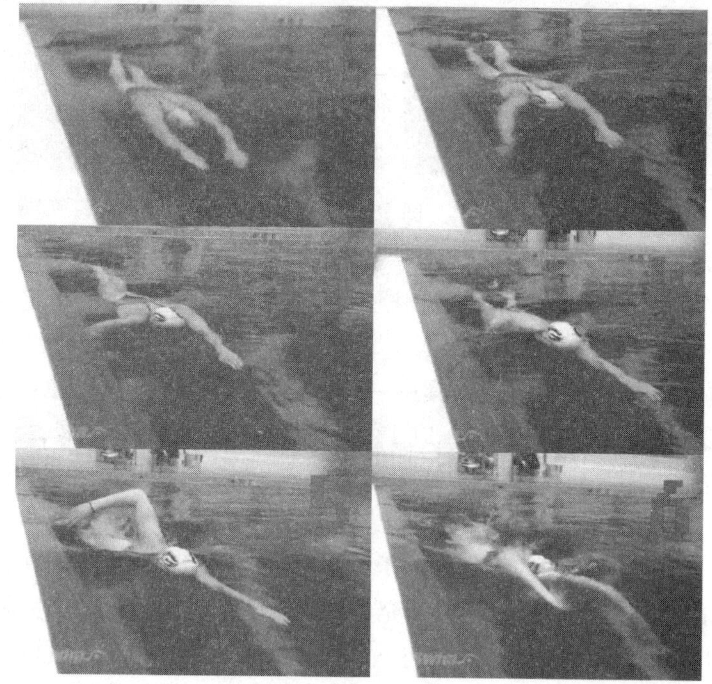

图 10–1–18

三、仰　泳

（一）仰泳的定义

仰泳是人体仰卧在水中进行游泳的一种姿势。仰泳时面部露出水面，呼吸方便；仰卧时口鼻均在水面上，利用呼吸，也比较省力，学习起来比较容易。因此，深受中老年人和体质较弱者喜爱。仰泳的实用性强，还适宜在水中拖运物体，救护溺水者。

（二）仰泳基本技术

1. 身体姿势

游仰泳时，身体自然伸展，仰卧在水面，头和肩部的位置稍高于腰部和腿，身体纵轴在水面上构成约为 10° 的迎角，腰部和两腿均处在水面下。（图 10–1–19）

头部姿势在仰泳技术中头起着“舵”的作用，并可以控制身体左右转动。在整个游进过程中应该始终保持头部的相对稳定，两眼注视腿部的上方，不要上下左右晃动。

游泳时，身体的纵轴应随着两臂划水动作而自然转动，转动的角度根据个人的情况不同而稍有差别，肩关节灵活性较好的人转动小，反之则大。

在仰泳技术中，腿部动作是保持身体处于较好角度、水平姿势的因素之一，踢水动作不但可以控制身体的摆动，而且能产生一定的推进力。

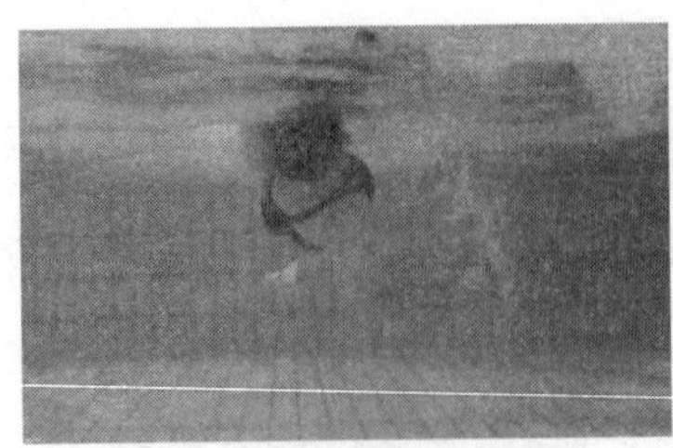

图 10–1–19

2. 腿部动作

腿部动作是保持身体高水平仰姿、控制身体摇摆、产生推力的决定因素。仰泳腿部动作的重点可概括为"上踢下压"，即"屈腿上踢、直腿下压"的鞭打动作。

（1）上踢：以髋关节为支点，其中一条腿由大腿发力带动小腿及脚，稍向下移动后用力上踢，此时膝关节微屈，成 130° ~ 140°，踝关节伸展，脚向内转，动作要有力。注意上踢高度要适中，膝关节不要露出水面，两脚跟的上下最大距离为 40 ~ 50 厘米。此时另一条腿稍向下移动，准备上踢。（图 10–1–20）

（2）下压：腿向下压的动作是借助于臀部肌群的收缩来完成的。在整个腿下压动作中，前 2/3 由于水的阻力，使膝关节充分展开，腿部肌肉放松。当大腿下压到一定程度，由于腹部和腰肌的控制，停止向下，而过渡到上移，由于惯性的作用，小腿继续向下，而造成膝关节弯曲，所以在腿下压的后 1/3 是屈腿的。（图 10–1–21）

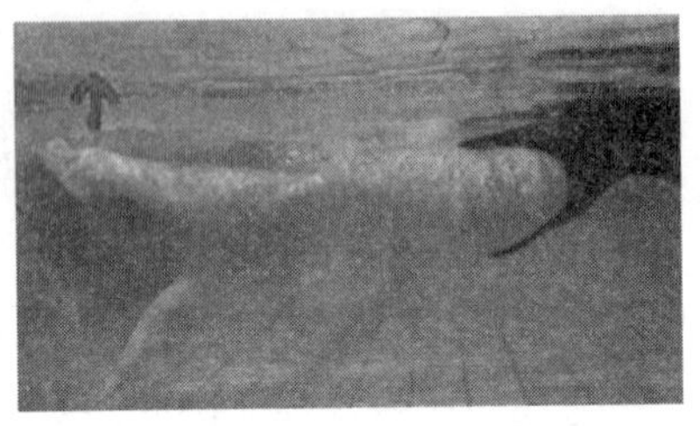

图 10–1–20

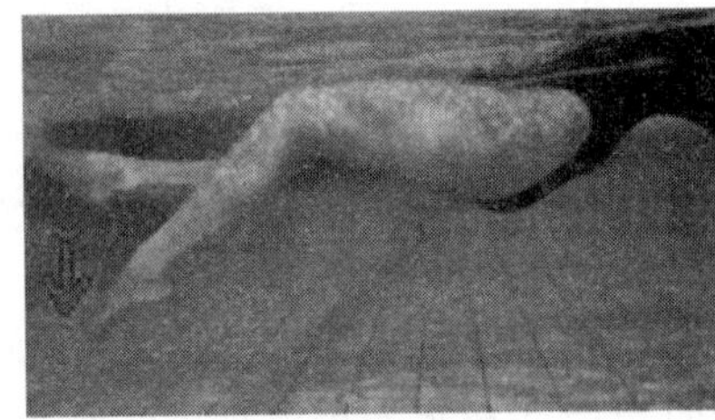

图 10–1–21

随着惯性的逐渐减弱和大腿的带动，小腿也开始向上移动，但此时仍然继续向下，直到惯性消失，大腿、小腿和脚依次结束向下的动作，构成向下"鞭打"的动作。

下压的动作因为不产生推进力，所以相对地要求速度不要太快，并且腿部各关节要自然放松。

3. 臂部动作

臂部动作要双手配合运动，可分为入水、抓水、划推水、出水和空中移臂五个阶段，这几个阶段是连贯进行的。

（1）入水：随着同侧身体的侧向转动，手臂自然伸直，肩关节外旋，手的小指朝下，拇指朝上，掌心向外，手与前臂之间的角度为 150° ~ 160°，入水点在肩延长线与身体纵轴之间。（图 10–1–22）

（2）抓水：抓水是为划推水创造有利条件。当手臂切入水中后，利用移臂的惯性使手臂向外侧下滑并向上、向身后转腕，肩臂内旋，使手和前臂对向划水方向，此时上臂与前进方向构成 40° 角，肘关节成 150° ~ 160°，使手掌和前臂增大划水面，手掌距离水面 30 ~ 40 厘米。（图 10–1–23）

（3）划推水：划推水是获得推进力的主要阶段。整个动作由拉水和推水两个部分组成。拉水时，屈肘角度逐渐减小。当划至肩部垂直平面时，手掌离水面约 15 厘米，前臂和上臂成 90° ~ 110° 角。推水时，整个手臂同时用力向下方做推压动作，并借助惯性使上臂带动前臂和手加速内旋推水，随后手掌划至臀部侧下方，距离水面 45 ~ 50 厘米，以前臂带动手掌下压划水，直至划至大腿一侧手臂伸直时推水结束。整个过程中，手掌轨迹呈“S”形，速度由慢到快，划水后期有明显的加速动作。（图 10–1–24）

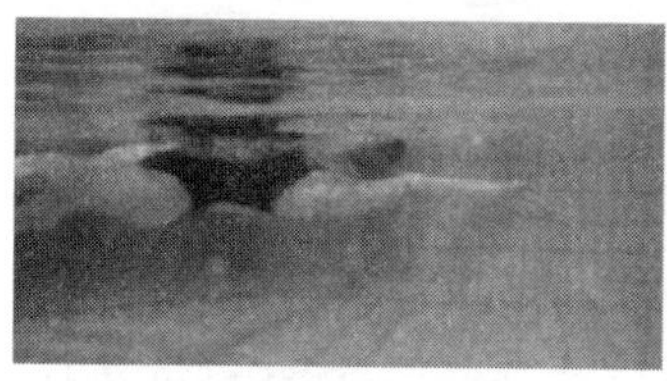
图 10–1–22

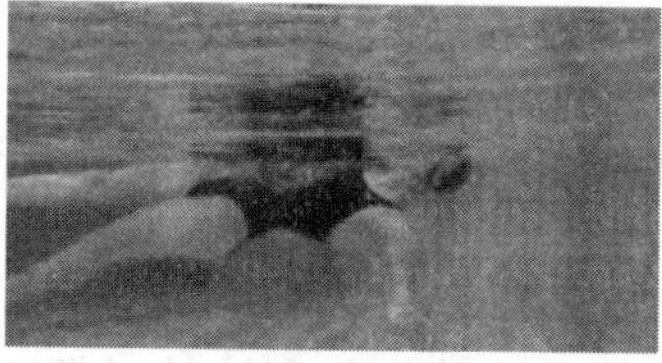
图 10–1–23

图 10–1–24

（4）出水：推水结束，手臂立即外旋，掌心向大腿侧先压水后提肩，肩部露出水面后，带动上臂、前臂和手依次出水。（图 10–1–25）

（5）空中移臂：手臂出水后，自然伸直，由后向前迅速向肩前移动，肩关节充分伸展。当手臂移至肩的正上方后，手臂外旋，掌心外翻，随后重复入水动作。（图 10–1–26）

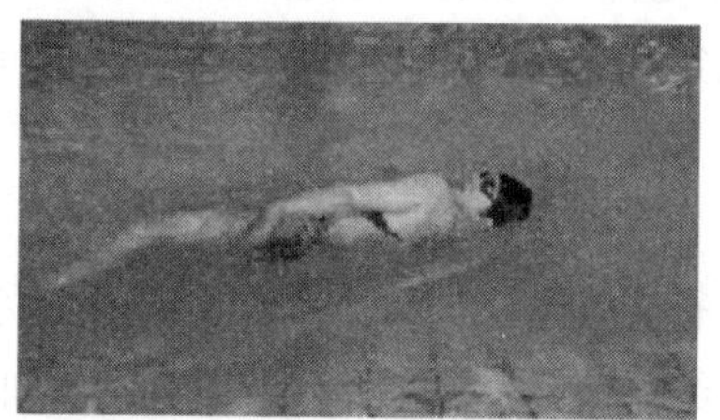
图 10–1–25

图 10–1–26

仰泳时，两臂动作始终是对角交替的。当一臂完成出水时，另一臂抓水，当一臂空中移臂时，另一臂则划水。

4. 仰泳的配合技术

（1）双臂配合：一般情况下，当一臂出水时，另一臂刚好入水；当一臂处于划水中段时，另一臂在空中移臂至一半。在整套臂部动作中，两臂几乎都处在完全相反的位置上，这样配合能保证动作的连贯性和速度的均匀性。（图 10–1–27）

（2）臂与呼吸的配合：一般情况下是两次划水一次呼吸，即以一只手臂为标准，开始出水移臂时吸气，其他阶段在慢慢呼气。高速游进时也有一次划水、一次呼吸的技术。需要注意的是：呼吸过于频繁会导致动作紊乱。（图 10–1–28）

（3）腿、臂配合技术：在划水过程中，腿的上踢和下压动作要保持身体的平衡与协调，避免身体的过分转动和臂部下沉。现代仰泳技术一般采用 6 次打腿、2 次划臂的配合，也有少数人采用 4 次打腿、2 次划臂的配合。（图 10–1–29）

图 10-1-27

图 10-1-28

图 10-1-29

四、蝶　泳

（一）蝶泳的定义

蝶泳是游泳项目之一。其臂、腿动作与爬泳技术极为相似。但由于蝶泳的动作特点是起伏大，在臂、腰、腿的配合上要求柔韧、连贯、快速、有力，故初学游泳时不宜先学蝶泳。

（二）蝶泳基本技术

1. 身体姿势

蝶泳时，身体俯卧于水中，整体动作从头、颈、躯干到脚沿身体纵轴做传动式、波浪形起伏。在游泳过程中，身体姿势力求相对稳定，起伏不宜太大，且应形成节奏。（图 10–1–30）

2. 腿部姿势

蝶泳时，以腰部发力，带动大腿、小腿及脚进行上下鞭状打水动作。向下打水时，两腿并拢，脚掌稍向内旋，踝关节伸直，屈膝约 110°，脚抬到最高点至水面，向后下方快速打水。同时，臀部升高，大腿和躯干约成 160° 角，脚跟距水面约 50 厘米。向上打水时，两腿伸直向上移动，臀部下降，髋关节逐渐展开，身体近似成水平。随即，大腿下压，膝关节随之逐渐弯曲，脚再次上抬，准备向下打水。（图 10–1–31）

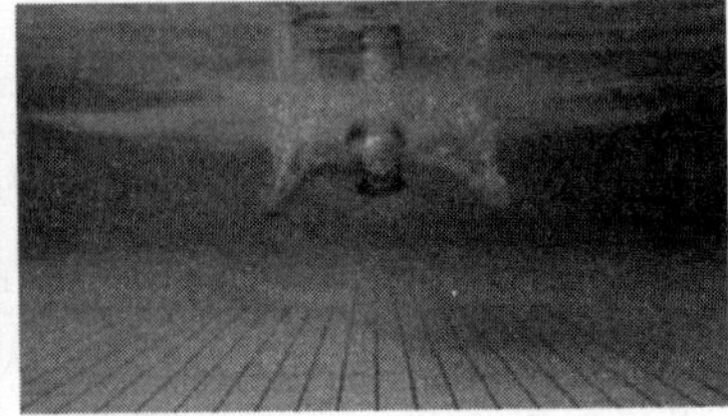
图 10–1–30

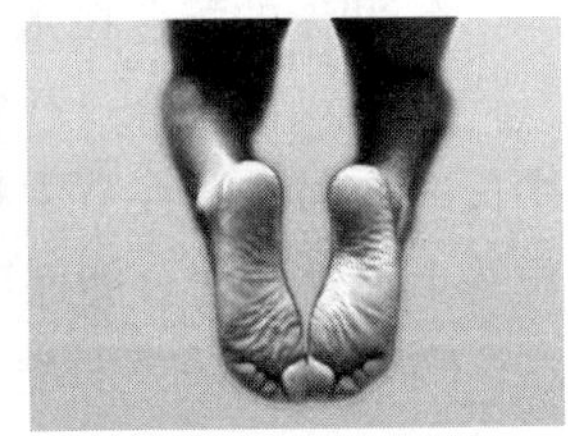
图 10–1–31

3. 臂部姿势

蝶泳的臂部动作是推动前进的主要动力。两臂同时对称进行，包括入水、抱水、划水、出水和空中移臂五个部分。

（1）入水：入水以拇指为先，两手距离约与肩同宽，掌心向两侧，手指向下，入水点在两肩的延长线上。（图 10–1–32）

（2）抱水：手臂入水后，迅速向外、向后、向下滑动，屈臂高肘，手掌内转，成

抱水姿势，前臂与水面约成 45° 角，两手距离略比肩宽。（图 10–1–33）

（3）划水：屈臂向后，上臂内旋，前臂和手加速向内后拉水，划至腹部后，掌心转向后上方。继续推水至大腿旁。划水过程两臂路线呈双“S”形。（图 10–1–34）

图 10–1–32

图 10–1–33

图 10–1–34

（4）出水：划水结束后，手臂充分伸直，借助加速推水的惯性，提肘，迅速将两臂和手带出水面。（图 10–1–35）

（5）空中移臂：臂出水后，从身体两侧沿低而平的弧线经空中快速向前移动。（图 10–1–36）

图 10–1–35

图 10–1–36

游泳比赛规则简介

4. 整体配合

蝶泳一般采用 1 ∶ 1 ∶ 2 的配合方式，即呼吸 1 次、两臂划水 1 次、打腿 2 次。两臂入水时，双腿第 1 次向下打水，同时以口鼻慢慢呼气；两臂进入划水时，双腿上抬并第 2 次向下打水，划水至胸腹下方时开始抬头，用力呼气，两臂出水并空中移臂时，完成双腿上抬，并迅速吸气。

第二节 游泳安全与防护

一、游泳的安全卫生常识

游泳是一项深受人们喜爱的体育活动，游泳具有调节人体机能和增强抵抗力等作用，是男女老幼都适宜的健身运动。在游泳时，要自觉遵守游泳安全和卫生守则，防止发生意外事故和传染疾病。

（1）选择安全卫生的人工游泳场所，池水经常消毒、排污和过滤。

（2）游泳前严格体检，患有心脏病、高血压病、癫痫、活动性肺结核、传染性肝炎、红眼病、精神病、中耳炎、发烧、开放性创伤者，都不宜游泳。学生在月经期游泳要采用卫生措施，未采取措施不宜下水。

（3）饮酒、饱食后和饥饿、过度疲劳时不能游泳。

（4）游泳前要做准备活动，它能使身体更好地适应温差的刺激和游泳活动的需要，防止肌肉抽筋或拉伤。

（5）游泳时最好戴上泳镜，以免双眼被氯气侵入或细菌感染。

（6）游泳时应掌握正确的呼吸方法，用嘴吸气，避免呛水。

（7）游泳时耳朵进水，应将头偏向进水一侧，并用同侧的脚连续震跳，使水流出，或者将头偏向进水一侧，用手掌紧压耳廓，屏住呼吸，然后迅速拿开手掌，反复几次后，可将水吸出。

（8）游泳时发生肌肉抽筋，要保持镇静，不要紧张。在浅水或离岸较近时，应立即上岸进行处理；在深水或离岸较远时，应大声呼救，同时进行自救。

二、游泳救护

（一）接近溺水者

接近溺水者是指救护者在发现溺水情况后，由岸（船）边跳入水中准备赴救的过程。

（1）入水方法分两种：在熟悉的水域或游泳池，可用鱼跃式（头先入水）的出发动作，其优点是速度快（图 10–2–1）。在不熟悉的水域，可用“八一”式（跨步式）动作（图 10–2–2）。

图 10–2–1

（2）游近溺水者：救护者在入水后迅速靠拢和控制溺水者并做好拖带准备的过程。一般采用速度较快的抬头爬泳，亦可采用头不入水的蛙泳，以便随时观察溺水者。

（3）游到离溺水者 2 ~ 3 米处时，深吸一口气采用潜深技术接近溺水者，以保证自身体力。如溺水者面向自己，则潜入水中，游到溺水者身旁两手扶住他的髋部，将其转至背向自己，然后进行拖带。另一种方法是正面游近溺水者后，用左（右）手握住他的左（右）手，用力向左（右）边一拉，借助惯性使溺水者身体转 180° 背向自己，然后进行拖带（图 10–2–3）。如溺水者背向自己，可直接游近溺水者急停后，一手托腋，使其口鼻露出水面，一手夹胸做好拖带准备，并有效地控制对方。

图 10-2-2

图 10-2-3

（二）水中解脱法

水中解脱法是救护者在接近或寻找溺水者时被溺水者抱住后施行解脱，并进行有效控制溺水者的一项专门技术。

（1）虎口反抓解脱法：虎口是指拇指与食指之间的部位。救生员的臂部（单臂或双臂）被溺水者抓住时，可握紧双拳向溺水者的虎口方向外旋，肘内收并紧接着反抓溺水者的右肘和右前臂，同时将溺水者右臂拧向背后，使其背向自己，随即拖运。（图 10-2-4）

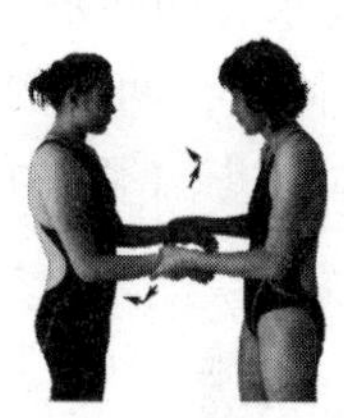
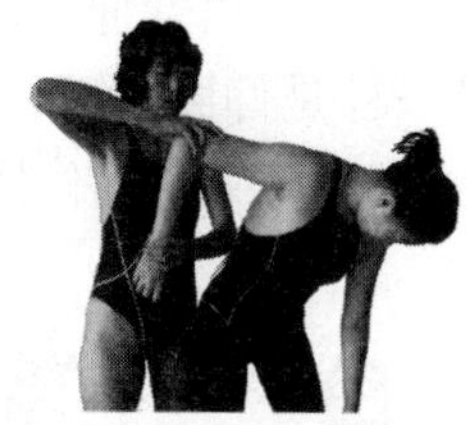

图 10-2-4

（2）托肘解脱法：当溺水者从前或后面抱住救生员的颈部，救生员用一手托住溺水者一肘部，另一手握住溺水者同一手腕，同时将托肘部的手用力向上推，抓腕的手用力向下拉，即可解脱，进行拖带。（图 10-2-5）

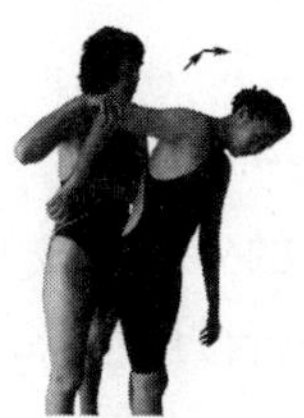

图 10-2-5

（3）推扭解脱法：当被溺水者从前上方拦腰抱住时，救生员一手按住溺水者的后脑勺，另一手托住溺水者的下颌，向外扭转他的头，并顺势把溺水者转至背向自己，然后进行拖带。（图 10–2–6）

（4）扳指解脱法：即救生员扳动溺水者右手一指，用左手抓住溺水者左手的一指分别向左右用力拉开（图 10–2–7），然后放开溺水者的一只手，乘势转至溺水者背后进行拖带。

（5）外撑解脱法：当被溺水者从背后连同两臂拦腰抱住时，救生员两腿用力下蹬夹水，连同溺水者一起在水中升高身体位置。当头出水后深吸口气，然后突然下沉，同时用两臂向外撑的方法进行解脱（图 10–2–8），随后转到溺水者背后进行拖带。

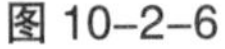

图 10–2–6

图 10–2–7

图 10–2–8

（三）拖带法

拖带法是指救生员采用侧泳或反蛙泳进行水上运送溺水者的一项专门技术。

（1）侧泳拖带法：是指救生员侧卧水中，一手扶住溺水者，另一手在体侧划水，两腿做侧泳、蹬剪水的动作前进（图 10–2–9）。另一种是一手抄腋下，同侧髋部紧贴溺水者的背部，另一手在体侧划水，两腿做侧泳蹬剪水动作（图 10–2–10）。

（2）反蛙泳拖带法：是指一手或两手扶住溺水者，以反蛙泳腿的动作使身体游进。拖带时，一种是仰卧水面，两臂伸直扶住溺水者的两颊，腿做反蛙泳动作使身体前进（图 10–2–11）。另一种是仰卧水面，两臂伸直，两手的四指放在溺水者的两腋下，拇指放在肩胛骨上，腿做反蛙泳动作使身体游进。（图 10–2–12）

图 10–2–9

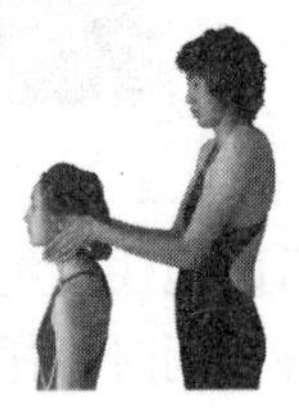

图 10–2–10

图 10–2–11

图 10–2–12

三、肌肉痉挛自救

肌肉痉挛是游泳运动中经常遇到的一种突发状况。解决肌肉痉挛的有效方法，是将痉挛部位的肌肉拉长伸展，然后进行按摩使痉挛缓解。下面介绍几种肌肉痉挛的解救方法。

（一）手指肌肉痉挛解救法

先将手握拳握紧，然后用力伸开，伸直。反复几次痉挛就能缓解。（图 10–2–13）

（二）小腿肌肉痉挛解救法

先伸直患腿，一手按住膝盖或小腿部位，踝关节屈，一手抓住脚趾用力后扳并蹬直患腿（大腿后面肌肉痉挛解救法与此相同），反复几次痉挛就能缓解。（图 10–2–14）

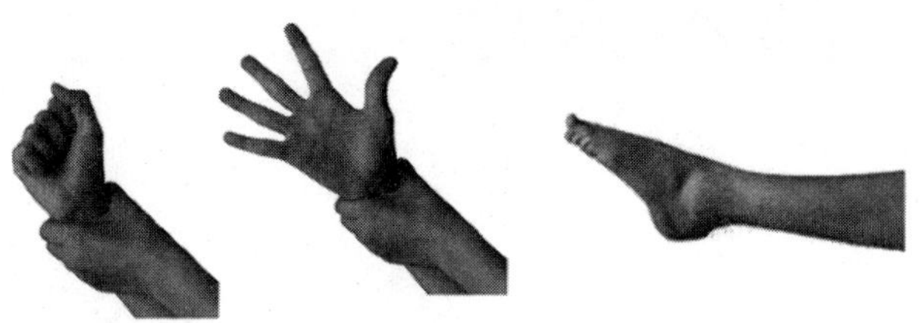

图 10–2–13

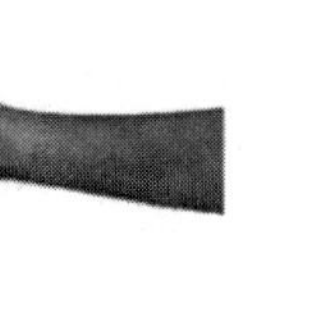

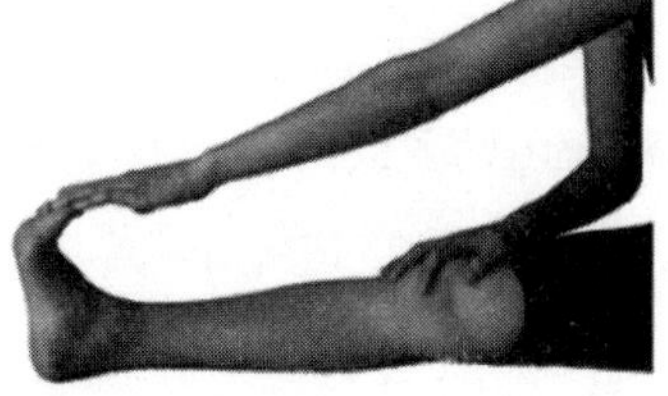

图 10–2–14

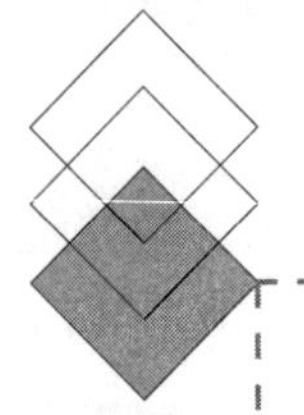

第十一章 高尔夫球

第一节 高尔夫球场地与装备

高尔夫球运动何时发明已经无法考证。中国历史上记载南唐有类似的“捶丸”游戏。现代高尔夫球运动可以确定的是起源于苏格兰地区，17 世纪流传到英国，逐渐传到欧洲再到美洲和亚洲。

高尔夫球运动是在球场上，球员用自己的球杆打各自的球，追求用最少杆数将球击入球洞，从而取得成绩的运动。世界上没有两个完全相同的高尔夫球场。球场随着时间早晚、季节转换、气候不同，更呈现各种变化和挑战性。所以高尔夫球运动可以说是个人的自我对抗，也是球员与球场的比赛。参与高尔夫球运动，除了锻炼充沛的体能和纯熟的技巧外，球员需要不断地思考判断和集中注意力，更是对个人心理素质的训练。高尔夫球运动既适合各年龄层的人又具备社交功能，在国内虽然起步较晚，但受到许多人的喜爱，日渐流行。

一、认识球场

高尔夫球场都是尽量利用原始地貌和当地植被建造而成。山地的球场，起伏落差较大，海边的球场平坦多风，沙漠的球场砾石满地，各显设计师的巧思，也给球友提供不同的挑战和趣味。一般球场由 18 洞组成，包括附属设施总面积约为 800000 平方米，分为前 9 洞和后 9 洞。每一洞由发球台、球道和果岭三个基本部分组成，再加上树林、水塘、沙坑、长草区、山坡等障碍以增加难度。一个果岭有几个发球台可以使用，用不同颜色来区分到果岭的距离，一般红色最近，是女士或老年人使用，之后依次是白色、蓝色及男士职业球员的黑色，也有球场有自己的颜色标识系统。每一洞的计分从发球台开始到把球打到果岭进洞的杆数计为该洞的成绩。每一洞依据距离长短，有一个标准杆数。一般球场有 4 个短洞（3 杆洞）、4 个长洞（5 杆洞）和 10 个中洞（4 杆洞），全部加起来 72 杆，也就是一场球的标准杆数。也有一些球场的标准杆数是 70 杆或 71 杆。18 洞的全长 5500 ~ 7500 码（5000 ~ 6858 米）不等。（图 11-1-1）

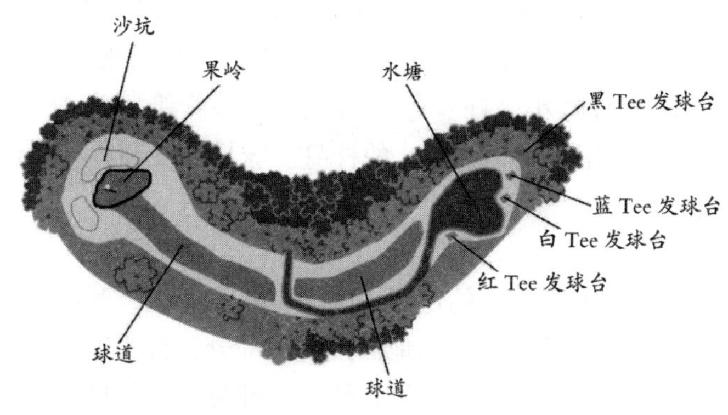

图 11-1-1

二、高尔夫球及球具介绍

（一）球

高尔夫用球的基本规定是重量不超过 1.62 盎司（45.93 克），直径不小于 1.68 英寸（42.67 毫米），材料为两层、三层或四层的合成材料。考虑到空气动力的原因，球面上有许多凹痕的设计，一般凹痕数在 250 ~ 450 个，硬度在 70 ~ 110。

（二）球 杆

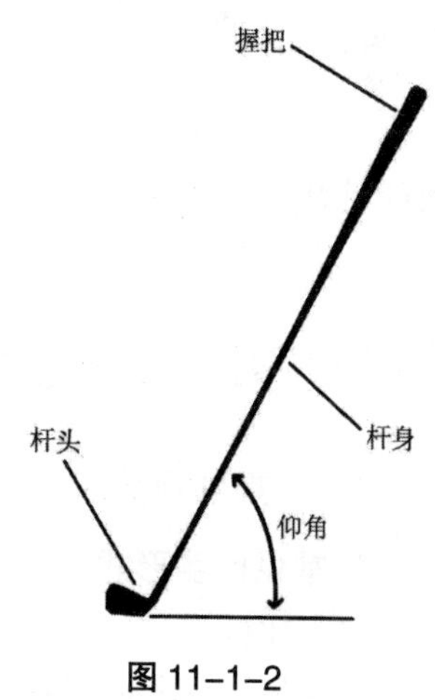

图 11-1-2

球杆又以杆头不同区分为铁杆、木杆、推杆和最近几年推出来的铁木杆，俗称“小鸡腿”。一套高尔夫球具不超过 14 支球杆，一般男士会用 3 支木杆（#1、#3、#5）、9 支铁杆（#3、#4、#5、#6、#7、#8、#9、PW、SW）和 1 支推杆，剩下 1 支由个人依据习惯或球场特性决定。一般女士会用 4 支木杆（ #1、#3、#5、#7）、8 支铁杆（ #4、#5、#6、#7、#8、#9、PW、SW）和 1 支推杆，剩下 1 支随个人喜好调配。一支球杆本身依照它的构造及型式有握把、杆身、杆头及杆面四部分，其规格大小均有不同的限制。（图 11-1-2）

1. 握 把

握把包裹着杆身，两者的轴心须一致。握把的横断面不得超过 1.75 英寸（45 毫米）。具体尺寸应该随使用者手掌大小而调整。推杆则可有一支以上的握把（俗称长尺推杆），每支握把的横断面须呈圆形，推杆仅用一支握把时其横断面可不受此限制。握把因为不断与手摩擦磨损，同时材料会随时间老化，以至于丧失弹性不易握紧，所以属于消耗品，每隔一段时间必须更换。

2. 杆　身

杆身是圆而直的柱形，长度并无特别规定。早期的木质杆因弹性差、不耐用，现都已完全被淘汰，改用轻钢管与碳纤维管两种；前者重为125克以上，后者重为50克以上。硬度从软到硬一般分为L、A、R、S、XS几个等级，每一家厂商都有自己的分类标准。杆身弯折点从靠近球头算起大致分低、中、高三种类型，扭矩是以度数标示。度数越小，杆身越不易扭转，碳纤维管为1°～4°，钢管为2°～4°，一般使用者用3.5°～5.5°的杆身。球具长度和各种特性需依使用者来决定最合适的组合。

3. 杆　头

为了便于说明，通常以人的足部来类比每一个位置，趾部或前部杆头前端，踵部或后部是杆头后端，底部是杆头和地面接触的部分，杆头连接杆身与地面的夹角是仰角。杆头仅能设计一个面作击球之用，铁杆大部分为金属杆头，依据制造工艺有铸造和锻造之分。木杆早期均以木制头为主，以柿木最为普遍。现因材料进步，杆头已改为以金属为主，如不锈钢、钛合金等。推杆的杆头设计变化最多，杆面材质有金属材质，塑料材质，其他复合材料等也各异，以适应不同球手的需要。

4. 杆　面

杆面是和球接触的部分，它不应有任何凹凸，应牢固坚硬。杆面上的沟槽深不得超过0.02英寸（0.5毫米），宽不得超过0.035英寸（0.9毫米），沟与沟间距必须超过沟宽3倍。杆面与地面垂线的夹角是杆面倾角，倾角是影响球飞行弹道的角度，倾角越小，球的弹道越平，距离越远，倾角越大，球的弹道越高，距离越近。在球具编号中，号数越大，代表杆面倾角越大。杆面上有一个用于击球的最佳击球点，能与球碰撞出最为“甜蜜”的美好感受，因而在高尔夫的专业术语里被叫作“甜蜜点”。它的面积大小因杆头设计大小而异。球击中这个区域时能激发出球最远的飞行距离。现代新球具开发中很大一部分的工作就在增加杆头“甜蜜点”的面积和调整“甜蜜点”的位置，以便球手更容易击出好球。

三、高尔夫球竞赛规则简介

（一）规则介绍

1. 常见比赛形式

（1）比杆赛

以一场18洞的总杆数来决定胜负的比赛方式，杆数少者胜。职业赛事，往往以4天72洞的总成绩来决定胜负。业余比赛有一种扣除差点后的净杆杆数来决定胜负的比赛方式。

（2）比洞赛

以每一洞决定胜负，杆数不累计，两名选手中得胜洞数多的为胜。比洞赛不需要比完全部18洞。例如甲选手打完17洞时已经领先乙选手2洞，成绩登记为2&1。

2. 规则简介

高尔夫球运动的规则是以皇家古典高尔夫球俱乐部和美国高尔夫球协会颁布的《高尔夫球规则》为准，该规则规范球场上各种可能出现的状况，非常详尽细致。2018 年，皇家古典高尔夫球俱乐部和美国高尔夫球协会公布了新的高尔夫球规则，并于 2019 年 1 月 1 日生效。即使是正式的比赛，高尔夫运动的裁判不是随着球员移动，而是要求球员自我诚实地执行规则，记录罚杆。

高尔夫运动的规则简单而言，多以罚杆数作为处罚的方式。特别的情形会取消比赛资格。现将一些较常见到的情况介绍如下：

（1）出现下列情况在比杆赛判罚 2 杆，比洞赛判罚该洞输：

① 携带超过 14 支球杆；

② 换洞间无故拖延时间；

③ Tee 没有插在发球区内（比洞赛对手可要求重发，不判输）；

④ 改变或除去自然的东西（例如草、树叶）改变球的状态；

⑤ 打错球；

⑥ 果岭上捡起球没有做记号；

⑦ 果岭上推杆时击中在洞中的旗杆（从果岭外击球不判罚）。

（2）出现下列情况判罚一杆：

① 任何有意击球的挥杆不论击中与否。

② 就位准备击球后球移动。

③ 击球落水。这是最常见的情况之一，新的球可以在原击球点补球，可以在进入水障碍的点和球洞沿线，远离球洞上的任何一点补球，或可以在进入水障碍处两杆的距离内远离球洞范围内抛球。

④ 击球出界。新的球回原击球点补球。

⑤ 不能打的球。譬如球进入乱草或树丛，可比照落水处理。

（二）计分方式

1. 总杆数

一场球逐洞的杆数累加，直到完成全部比赛，总计为该场杆数。

2. 净杆数

总杆数减去差点就是净杆数。

3. 差点

简单说，差点是个人平均一场球的杆数与标准杆的差，称为差点。例如某人平均水平是 100 杆，差点就是 28。高尔夫的差点制度，是为了让不同程度的业余选手能够同场竞技而设计的。系统的使用相当简单，但是却运用很多复杂的影响因素进行数字计算（如最佳成绩、球场难易度等）。目前世界各国之差点系统，多遵照 USGA 差点系统（USGA Handicap System）的规范执行，USGA 差点认证亦是各国业余比赛球员提交的规定证明。

4. 新新贝利亚制计算差点

在没有一个可信的差点基数时，也可以单场球的成绩计算差点，方法是随意抽取六洞，其余的 12 洞总和乘以 1.5 倍后减去标准杆（通常为 72 杆）后再乘以 0.8 即为差点。

计算公式：

⊙ 18 洞 - 抽 6 洞 = 剩 12 洞（抽的 6 洞中一个为 3 杆洞，一个为 5 杆洞，4 个为 4 杆洞）

⊙［（12 洞总和杆数）× 1.5 – 72 标准杆］× 0.8 ＝ 差点

同样为防止有人故意打多杆以获得较高的差点，球洞标准杆三杆洞、四杆洞、五杆洞，最高杆数以 5、7、9 杆计。

四、高尔夫球运动基本礼仪

（1）应随时注意自己及球友的安全。打球偏离球道要高声提醒其他球友。

（2）下场时不可穿着无领或无袖的上衣，不可穿着牛仔裤。必需穿着软钉鞋或软底运动鞋。

（3）击球时按顺序从最远离果岭的球友开始击球。

（4）球场上保持安静，同组球友击球时，应避开挥杆区域静立，避免干扰球友击球。

（5）协助其他球友注意落球点。

（6）击球者应该随时修补因击球造成的草皮损坏和果岭上落球的球痕。

（7）沙坑击球后要用沙耙抹平脚印和球痕。

（8）果岭上看球线不可踩到别人的球线。

（9）不要让自己的影子落在推击球员的视线内，影子的晃动会干扰球员推杆。

（10）打完后将旗杆插回球洞后迅速离开，让下一组可以击球。不要在果岭上计分、讨论或多练习几次。

第二节　高尔夫球基本技术

一、全挥杆基本技术

高尔夫击球动作是一个以身体旋转，带动手臂、球杆做弧形运动，以杆头击球的动作。（图 11–2–1）

好的挥杆动作，除了要将球击远外，更重要的是稳定性和可控制性。这需要注意对每一个细节精准地掌握，反复地练习才能做到。一般全挥杆可以分解为下列几个步骤。

图 11-2-1

（一）握　杆

握杆的目的是要将全身的力量通过双手传到球杆球头，达到需要的击球效果。现在常见的方式是哈里·沃尔登（Harry Vardon）（1870—1937 年）在 20 世纪初采用后被大部分职业与业余球友使用的握杆方式。现以右手为例说明该握杆方式（左打者相反，以下同）。（图 11-2-2）

（1）将左手伸出与人握手的方式握住球杆握把。握把应该在左手食指靠近手掌的第一节手指，握把底部应该靠在手掌底部下缘的肉垫。

（2）右手与左手掌心相对，小指靠在左手食指与中指之间，右手无名指、中指靠近手掌的第一节手指贴住握把，右手食指第二节手指贴住握把。

（3）双手相叠，左手虎口对向右耳，右手虎口对向下巴。正确握杆后，应该看到左手的食指和中指的指节。

（4）握杆要松紧适度，初学者容易用力过度，造成肌肉紧张，影响挥杆动作。

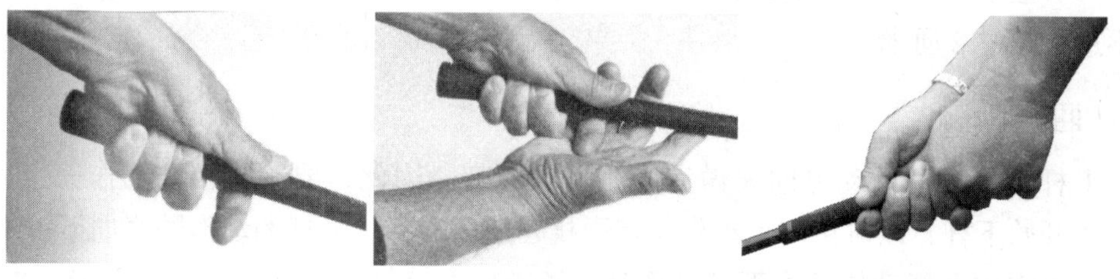

图 11-2-2

（二）预备姿势

预备姿势包括站姿及球位。正确的站姿是良好挥杆的基础，是全身由静到动的动作。（图 11-2-3、图 11-2-4）要点如下：

（1）双脚打开，脚掌内缘约与肩同宽。脚掌有平行、外开和左脚外开（右打者）

3 种。一般以左脚外开为主，外开的幅度要自己感觉轻松，有利于挥杆转身。

图 11-2-3

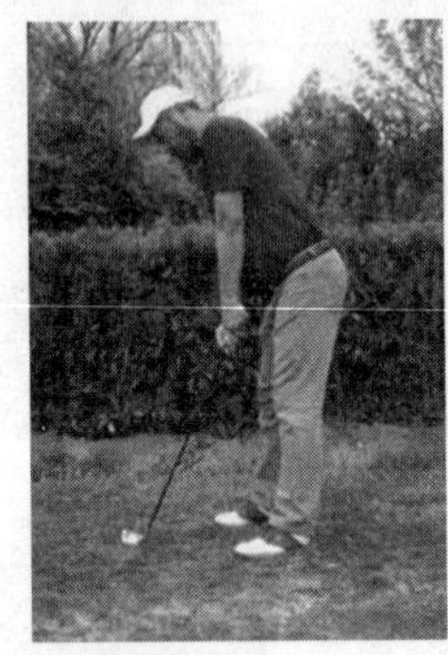

图 11-2-4

（2）挺腰屈膝，上半身自然前倾，类似坐在高脚椅边缘。这时要感觉力量集中在脚掌内侧，双脚稳固，上半身可轻松旋转。经常出现的错误是腿太僵直、腰弯低头、上身后仰等问题。

（3）身体的双膝、髋部、双肩与击球目标线平行。

（4）双手握杆自然下垂，球杆头位于球后方。检查握杆应符合握杆要领，双肩、髋部和双膝应该与球到目标的连线平行。

（5）球位距离有远近和左右两个方向。击球者要调整自己到最合适的位置。一般初学者容易犯的错误是离球太远，造成弯腰垂头，手伸太直，无法做出好的挥杆动作。

（三）上　杆

在完成预备姿势后就进入击球动作。首先是由身体的旋转把球杆送到弧形轨迹的顶点。要点如下：

（1）启动时，全身的腿、髋、腰、肩一起动作使身体旋转。

（2）保持两臂与肩形成的三角形，顺势旋转上扬，直到球杆带动双臂上挥，左臂打直，右肘弯曲，手腕弯曲，双手自然握紧球杆。此时左臂会碰到下巴，双肩转动约 90° 。

（3）重心已交换到右脚内侧。左脚最好保持在地面，如果习惯脚跟抬起，抬起高度不适于超过 2 厘米。

（四）下　杆

上杆与下杆，运动方向要做完全相反的转变。因此，要等待上杆动作完全完成后，才开始下杆，以避免两个动作相互干扰，造成混乱。下杆的动作顺序如下：

（1）完成上杆动作后，下杆动作是由臀部向左旋转来启动。由腰、肩膀、手臂、手最后传导到球杆球头，依次发力。

（2）在击中球前的一段，重心移到左边，左脚伸直，加速杆头挥击速度。

（五）收　杆

球杆击球后，顺势上扬，双手位于左肩上方，重点是身体要直立，重心在左脚，并保持平衡。

二、短打基本技术

高尔夫球运动，是一个运用球杆将球逐步打入球洞的运动，所以最后如何控制好靠近球洞的击球是十分重要的技术，在比赛时往往决定胜负的就在于短打技术。一般球场上应用短打有下列几种基本技术：

（一）切 杆

靠近球、靠近果岭时有两种基本的击球方式，一种是与全挥杆动作类似，只是上杆和下杆的幅度缩小，以控制击球的距离。另一种是将球置于靠右脚侧，握把靠近左大腿内侧握杆，重心偏左脚，上杆时保持肩与双臂形成的三角形，下杆击球后，右手掌向上。如此击球的效果是球在落地后会滚动一段距离，非常适于靠近果岭时使用，称之为短切杆。（图 11-2-5）

图 11-2-5

（二）沙坑救球

沙坑是球道上常见的人为障碍，用以增加球场的难度和挑战性。球头击中沙时，沙的阻力会吸收掉球头的力量，所以沙坑救球要借助球杆头的弹起角设计（图 11-2-6）。要点如下：

（1）杆头平摊打开。

（2）左脚向目标线的左侧跨出，双脚间距比正常挥杆要宽，双肩与目标线约成 30°，脚掌可以扭动拨开浮沙，确定站稳。

（3）重心略偏左脚，瞄准球后约 2 厘米处。

（4）挥杆击球时，球头应该先击到沙，然后带沙将球击出。

图 11-2-6

（三）果岭推杆

推杆击球是高尔夫运动中最精细的一个动作，一场球的标准杆中有一半是推杆，可见其重要性。推杆的击球方式有很多种，每一位球员都会根据自己的感觉与习惯建立自己的推杆动作，以握杆而言，有如同全挥杆的握杆姿势，也有左手在下、右手在上的反抓式握杆，也有类似全挥杆的握杆姿势，但是左手食指反包在右手手指外的握杆。归纳而言，有下列几个基本原则：

（1）球头的运动是“钟摆运动”，没有全挥杆时的任何翻转动作；

（2）球头运动的路线就是击球的路线，杆面一直保持与运动路线垂直；

（3）击球准备动作时，双眼在球的正上方；

（4）推杆击球时要击到杆头的“甜蜜点”。

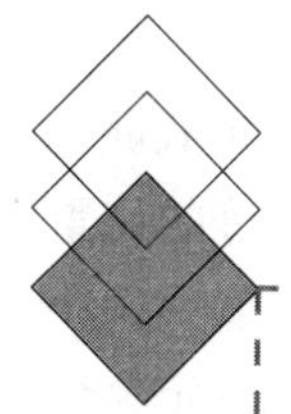

第十二章 户外运动

第一节 定向越野

一、体能与装备

（一）体能训练

定向越野运动的专项体能特指野外跑的能力。在公路、乡间小道上跑时，采用基本上与中长跑相同的技术，但由于路面比较坚硬，所以着地时要注意做好缓冲动作。

上坡跑时，步幅要小，上体前倾，用前脚掌在距离身体投影较近的地方着地，适当加大后蹬用力和大腿高抬的程度。下坡跑时，上体直立或稍后仰，步幅适当放大，步频减慢，用全脚掌或脚跟先着地。

在树林或灌木丛中跑时，一方面要防止被树枝擦伤、刺伤，另一方面要防止草丛中的杂物绊脚或陷入坑洼。因此，跑速要慢，用全脚掌着地。遇到沟渠、栅栏等障碍物时，不要降低跑速，甚至适当增加跑速，用大步跨越。

1. 专项耐力素质

定向越野运动的专项耐力不同于中长跑运动员在整个跑程中保持始终如一的高速跑。它一般有长、中、短距离的比赛，各种距离的比赛线路检查点的间距也各不相同。在检查点停下打卡后，又得迅速接着跑。训练中可采用在校园内规定路线跑够500 ~ 800 米后签名再跑，跑 4 次为一组，训练强度为 80% ~ 90%。

2. 专项速度素质

速度有 3 种表现形式：绝对速度、基础速度和相对速度。相对速度对定向越野运动员来说很关键，相对速度是建立在基础速度和速度耐力基础上的，基础速度又建立在绝对速度和速度耐力的基础上。因此，绝对速度在某种意义上对定向越野运动员也起着重要的作用。

在中、短距离的定向越野运动竞赛中，各检查点之间的距离一般为 300 ~ 500

米，所以定向越野运动的速度素质相对于长跑来说要求更高。没有一定的速度，在比赛中就不能取得好的成绩。

3. 有氧训练与无氧训练

定向越野运动员与长跑运动员一样具有良好的耐乳酸能力。提高有氧与无氧训练能力是定向越野运动员的努力方向。定向越野运动项目的有氧训练与无氧训练的比重因各项赛事的不同而不同：野外定向距离较长，有氧训练的比例就较大，无氧训练则相反；公园定向一般是中短距离，有氧与无氧训练同等重要，忽视无氧训练肯定会影响到比赛成绩。

（二）器材与装备

1. 定向地图

地图是定向越野运动的重要器材，它包括比例尺（通常为 1 ∶ 15000 或 1 ∶ 20000）、等高距（通常为 5 米精度，至少要使以正常速度奔跑的运动员没有不准确的感觉）和内容（详细地标示与定向越野直接相关的地物、地貌）。

2. 指北针

指北针一般由组织者提供，若要求自备，则应对其性能、类型等做出原则上的规定。目前，指北针的类型有简单式、液池式、透明式、照准式和电子式等。

3. 点标旗

运动员根据定向地图所提供的信息，利用指北针快速定向，在实地中寻找一个橘黄色和白色相间的点标旗，该点标旗的位置准确放置在地图所标示的地点圆圈的中心。

4. 打卡器

运动员必须在到达每一个检查点时使用打卡器在卡片上打卡。检查卡面的尺寸一般为 21 厘米 ×10 厘米。

5. 检查卡片

检查卡片主要用于判定运动员的成绩，用厚纸片制成，分为主卡和副卡两部分。

6. 运动员的服装

服装轻便、舒适、易于活动即可。

7. 号码布

号码布尺寸一般不超过 24 厘米 ×20 厘米，号码数字高不小于 12 厘米。比赛中要求将号码布佩戴于前胸及后背两处。

二、技术与方法

（一）标定地图的方法

1. 概略标定

定向地图上的方位是上北、下南、左西、右东。当在站立地正确地判别了方向之后，只要将定向地图的上方对向站立地的北方，地图即已标定。

2. 利用指北针标定

先使指北针的红色箭头朝向地图上方，并使箭头与定向地图上的指北线重合，然后转动地图，使指北针的北端对正磁北方向，地图即已标定。

3. 利用直长地物标定

首先应在图上找到这些直长地物，对照两侧地形，使图与现地各地形点的地物方向一致，地图即已标定。

4. 利用明显地形点标定地图

从地图上找到本人明显地形点的位置时，可以利用明显地形点标定地图。先选择一个图上与现地都有的远方明显地形点，然后转动地图，使图上的站立点至目标的连线与现在的站立点至目标的连线相重合，此时地图即已标定。

（二）确定站立点

1. 直接确定

当自己所在的位置是明显地形点时，只要从图上找到该地形点，站立点即可确定。

2. 利用综合分析确定

利用位置关系法确定站立点，主要依照两个要素：一是站立点至明显点的方向；二是站立点至明显点的距离。

3. 利用交会法确定

当站立点附近无明显地形点时，可以利用90°法、截线法、后方交会法。90°法是当待测点位于线状地形上时，如果在与运动方向相垂直的方向上能找出一个明显的地形点，线状地形符号与垂直方向线的交点即为站立点。截线法是当测点位于线状地形上，但在其与运动方向相垂直的方向上没有明显的地形点时，可以采用此法。后方交会法是测点上无线状地形，而且地图与现地相应地都有两个以上的明显地形点时可采用此法。

（三）确定前进方向

定向越野运动每次出发时，首先必须判明出发点的图上位置，明确前进方向和目标点，然后标定地图选准前进方向，向目标点进发。

（四）定向越野跑的技术

定向越野跑是一种长距离的间歇式赛跑，要求能够尽可能地减少人体能量的消耗，又要根据比赛情况具有加速能力。定向越野跑的姿势主要采用身体微向前倾或正直的姿势；呼吸最好用鼻子与半张开的嘴共同呼吸；体力分配根据选择的路线状况、比赛的阶段和自身体能状况不同确定；速度一般来讲不宜过快。

第二节　野外生存

一、野外生存的主要装备

由于野外生活环境条件的特殊性，对个人装备也有一定的要求。野外生存的个人装备主要包括：

（1）背囊。背囊容量的大小与野外生存的天数有直接关系，一般不应小于50升。

（2）远足鞋。橡胶底加上防刺钢板、真皮鞋面和全棉鞋腰，防滑透气，能很好地保护脚部和踝骨的鞋子。

（3）绳索。建筑工人使用的安全绳和锁扣是物美价廉的代用品。一般登山绳索长20米左右即可。

（4）电筒及荧光棒。野外生存用的电筒要求照射距离不小于50米，电池使用时间不小于5小时，电筒自身至少达到30米深防水功能，电筒配有备用灯泡。发光2小时以上的荧光棒，可以作为辅助光源在野外使用。

（5）指北针。去野外探险，建议还是使用专用指北针为好。指北针同相应地图配合使用时的作用最大，出发前应充分掌握指北针的使用方法。

（6）求生哨。在荒郊野外，遇险者如果采取喊“救命”的方式来引起救援人员注意，不到15分钟就会喊得声嘶力竭，而一个小小的塑料哨子，只要还有一口气，就能吹响。在探查出路、寻找水源时，事先约定好的哨声的间隔长短和不同组合，都是野外近距离联络时最方便和最简捷的通信方法。

（7）求生刀具。在野外进行砍柴生火、搭帐篷、制作路标、开挖排水沟等工作时使用。

（8）手表。相对于一般的手表，要做到防水和具有夜光功能。

（9）通信工具。野外探险活动，活动范围多在人烟稀少的地区，手机信号未必覆盖得到，小型对讲机具有体积小、重量轻、通话质量好的特点，是野外远足的首选。

（10）帐篷。在野外，帐篷的主要功能是防风、御寒、避免昆虫及小动物滋扰，保证使用者能够得到良好充分的睡眠，对保持使用者的体力起至关重要的作用。

（11）睡袋及防潮垫。野外生存用的睡袋至少要达到防潮、保暖透气、质量轻、体积小的基本功能要求。

（12）生火工具。野外用的生火工具主要还是火柴或打火机，经常使用的火柴分别为野外防风火柴和野外防水火柴。

（13）水壶。水对于野外生存者非常重要，推荐水壶为铝合金制品，容量为1.5升，水壶下端配有一个铝合金的饭盒，大小刚好可以煮一袋方便面，十分实用。

（14）望远镜。置身野外，观察野生动植物，寻找水源，判定行动方向等都少不了望远镜。

（15）收音机。在野外，可能是你了解新闻和天气等相关信息的唯一渠道。

（16）照相机。出行前应确认照相机或录像机电力充足，胶卷和录像带有备份。

（17）备用食品。备用食品是必不可少的。常见的有压缩干粮，由面粉、白砂糖、精炼油、葡萄糖粉、奶粉、精盐、人参皂甙等原料制成，净重250克，可提供5248千焦的热量。

另外还有一些较小的常备物品，如岩石锤、升降器、救生衣、蜡烛、塑料袋、铅笔、缝纫包、抗生素药片、高锰酸钾、创可贴、钢锯等。

二、野外生存的基本技巧

（一）野外取水

1. 水源线索

多种生长茂盛的植物；大片郁郁葱葱的草地；注意观察有许多动物会在拂晓或黄昏时分出来觅水；动物的足迹；岩石地带的泉水与渗出的流水。

2. 制水方法

利用太阳能蒸馏器；利用植物蒸发袋。

3. 水的净化方法

把水煮沸；利用水质净化药片（清水用1片，浑水用2片）；在清水内滴入适量的2%的碘溶液，静置30分钟以上即可饮用。

4. 污染水质的识别方法

（1）带有异常气味，或者水面上漂浮着泡沫、气泡的水源。

（2）已经改变颜色或者褪色的水源。

（3）水源地周围缺少健康绿色植物。

（二）寻找食物

可食用植物分布的广泛性并不意味着任何植物都能够食用，其中也有大量的有毒植物掺杂其间，一旦食用了这些植物，轻者引起不良反应，重者将出现生命危险。因此，我们对可食野生植物的识别是野外生存的重要技能。鉴别植物是否有毒的常规方法可分为四个步骤。

（1）查看。一般情况下有毒植物呈现出特殊形态和色彩，或分泌有色的液体。

（2）嗅闻。如果有令人厌恶的苦杏仁或桃树皮气味应稍稍挤榨一些汁液滴涂在前上臂，如感觉有所不适即为有毒植物。

（3）舔尝。触动唇部、触动口角、舌尖舔尝、舌根舔尝，咀嚼一小块植物，如有不适应尽快扔掉。

（4）吞咽。吞咽一小块植物，耐心等待5小时，期间不吃其他食物，如有不适，应为有毒植物。

1. 野外能食用的植物

（1）菩提树。树干挺拔，高可达26米，常分布于潮湿林区。叶片大，呈心形，边缘有锯齿。黄花满溢清香簇生。幼叶及尚未伸展的叶芽都可以生食，花可以用来泡茶。

（2）普通夜樱草。分布于较为干旱的开阔原野。体型较高，多有小绒毛。叶片呈梭形，黄色四瓣花。其根煮熟后可食用，煮食过程中应几次换水以冲淡刺激性气味。

（3）蛇麻草。分布于灌木丛中的攀缘性植物，茎长而扭曲，叶缘有锯齿，呈三瓣。绿色钟形雌花。切成片煮沸可供食用，花可以用来泡茶。

（4）马齿苋。生于田野路边及庭院废墟等向阳处。为马齿苋科，年生草本植物，高 10 ~ 30 厘米。全株光滑无毛，肉质多汁。茎平卧，阳面为红褐色。叶片肥厚，光滑柔软，马齿状，叶柄极短。国内各地均有分布。

2. 野外能食用的根

大部分植物根或块根富含淀粉，但食用时最好将其彻底煮沸。

（1）节节草。平均高约 30 ~ 60 厘米，为木贼科木贼属植物，常年生，根茎细长入土深，黑褐色。茎细弱，绿色，粗糙叶鳞片状，轮生。花蕊白色或淡紫色多生于野荒之地或多滩地区，浸泡根部以除去苦涩味，烧熟后可以食用。

（2）山药。多年缠绕型草本；叶三角形、有 7 ~ 9 条叶脉，具长柄茎缠绕；根茎圆柱状，肥大、肉质、具黏液，可食用（熟食较佳）；叶基部聚生芽球，可播种，也可食用（熟食较佳）。

（3）桔梗。多年生草本；单花顶生，花冠钟形；茎长而直立；叶轮生；结蒴果，近卵形，蒴果成熟后，在顶端 5 瓣裂；根部肥大、粗壮，可入药也可食用（朝鲜族著名的“狗宝咸菜”。就是用桔梗根部腌制而成）。生于林下、山地林下为主，全国分布。食用前用水浸泡可去异味，水煮后易于消化，可大量食用。

3. 野外能食用的果实

夏季起始，野生水果或坚果会逐渐成为求生者最主要的食物来源之一。野果有些种类分布很广，甚至能在北方的苔原地区生存。

（1）山楂树。落叶小乔木，分布于灌木丛及野外荒地，叶片三角状的形，枝上簇生白花、淡紫或红色小花，秋季结出红色浆果，果肉酸甜，可以生食。嫩茎顶端也可食用。

（2）山梨树。在森林，多岩地区很常见，高可达 15 米，树皮衣色、光滑，复叶对生、边缘有小齿。白色花生于伞状花萼上。果实簇生，成熟呈橘红色，可以食用，具有刺激性酸味。

（3）野桑树。一般高 6 ~ 20 米，卵形叶，有时有深裂口。浆果呈红褐色，可以生食。广泛分布于温带多林地区。

（4）柿树。分布于东亚和美国南部温暖干燥地带，各地都有引种。高可达 20 米。叶小、缘成波纹形、叶梭形，可制茶，富含维生素 C。果实为浆果，类似西红柿，黄、红至紫红色，可以生食。

（5）毛栗。高大灌木，多分布于山坡野地。叶呈卵形至心形、革质，边缘有锯齿。棕黄色壳果，富含营养，外被叶状多毛外壳。

（6）野生猕猴桃。落叶乔木，叶片边缘具锐锯齿，果实为浆果，长圆形，多为绿色，表面光滑。生于海拔 200 ~ 800 米山林，我国大部分地区有分布。野生猕猴桃果实可直接食用，味美、口感好。

4.野外有毒野菜

（1）狼毒草，又名断肠草。根浅黄色，有甜味。叶片呈线型，花黄色或白色，也有紫红色。全棵有毒，根部的毒性最大。吃后呕吐、胃灼热、腹痛不止，严重的可造成死亡。

（2）老公银，又名蛇床子、野胡萝卜。根在幼苗时为灰色，长大后呈浅黄色，像胡萝卜。叶柄黄色。老公银的幼苗和茎发红，无臭味；而老公银成年后的臭味很大，叶和根都有剧毒。吃后会造成死亡。

（3）苍耳子，又名耳棵。生长在田间、路旁和洼地。三四月份长出小苗，幼苗像黄豆芽，叶呈心形，周围有锯齿，秋后结带硬刺的种子。全棵有毒，幼芽及种子的毒性最大。吃后可造成死亡。

（4）曲菜娘子，它的根冬季不死，春季出芽，长出小苗。叶狭长，较厚而硬，边有锯齿，大部分叶子贴着地面生长，秋后抽茎，籽很小，上有白毛。幼苗容易和曲菜苗相混，但曲菜叶较宽而软，锯齿也不明显。吃了脸部会变肿。

（5）毒芹，又名野芹菜、白头翁、毒人参。生长在潮湿地方。叶像芹菜叶，夏天开折花，全棵有恶臭。全棵有毒，花的毒性最大、吃后恶心、呕吐、手脚发冷、四肢麻痹，严重的可造成死亡。

（6）毒蘑菇。其种类很多，常见的有毒伞、褐鳞小散、白毒散、黑包脚散、内绿菌、褐脚散、残托斑毒散、鬼笔。生长在腐烂的物品上，形状特殊，颜色鲜艳，有白色、红色、黄色。

值得一提的是，蘑菇的颜色、外形、形态等特征与其毒素没有必然的联系。民间许多关于毒蘑菇和可食蘑菇的识别方法不一定可靠，因此广大野外生存者在采食蘑菇的时候，应分外小心，若有疑虑，拿不准是否有毒，则坚决不采、不食，以免发生不测。

5.淡水区域能食用的鱼虾

河蟹、河虾平时隐藏在瀑布下的岩石或潺潺溪流中的石块廊下，只要发现它们的巢穴，就可捕到很多。如果是湖水、沼池或清澈的河水里，也可以抓到一些身体透明的小虾，因为其动作敏捷，在水中也很难看得出，所以无法用手抓，但使用捕鱼网、纱布制成的袋来捞，就容易捕获。

（三）点　火

在野外可以采用打火石或钢片，或使用放大镜、冰磨制凸透镜等聚焦太阳光，或使用钻木取火等取火方式取火。

1. 燃火材料

火种：随身携带棉花等，应把火种保存在一个防火防潮的容器里。

引火物：干燥的树枝、树叶等。

燃料：干枯的大木棍或树干，成捆的干草、干燥的牛粪等。

2. 燃火地点

燃火之前应选择一个良好的地点以满足取暖和安全烹饪食物的要求，同时注意避

根据动物的行为判断天气

免引燃其他物品，防止野外森林火灾。

（四）方向辨别和天气预测

1. 方向辨别

（1）利用指北针测方向。

（2）利用北极星判定。在天气晴朗的夜空，可以根据北极星的位置来确定方位。北极星是正北天空的两颗较亮的恒星，位于小熊星座的尾端。大熊星座（即北斗七星）由 7 颗明亮的星组成，形状像一个“勺”形。大熊星座和仙后座分别位于北极星的两侧，因此，也可以根据仙后座来判定方向。

（3）利用地理特征判定。有些地物的特征与方向有关。例如独立大树，通常是朝南方的枝叶茂盛，树皮光滑，朝北的则相反。独立树被砍伐后，树桩上的年轮通常朝北方间隔小，朝南方间隔大。朝南方干燥，青草茂密，冬季积雪融化较快；朝北方潮湿，冬雪融化比较慢。

（4）利用手表。在上午 9 时至下午 4 时，用时针对准太阳，此时手表上的时针与 12 时刻度的夹角平分线所指的方向为南方，相反为北方。利用手表判别方向时，一是要注意将手表平置；二是该方法在南北纬 20° ～ 30° 地区的中午前后不宜使用；三是要把标准时间换算为当地时间。

2. 识别天气

观察风云的变化可以预测天气。

（1）积雨云。云层较低，高度约在 2500 米以下，云色乌暗。出现该云常预示有阵雨，或可能会出现强风暴雨、雷鸣闪电。

（2）雨层云。它为低层雨云。假如显乌色笼罩天空，则预示在较短时间内会有降雨，下雨的时间可能持续几个小时。

（3）积云。形状如团团棉絮，蓬松浮在天空中。为了准确判断天气，应掌握积云的变化规律。如果它们逐渐分开，则预示天气晴朗；如果积云的前端越积越多，且范围不断扩大，则预示一场突如其来的暴雨即将降临。

（4）卷云。云层高度一般在 5000 米以上，云色纯白呈缕状。天空出现卷云常预示天气晴朗。

（5）卷积云。形状呈小圆块积云，远看如同海浪泛起的涟漪，高度约在 5000 米以上，常被称为“鱼鳞云”，天空出现卷云一般预示天气晴朗。

第三节　攀　岩

一、攀岩的主要装备

（一）攀岩绳

攀岩绳主要分为动力绳、静力绳和路绳。

（1）动力绳：直径为 8 ~ 12 毫米，常用的直径为 10 毫米或 10.5 毫米，延展性是 6% ~ 8%，主要用于攀登；种类分为单绳（直径为 9.6 ~ 11 毫米，一般长度为 50 米，用于竞技攀登）、双绳（直径为 8 ~ 8.5 毫米，常用的是 8.2 毫米，标准长度为 60 米，用于攀冰、大岩壁攀登、器械攀登和登山结组）。

（2）静力绳：静拉力可达 2000 千克，延展性为 2% ~ 3%，最多两种颜色，主要用于垂直操作、下降、探洞、救援、工业。

（3）路绳：小细绳，彩色，不能用于受力，只起辅助作用。

（二）安全带

安全带为攀岩者和保护者提供一种舒适、安全的固定。它方便与绳子连接而不用把绳子直接绑在腰上，从而可以把坠落的冲击力分散到腰和腿上而不单集中于腰上。安全带可分为可调式（用于登山、攀冰、攀岩场馆）和不可调式（用于个人攀岩），也可分为坐式安全带和全身安全带。

（三）绳套、扁带套

绳套、扁带套在保护系统中做软性连接，主要有两种：机械缝（抗拉力达 22000 牛）和手工打结（抗拉力随扁带的性质及打结的方式不同而不同，一般很难达到 22000 牛）。

（四）铁　锁

铁锁用来连接绳子与保护点、安全带与保护（下降）器、携带器材等。在保护系统中铁锁做刚性连接。

1. 分　类

（1）丝扣锁：用于相对永久的保护点（半自动锁、弹簧锁和螺旋锁）。

（2）简易锁：用于临时性的保护点。

2. 性能指标

纵向拉力大于 20000 牛；横向拉力大于 7000 牛；开门拉力大于 7000 牛。

（五）保护 / 下降器

在保护和下降过程中通过保护/下降器与绳子产生的摩擦力来减小操作者所需的

握力。常用的保护/下降器有："8”字环类保护/下降器，是最早、最常见的下降器，也是国际攀岩比赛指定使用的下降器；ATC类保护/下降器，是深受攀岩者喜爱的下降器，可用于单绳或双绳；机械制动类保护/下降器，如GRIGRI，可以自锁，但只能用于单绳。还有一类只用于下降，不用于攀登保护的下降器，如STOP是可做长距离下降的下降器，可以自锁，价格较贵，自重较大，只能用于单绳。

（六）上升器

上升器在攀登过程中起到借力和保护作用。它分为左式与右式两种，适用于不同用手习惯的攀岩者。须用铁锁把上升器上端串口锁起来。

（七）头　盔

头盔在攀登过程中能避免头部受落石、冰块或上方抛下的装备引起的伤害，起到保护头部的作用。

二、攀岩基本技术

（一）绳结技术

把利用打结使绳索之间、绳索与其他装备之间相互连接的方法称为结绳技术。在攀登过程中，绳子要与其他保护装备、固定点及绳子自身发生各种连接，以解决实际需要。绳结技术是攀登、保护技术中所使用的最重要的技术。

绳结有各种不同的打法，各种打法有不同的用途，以下举例说明。

1. 基本结

又称为单结、保护结。在绳头部位打此结，可防止绳结解脱。建议：在结好其他结后，一定要结此结。（图 12-3-1）

（1）双“8”字结

简单易学，拉紧后不易松开；不受力时，不容易松开。（图 12-3-2）

图 12-3-1　　图 12-3-2

（2）布林结

布林结又称系船结。绳结易结易解，但也易松动。（图 12-3-3）

（3）蝴蝶结

蝴蝶结又称中间结。结组时可用蝴蝶结直接套在中间队员的安全带上，起保护作用。（图 12-3-4）

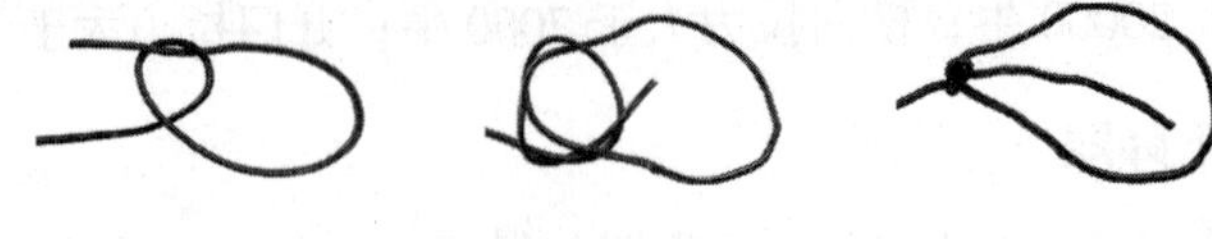

图 12-3-3

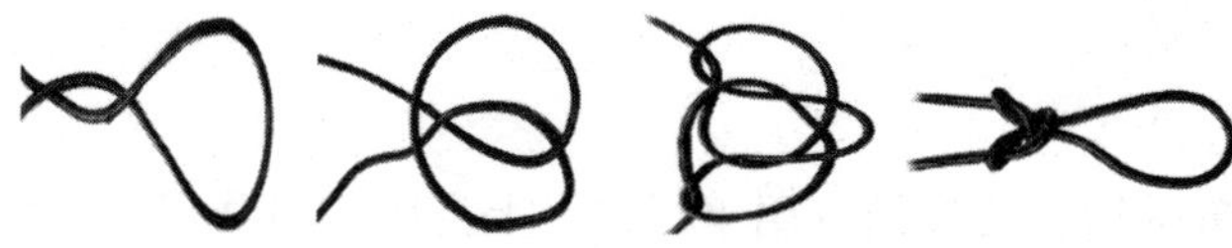

图 12-3-4

（4）双套结

双套结又称丁香结，可用于固定，也用于攀登和下降。（图 12-3-5）

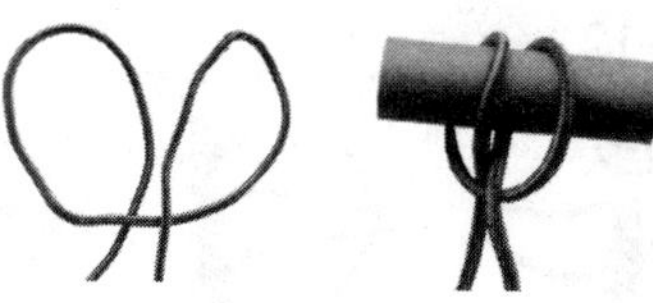

图 12-3-5

2. 连接安全带用结

（1）双“8”字结：同前。

（2）布林结：在顶绳攀登中可选的连接方式。优点是方便快捷，缺点是不受力时容易松动。

3. 绳子间的连接

（1）平　结

平结又称连接结、本结、陀螺结，用于粗细相同的绳索之间的连接。（图 12-3-6）

（2）“8”字结

“8”字结用于粗细相同的绳索之间的连接。（图 12-3-7）

（3）渔人结

渔人结适用于结两条质地、粗细相同的绳索或扁带。

（4）水　结

水结又称防脱结，可将两条扁带连接在一起，用于连接扁带，但此结易松，必须用力打紧并经常检查。（图 12-3-8）

图 12-3-6　　图 12-3-7　　图 12-3-8

（5）混合结

混合结用于不同直径绳索之间的连接。（图 12-3-9）

（6）交织结

交织结又称渔翁结、水手结、紧密结和天蚕结，用于直径相同绳索之间的连接。（图 12-3-10）

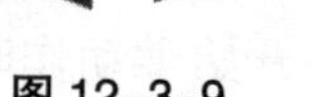

图 12-3-9　　图 12-3-10

4. 特殊用途

（1）抓　结

抓结又称普鲁士结、移动结，用于行进、上升中的自我保护。抓结不受力时可沿主绳滑动，受力时在主绳上卡住不动。（图 12-3-11）

（2）意大利半扣

意大利半扣用于沿主绳快速下降时的速度控制。意大利半扣主要用于防止“8”字环遗失的情况。（图 12-3-12）

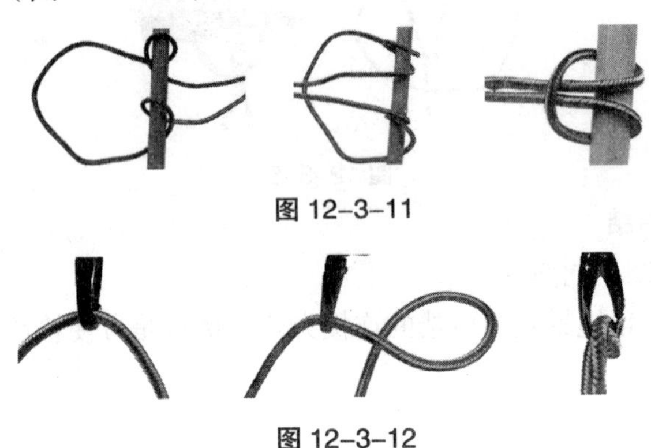

图 12-3-11

图 12-3-12

（二）攀岩技术

攀岩运动是一项实践性很强的运动项目，其技术的掌握、经验的积累主要来自平时大量的实践和钻研摸索，并无定式。

1. 攀岩的手法

在攀登中用手的根本目的是使身体向上运动和贴近岩壁。岩壁上的支点形状很多，常见的也有几十种。攀岩者对这些支点的形状要熟悉，知道面对不同支点，手应抓握何处、如何使力。根据支点上凸出（凹陷）的位置和方向，以抠、捏、拉、攥、握、推等方法，但也不要拘泥，同一个支点可以有多种抓握方法。例如，有一种支点是一个圆疙瘩上面有个小平台，一般情况是把手指搭在上面垂直下拉，但为了使身体贴近岩壁，完全可以整个捏住，再平拉；又如要两只手抓同一个支点时，前面的手可先放弃最好的抓握处，让给后面的手，以避免换手的麻烦。抓握支点时，尤其是水平用力时，手臂位置要低，利用向下的拉力加大水平摩擦力；要充分使用拇指的力量，尽量把拇指搭在支点上，对于常见的水平浅槽的支点，把拇指扭过来，使指肚一侧抠进平槽，或把拇指横搭在食指和中指指背上，都可增加很大的力量。休息地段要选择在没有仰角或仰角较小，且手上有较大支点处。休息时双脚踩稳支点，手臂拉直（手臂弯曲时很难得到休息），上体后仰，但腰部一定要向前顶出，使下身贴近岩壁，把体重压到脚上，以减小手臂负担，做活动手指、抖手动作放松，并擦些镁粉，以免打滑。

2. 掌握重心

在攀登中，应明确地意识到自己重心的位置，灵活地控制重心的移动。移动重心的主要目的是在动作中减轻双手负荷，保持身体平衡。一开始学动作时大都十分盲目，不知道体会动作，一心只想提升高度。其实初学者最好不要急于爬高，先做一段时间的平移练习，即水平地从岩壁一侧移到另一侧，体会重心、平衡、手脚的运用等基本技术。在最基本的三点固定，单手换点时，一般把重心向对侧移动，使手在没离开原支点之前就已经没有负荷，可以轻松地出手。横向移动时，要使重心向下沉，使双手吊在支点上而不是费力地抠拉支点。

在一般情况下，应把双脚踩实，再伸手够下一支点，而不要脚下虚踩，靠手上拉使身体上移。一定要注意体会用腿的力量使重心上移，手只是在重心上移时维持平衡。

3. 掌握侧拉

侧拉是一项很重要的技术动作，它能极大地节省上肢力量，使一些原本困难的支点可以轻易通过，尤其在过仰角地段时被大量采用。其基本技术要点是身体侧向岩壁，以身体对侧手脚接触岩壁，另一只腿伸直用来调节身体平衡，靠单腿力量把身体顶起，抓握上方支点。以左手抓握支点不动为例，此时身体朝左，右腿弯曲踩在支点上，左腿用来保持平衡，右腿蹬支点发力，右手伸出抓握上方支点。由于人的身体条件，膝盖是向前弯的，若面对岩壁，抬腿踩点必然要把身体顶出来，改为身体侧向岩壁就可以很好地解决这一问题，使身体更靠墙，把更多身体重量转移到脚上，而且可利用全身的高度，达到更高的支点。

4. 手脚同点

手脚同点是指当一些手点高度在腰部附近时，使同侧脚也踩到此点，身体向上向前压，把重心移到脚上，发力蹬起，手伸出抓握下一个支点，这期间另一只手用来保持平衡的一种技术动作。手脚同点需要的岩壁支点较少，且身体上升幅度大，做此动作时有以下问题需要注意：若支点较高，应使身体稍侧转，面向支点，腰胯贴墙向后坠，腾出空间抬腿，不要面向岩壁直接抬腿。脚踩实后，另一脚和双手发力，把重心前送，压到前脚上，单腿发力顶起身体，同点手放开原支点，从侧面上移，抓握下一个支点，另一只手固定不动调整身体平衡。手脚同点技术主要用在支点比较稀少的线路上。

5. 注意节奏

攀岩讲究节奏，讲究动作的快慢和衔接。每个动作做完，身体都有一定的惯性。如果上一个动作正确到位，身体平衡就不成问题，便可以利用这一惯性直接冲击下一个支点，两个动作间不做停顿，这样会发现原来很困难的一些支点，不知不觉间就通过了。否则，如果过分求稳，一个动作停顿一下，每个动作前都要先移动重心、调节平衡，然后从零开始发力，必然导致体力消耗过大。动作要连贯但不能毛糙，各个细节要到位，上升时一定要由脚发力，不能用手拉和脚蹬。手主要用作保持平衡和把身体拉向岩壁。动作不要求太快，但要连贯，每个动作做实。一般做一两个连贯动作要稍稍停顿一下，调整重心，观察选择路线，困难地段快速通过，容易地段稳定、调整。遵循连贯—停顿—连贯—停顿的原则，间歇进行，做连贯动作时手脚和重心调整一定要到位，冲击到支点后要尽快恢复身体平衡。有必要时，可选好地段稍事休息，放松双手。进行练习时可以把各个动作分解成几个步骤，细细体味各处细节，分析如何才能节省体力。这样做熟练了，实际攀登时就不用过多考虑，犹如条件反射般就能做出正确动作。

6. 三点固定法

这也是基本的攀登方法，一次只移动一只手或一只脚，其他三点不动。

7. 线路规划

一面岩壁安装着众多的支点，选择不同的支点可以形成多条攀登线路。各人身体条件不同，也就有各自不同的最优路线。练习时可以先看别人的攀登路线，根据自己的身体条件选择一条最优路线，并锻炼自己的眼力，发现、规划新的线路。在正式比赛时，是不能观看别人路线的，必须自己规划，这就要对自己的身高、臂长、抬腿高度和手指力量等有较好的了解。在练习当中，一面岩壁，在已经能够登顶后，往往还有其他的利用价值。攀岩者可以通过规划不同的线路来增加难度，一般是自觉地限制自己，放弃一些支点，如放弃某几个大点，或故意绕开原线路上的某个关键点，或只使用岩壁一侧或中间的支点，或从一条线路过渡到另一条线路。

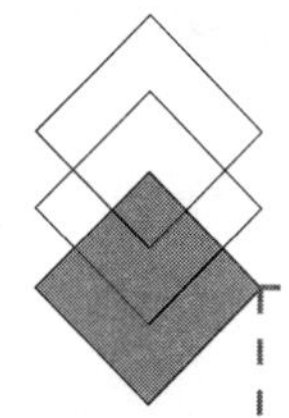

第十三章 花样跳绳

第一节 花样跳绳概述

一、毽球运动的起源与发展

踢毽子是我国一项流传很广、有着悠久历史的民族传统体育活动。踢毽子起源于我国汉代，盛行于六朝、隋、唐。至清末，踢毽子已达到鼎盛时期，参加的人越来越多，不仅可以锻炼身体，还可以被当作养生之道，而且把踢毽子和书画、下棋、放风筝、养花鸟和唱二黄等并提，以会踢毽子为荣，因此，踢毽子的活动范围更加广泛，特别是在青少年中更为普遍。当时就有这样的童谣："一个毽儿，踢两半儿，打花鼓，绕花线儿，里踢外拐，八仙过海，九十九，一百。"这说明踢毽子已经到了相当普及的程度。

在中华人民共和国成立后，我国的第一次正式踢毽子比赛是由原广州市体委于1956年举办的，并制定了简单的规则。1985年，我国首次举办全国毽球锦标赛，此后每年举办一届。

民间踢毽爱好者更是用功苦练，以口传身授的方法代代相传。经常进行毽球运动，能发展柔韧、速度、灵敏和耐力等身体素质，提高人体中枢神经系统和内脏各器官的功能，增强体质，培养勇敢顽强、机智灵敏、遵守纪律和团结友爱的精神。

二、毽球运动的锻炼价值

毽球比赛时，两队隔网竞争，定位轮换，要求运动员有较强的空间和时间概念，掌握全面的攻防技术，随时做出各种移动、跑动、跳跃和摔救等动作，这对于发展身体机能，增强体质，锻炼人们的灵敏、速度、耐力、力量和柔韧等素质有着良好的作用。毽球运动是团队集体项目，能培养团结协作的集体主义精神和机智灵敏、勇敢顽强、积极果断等优良品质。它具有足球、排球、羽毛球三者的特点，即足球的基本技术，排球的战术意识，羽毛球的步伐移动，是一项良好的全身运动。

毽球运动基本技术

第二节　花样跳绳基本技术

一、毽球运动基本技术

（一）基本站立姿势

毽球运动中的站立姿势也就是准备姿势，它是运动员在场上未接球时身体的一种等待状态，保持良好的姿势是为了迅速地启动，快速移动接近球，使身体能随时在瞬间由静变动，是由被动状态变为主动状态的关键。基本站立姿势包括平行站立法和前后站立法。

1. 平行站立法

两脚左右开立，比肩略宽，两脚几乎站在同一条直线上，两脚尖内收成外八字，脚跟稍提起，脚掌内侧着地；两膝稍弯曲，身体重心置于两腿之间；上体放松稍前倾，两臂自然屈于体侧。保持待动状态，目视来球。（图 13–2–1）

【重点】两脚掌内侧用力着地，身体重心下降，两膝内扣。

【难点】身体保持待动状态。

2. 前后站立法

两脚前后分开站立，支撑脚在前，两脚稍内扣，用脚内侧用力，后脚跟稍提起；两膝稍弯曲，身体重心稍前移下降；两臂自然屈于体侧，保持待动状态，目视来球。（图 13–2–2）

【重点】两脚掌着地，身体重心落在前脚。

【难点】身体保持待动状态。

（二）移动技术

移动的目的就是调整好人与球的最佳位置，有利于更好地发挥传、接、攻和防等各种技术。步法是移动的灵魂，因此，应掌握各种步法。

1. 前上步

前上步或斜前上步时，踢球脚蹬地，支撑脚向前或者斜前上方迈出一步，踢球脚随后做好踢球时的准备姿势。（图 13–2–3）

2. 后撤步

后撤时，支撑脚向后蹬地，身体重心后移，同时，踢球脚向后迈出一步，支撑脚跟上，成踢球准备姿势。（图 13–2–4）

3. 并　步

前并步时，右（左）脚向前蹬，重心前移，左（右）脚向前迈出一步，同时右（左）脚跟上前并步，准备接球或起跳；左（右）脚并步时，右（左）脚向左（右）侧蹬地，身体重心向左（右）移，左（右）脚向左（右）侧迈出一步，右（左）脚并

步跟上，成准备姿势。（图 13–2–5）

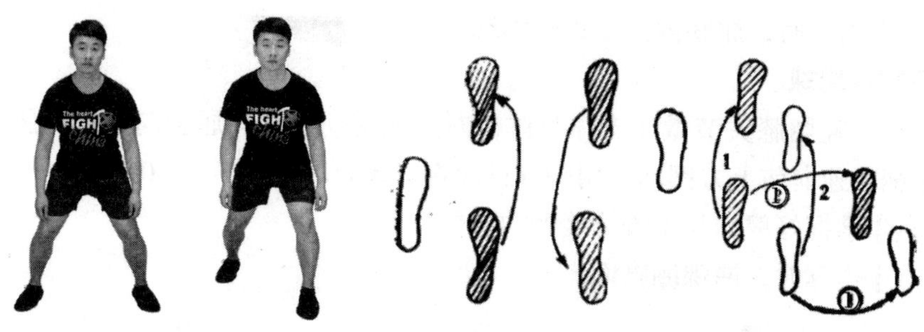

图 13–2–1　图 13–2–2　图 13–2–3　图 13–2–4　图 13–2–5

4. 交叉步

向右（左）交叉步移动时，左（右）脚向右（左）侧蹬地，把身体重心移到右（左）脚，左（右）脚从右（左）脚前往右（左）侧交叉迈出，同时右（左）脚向外侧蹬地，从左（右）脚后侧迈出，成踢球准备姿势。（图 13–2–6）

5. 转体上步

左（右）转体时，以右（左）脚为中枢，左（右）脚向后蹬地，身体重心下降稍向后移，以髋带动身体向左（右）转体 90° ～ 180° ，成踢球准备姿势。（图 13–2–7）

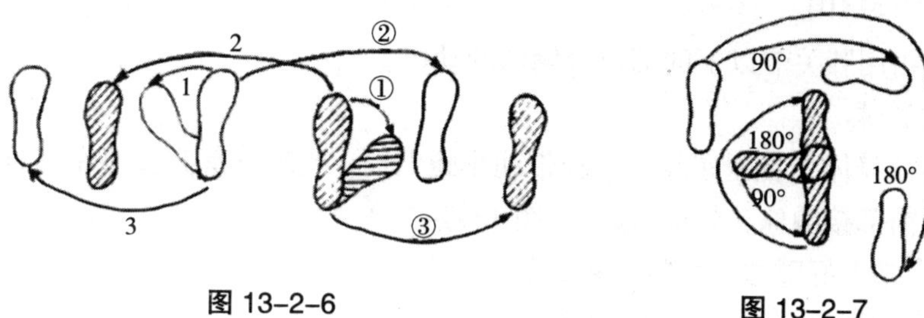

图 13–2–6　图 13–2–7

（三）踢球技术

踢球是毽球技术中最基本的技术动作，也是毽球技术中最重要的技术。踢毽球的方法一般有脚内侧踢球、脚外侧踢球和正脚背踢球三种。

1. 脚内侧踢球

脚内侧踢球也称内脚踢球。此种踢法脚接触球的面积大，传球较准确，适用于中短距离传球和调整传球。（图 13–2–8）

踢球时，左腿膝关节微屈支撑身体，右大腿带动小腿屈膝上摆，同时以髋关节为轴，膝关节屈膝外张，当脚触球的刹那间，小腿加速上摆，踝关节内屈端平，用脚弓内侧把球踢出。踢出的球要垂直或控制出球方向。

【重点】掌握好毽球与脚内侧接触的部位。

【难点】击球时，屈膝外张，踢球脚端平。

2. 脚外侧踢球

踢球时，左腿膝关节微屈支撑身体，右腿以髋关节为轴屈膝，膝关节内扣，小腿迅速抬起向体外侧上摆；当脚触球的刹那间勾足尖，踝关节外屈端平，用脚背外侧把球向上踢起。（图 13–2–9）

【重点】掌握好毽球与脚背外侧接触的部位。

【难点】击球时，屈膝内扣，踢球脚端平。

3. 正脚背踢球

踢球时，左腿膝关节微屈支撑身体，右大腿带动小腿，屈膝向前摆，脚背绷直，击球时小腿加速向前上方摆动，用脚背正面将球踢起。（图 13-2-10）

【重点】掌握好毽球与正脚背接触的部位。

【难点】击球时，屈踝绷脚面。

图 13-2-8　　图 13-2-9　　图 13-2-10

（四）触球技术

触球是指用膝关节以上的部位接触球的动作。

1. 腿部触球

左脚支撑身体，右腿屈膝，大腿带动小腿上提，当球下落到髋部左右时，用膝关节以上大腿前部接触球，将球弹起。（图 13-2-11）

【重点】掌握好毽球与大腿接触的部位。

【难点】掌握好大腿触球的时机与用力。

2. 胸部触球

两脚前后或左右站立，身体正对来球，两膝微屈，上体稍后仰；当球距胸前约 10 厘米时，两臂自然微屈，两肩稍用力向后拉；接触球的刹那间挺胸、蹬地，用胸部将球弹起。（图 13-2-12）

【重点】掌握好毽球与胸部接触的部位。

【难点】掌握好毽球与身体接触的时机。

3. 肩部触球

两脚前后或左右站立，身体正对来球，两膝微屈，上体稍后仰；当球距肩部约 10 厘米时，两臂自然微屈，两肩稍用力向后拉、前摆，用肩部将球弹起。（图 13-2-13）

【重点】掌握好毽球与肩部接触的部位。

【难点】全身协调配合。

4. 头部触球

两脚前后或左右站立，身体正对来球，两膝微屈，上体稍后仰，当球距头部前方约 10 厘米时，两脚蹬地，收腹屈体，同时，颈部稍紧张向前摆头，用前额将球正面弹起。（图 13-2-14）

【重点】掌握好毽球与前额接触的部位。

【难点】掌握好毽球与前额接触的时机。

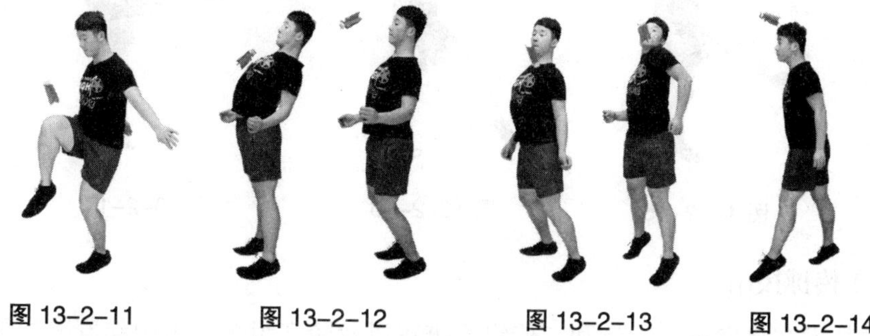

图 13-2-11　图 13-2-12　图 13-2-13　图 13-2-14

（五）发球技术

发球既是比赛的开始，又是一项进攻技术；既可以直接得分，又能破坏对方一传，也可以为防守和反击创造有利条件；发球的时候可以采用盯人、找空、压后和吊前等手段，发出各种战术球，以便达到破坏对方组织进攻或直接得分的目的。发球的方法一般有脚内侧发球、正脚背发球和凌空发球三种。

1. 脚内侧发球

身体和球网约成 45° 角站立，左脚在前与端线成 45° 角，右脚在后与端线平行站立，膝关节微屈；左手将球垂直抛起于体前，距离身体约一臂之远，身体重心前移至左脚上，右腿以髋关节为轴，屈膝外转，脚掌与地面平行，小腿迅速前摆，用脚内侧将球击出。（图 13-2-15）

【重点】掌握好毽球与脚内侧接触的部位。

【难点】全身协调用力。

2. 正脚背发球

身体面对网站立，左脚在前，右脚在后，两膝微屈，上体稍前倾，身体重心落在两脚之间，左手持球于腹前；左手将球垂直抛起于体前，距离身体约一臂之远，抛球的同时，身体重心前移到左脚上，右脚迅速蹬地、屈膝，小腿后屈，尽量靠近大腿，击球的刹那间，小腿迅速前摆，脚面绷直，用脚背正面将球击出。（图 13-2-16）

【重点】掌握好毽球与脚背正面接触的部位。

【难点】全身协调用力。

3. 凌空发球

身体侧对出球方向，左脚尖指向出球方向；左手持球于体前，距离身体约一臂之远，将球向上抛起，球要高过头顶；当球落到大约肩部高度时，右腿迅速抬起，大腿带动小腿快速摆动，脚面绷直，用脚正面将球击出。击球后，身体随即转向出球方向，保持身体平衡。（图 13-2-17）

【重点】掌握好毽球与脚面接触的部位。

【难点】掌握好击球时机与全身协调用力。

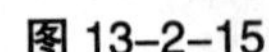

图 13-2-15

图 13-2-16

图 13-2-17

（六）传球技术

传球技术在接发球、一传和二传组织进攻以及防守组织反击中起着串联和纽带作用，是组织各种进攻战术、变换战术和创造进攻得分的有效手段。传球一般有脚内侧传球和正脚背传球。

1. 脚内侧传球

身体稍向前微屈，注视来球，大腿带动小腿，脚内侧端平，用脚弓将球向上或前上方传出。（图 13-2-18）

【重点】脚内侧端平与地面平行。

【难点】全身协调用力。

2. 正脚背传球

身体稍向前微屈，注视来球，大腿带动小腿，踝关节前屈，脚面绷直，用脚背正面将球传出。（图 13-2-19）

【重点】踝关节前屈，脚面绷直。

【难点】全身协调用力。

图 13-2-18

图 13-2-19

（七）进攻技术

进攻是得分的主要手段，是决定比赛胜负的关键。进攻技术一般有倒勾攻球、脚踏攻球和头部攻球。

1. 倒勾攻球

倒勾攻球有正倒勾攻球、外侧倒勾攻球和内侧倒勾攻球三种技术。（图 13-2-20）

图 13-2-20

（1）正倒勾攻球

背对网平行站立，右腿蹬地起跳，左腿屈膝上摆，摆到最高点时，左腿迅速下摆，同时右腿屈膝，大腿带动小腿用力上摆，当球下落到大约头的前上方时，小腿快速用力摆动，击球的瞬间，脚腕抖屈，用脚趾跟部以上的部位将球击过网，两腿顺势依次缓冲着地，以保持身体平衡。

【重点】掌握好毽球与脚接触的部位。

【难点】掌握好击球时机与全身的协调配合。

（2）外侧倒勾攻球

背对网平行站立，右腿蹬地起跳，左腿屈膝上摆，摆到最高点时，左腿迅速下摆，同时右腿屈膝，大腿带动小腿用力上摆，当球下落到大约头的前上方时，小腿快速用力摆动，击球的瞬间，右腿向外侧摆动，同时脚腕抖屈，用脚趾跟部以上的部位将球在身体外侧击过网，两腿顺势依次缓冲着地，以保持身体平衡。

【重点】右腿向外侧摆动。

【难点】掌握好击球时机与全身协调配合。

（3）内侧倒勾攻球

背对网平行站立，右腿蹬地起跳，左腿屈膝上摆，摆到最高点时，左腿迅速下摆，同时右腿屈膝，大腿带动小腿用力向内侧斜前上方摆动，当球下落到大约头的斜前上方时，小腿快速用力摆动，击球的瞬间，脚腕内翻抖屈，用脚趾跟部以上部位将球在身体内侧击过网，两腿顺势依次缓冲着地，以保持身体平衡。

【重点】右腿向内侧斜前上方摆动。

【难点】掌握好击球时机与全身协调配合。

2. 脚踏攻球

脚踏攻球有直腿踏球和屈腿踏球两种技术。（图 13-2-21）

图 13-2-21

（1）直腿踏球

面对网站立，左脚向前迈出一步支撑身体或跳起腾空，右腿迅速上摆；当球下落到前下方时，击球的瞬间，展髋、展腹，脚面绷直，扣脚趾，快速收小腿，用前脚掌将球击过网。

【重点】掌握好毽球与脚掌接触的部位，以及快速收小腿的动作。

【难点】击球时机与全身协调配合。

（2）屈腿踏球

面对网站立，左脚向前迈出一步支撑身体或跳起腾空，右腿迅速上摆；当球下落到前下方时，击球的瞬间，大腿带动小腿加速上摆，踝关节放松，小腿带动脚掌快速向下做鞭打动作将球击过网。

【重点】做好击球时的鞭打动作。

【难点】掌握好击球时机与全身协调配合。

3. 头部攻球

随着规则的改变，用头部攻球的机会也随之减少，并且进攻的威力远远小于倒勾攻球和脚踏攻球，所以现在只在一般接球时使用头部攻球。

身体正对来球，在限制线后原地或者跳起，身体后仰成反弓；当球下落到头的前上方时，收腹屈体，上体快速前摆，用头顶或前额将球击过网。（图 13-2-22）

【重点】掌握好毽球与前额接触的部位。

【难点】掌握好击球时机与全身协调配合。

（八）防守技术

防守是毽球比赛中反攻的重要环节，掌握好此项技能，在比赛中可缓解对方的进攻，有利于创造反击得分的机会。防守技术一般有无人拦网、单人拦网和双人拦网。（图 13-2-23）

图 13-2-22

图 13-2-23

1. 无人拦网

对方进攻的来球点离网较远，三人防守时可以站成马蹄形，根据对方进攻方式的变化来判断对方攻球的方向。

【重点】正确判断对方的攻球路线。

【难点】步法移动及整体配合。

2. 单人拦网

面对球网，距球网约 20 厘米，双脚平行站立，约与肩同宽，稍屈膝，身体重心落在两脚间，收腹，上体稍前倾，两臂自然屈于体侧，注视来球，准备起跳拦网；当对方攻球时，两脚用力蹬地起跳，两臂收拢，自然下垂于体侧，提腰、收腹、挺胸击球。击球后，身体下落，两脚掌先着地，屈膝缓冲，以衔接下一个动作。

【重点】收腹挺胸。

【难点】掌握好起跳时机。

3. 双人拦网

判断好对方的击球点，双人在网前滑步选准位置，同时起跳、提腰、收腹、挺胸击球。击球后，身体下落，两脚掌先着地，屈膝缓冲，以衔接下一个动作。

【重点】掌握好起跳时机。

【难点】拦正面、挡侧面。

二、毽球运动基本战术

毽球战术就是毽球各项基本技术在比赛中的综合运用。它是场上双方队员根据自身的具体情况所采取的有目的的进攻或防守的集体配合。毽球基本战术包括进攻战术和防守战术两种。

（一）进攻战术

在确定一个队的基本进攻战术时，首先要根据本方队员的具体情况、具体技术特点进行合理、恰当的阵容配备。一般有“一二”配备、“二一”配备和“三三”配备。

1.“一二”配备

场上三名队员中有一名主攻手和两名传球手的组合形式。它是最基本的阵容配备，适用于最初阶段的比赛战术。

2.“二一”配备

场上三名队员中有一名主攻手、一名副攻手和一名传球手的组合形式。这种阵容适用于场上有勾球手、踏球手各一人以及一名二传手的阵容。

3.“三三”配备

场上三名队员都能攻球又能传球的组合形式。这种阵容配备是最先进的进攻战术配备，是现在国内众多高水平队伍普遍采用的一种阵容配备。

（二）防守战术

防守战术首先应根据场上对方队员进攻战术的不同特点，结合本队的具体情况制订的基本防守战术阵型，它有以下三种。

1. 马蹄形防守

三名队员在场上成马蹄形站位防守。

2. “一拦二防”

场上三名防守队员中有一名队员在网前拦网，另外两名队员在其身后两侧站位防守。

3. “二拦一防”

场上三名防守队员中，有两名队员在网前拦网，另一名队员在中间后方站位防守。

【要点指引】毽球基本战术实际上就是攻防双方在技术上、心理上利用各自的基本技术，根据临场的具体情况，不断组成制约与反制约的攻防对抗。强有力的进攻就是防守，而有效的防守更是进攻。两者既可互为依存条件，又可互为转化条件，可以说是瞬间即变，关键在于能否及时、准确地分析出对方的强弱之处，组织起各种多变的攻防战术，发挥出自己的长处，攻击对方的短处。

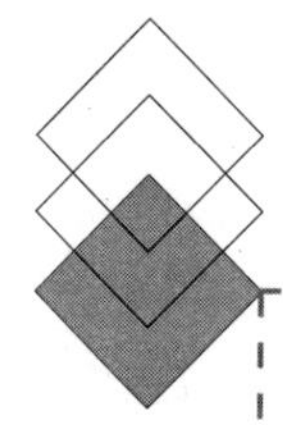

第十四章

木球运动

第一节　木球基本技术

一、基本动作

（一）置　球

球置于左脚脚跟的延长线上，离身体的距离视个人的情况而定。一般在离左脚尖内侧前 30 ~ 40 厘米。离身体太近不利于挥杆，离身体太远不利于控制球，容易改变挥杆的运行轨迹。

1. 左脚尖前置球

将球置于左脚尖的前方 10 ~ 50 厘米处，根据不同的动作姿势，置球的前后距离不相同。（图 14–1–1）

2. 左脚尖前内侧置球

将球置于左脚前方内侧 5 ~ 10 厘米的位置。根据不同的动作姿势，置球的前后距离不同。（图 14–1–2）

（二）瞄　球

瞄球是指先选定击球的目标（假想点），并在头脑中画出一条从球位到目标点的假想球线。

1. 瞄球的动作要领

将球放在目标线上，找准两脚位置（两脚的连线应平行于目标线），握杆时杆头应与目标线垂直对准目标。两脚连线、球、杆头等处于平行或垂直状态，

2. 瞄球动作的顺序

（1）走到球体的后方，观察球的运行路线，确定好方向和路线后，到球体的侧面击球。

（2）确定采用什么样的动作瞄球，观察球的运行路线，然后站好位。

（3）握杆时试挥一下杆是否正确（完成挥杆击球前的动作）。（图 14–1–3）

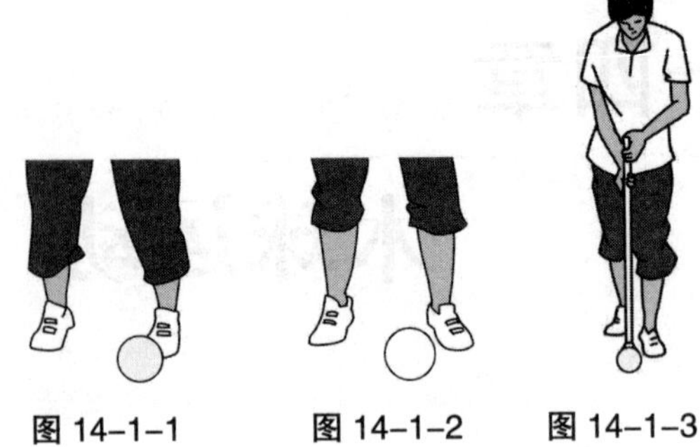

图 14–1–1　　图 14–1–2　　图 14–1–3

（三）站　位

1. 平行式站位

平行站姿方法：两脚自然分开，与肩同宽；脚尖向前，两脚连线与目标线平行。两膝微屈，两臂自然下垂。颈部略微下弯，整体姿势如中国功夫中的马步。（图 14–1–4）

2. 外展式站位

两脚距离与肩同宽，右脚尖向前，左脚尖向左侧外展 20° ~ 30°，左脚尖与靠近体侧的球门柱成一直线。整个动作站定后，应有气定神闲且要稳如泰山的感觉。（图 14–1–5）

（四）握　杆

1. 靠近式握杆

采用十指握法，左手在上，右手在下，左手握球杆最上端的侧面，虎口向下。右手握杆靠紧右手，虎口向下。此握杆方法适用于青年学生和老年人。（图 14–1–6）

2. 分离式握杆

双手握杆，相距 10 厘米左右，使用十指握杆方法。（图 14–1–7）

3. 自然式握杆

双手握杆，采用十指握杆方法，十指自然分开。（图 14–1–8）

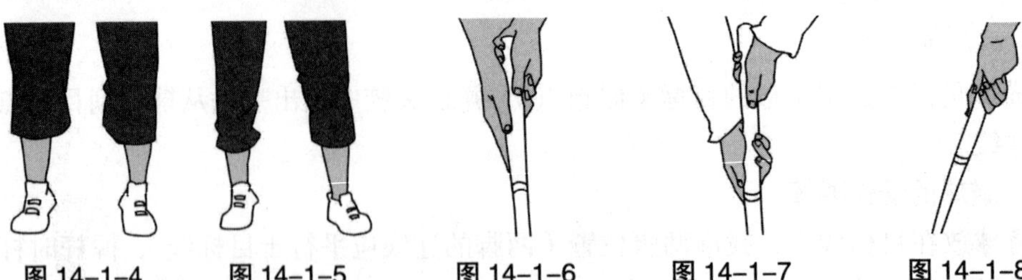

图 14–1–4　　图 14–1–5　　图 14–1–6　　图 14–1–7　　图 14–1–8

（五）击　球

击球是指做挥杆动作时杆头与球接触的瞬间，这一瞬间决定了球的运作路线与方向。击球动作的核心是如何建立左侧的“那堵墙”，就是身体左侧能否顶住上杆时在身体右侧所形成的所有动作，以身体左侧为轴线全部转向目标。如同释放上紧的发条，将身体右侧积蓄的所有能量都集中到击球瞬间，在击球的瞬间，身体的左侧包括左脚、左腿、腰和颈部的左侧都要顶住。

1. 击球动作要领

确定目标线后，站位时应该确认包括杆面、肩部、腰部、膝盖及两脚是否与目标线平行。双膝放松微屈，上身放松，臀部向后顶，直到感觉平衡为止。此时，身体自然往前倾斜，但应保持背部挺直，双手自然下垂握住球杆。

2. 击球注意的问题

（1）右手手腕的屈腕动作在击球之前决不能释放。将上杆时积蓄的能量在击球瞬间全部释放。如果提前释放腕部，就会造成手臂挥杆，击球距离缩短且方向性也不好。

（2）击球瞬间，右肩不能跟向目标方向，应该做下沉动作。只有这样才能将全身的力量充分传递到球上。如果右肩跟向目标方向，就会出现左拉或右推的现象。

（3）头部的位置也很重要，不管是击球瞬间还是击球完成后，头部都要留在后面而且眼睛要盯住球位。如果抬头或肩部开放，身体左侧的挥杆轴线就会移动。

每一次击球都要确认球是否击中杆面的正中央。（图 14–1–9）

图 14–1–9

二、基本技术

（一）吊　球

1. 正面吊球动作

两脚前后站立，右脚前，左脚后，屈膝半蹲，躯干直立，头部抬起，左手扶球杆上端紧贴在右锁骨窝处，左手虎口向上，掌心朝向右锁骨窝处，右手反握球杆中部（掌心向前），两眼注视前方目标点。（图 14–1–10）

2. 侧面吊球动作

侧面吊球，两脚分开，与肩同宽，上身放松，双肩与手臂形成一个倒三角形，腕部与杆身平行，眼睛在球的上方。根据吊球的部位不同，姿势有所变化。（图 14–1–11）

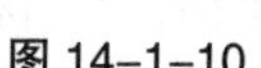

图 14–1–10

图 14–1–11

（二）推　杆

动作要领：推球动作是两脚分开与肩同宽，两腿自然弯曲或不弯。身体放松前俯，眼睛目视球的上方。手腕和前臂与杆身平行，往右后斜面挥杆，肘弯曲、转肩、扭腰。下挥杆时，蹬地、转髋、击球、送杆，将杆头向球的方向推出。注意：双肩是斜平面移动，两臂上下做钟摆运动。（图 14–1–12）

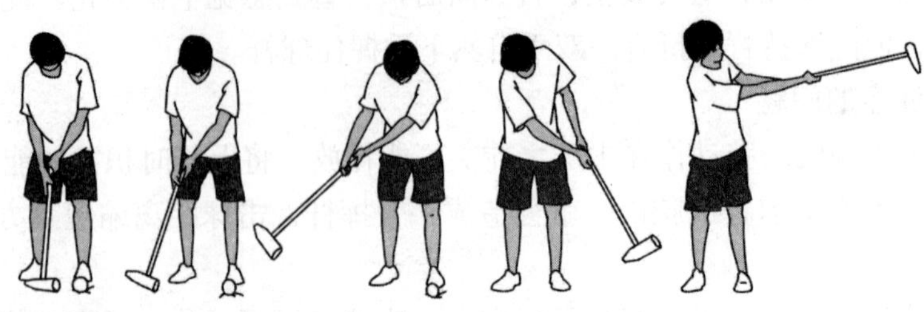

图 14–1–12

（三）攻　门

在完成击球准备动作时，两臂与手握杆成斜面的倒三角形，然后引杆转体向后，挥杆的路径是由内到外呈半圆弧形，然后下挥杆、击杆、送杆、收杆，完成攻门动作。（图 14–1–13）

图 14–1–13

（四）挥　杆

1. 上挥杆

上挥杆时，挥到右肩的后侧斜上方为最高点，因为它的动作轨迹是从腰部后转斜平面的运动轨迹。（图 14–1–14）

2. 下挥杆

球杆随惯性下降，肩、肘、手下拉加速下挥杆。此时维持屈腕动作不变，肩带动手臂，手腕加速翻转，左侧身体顶住，左腿支撑肩，带动腰关节、髋关节转动，右脚蹬地至前脚掌支撑，球杆沿身体矢状面的目标线前移，右臂伸直，杆头击球瞬间完成下挥杆动作。（图 14–1–15）

3. 送　杆

送杆动作是身体重心前移、手臂与球杆尽量前伸，保持身体平衡，然后将杆头彻底挥出去。身体姿势为双手握杆指向目标方向，从而保证击球距离和方向。（图 14–1–16）

4. 收 杆

收杆动作是在充分完成送杆后球杆随惯性缓冲，将球杆收于左侧上方为止，身体转向目标方向。（图 14–1–17）

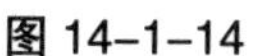

图 14–1–14

图 14–1–15

图 14–1–16

图 14–1–17

（五）短 杆

短杆动作是在准备动作完成以后，向右侧后上斜面引杆，同时转肩约 70° ，转髋约 20° 。它是由一个运动轨迹完成的，引杆的前期从腰部挥起，到下挥杆、击球、送杆、收杆始终是在一个右斜平面上的运动轨迹，它的引杆不超过身体斜平面上的运动轨迹，也不超过身体中心轴的中心线。它的击球是扫地式击球，送杆后在左前方完成收杆动作。（图 14–1–18）

图 14–1–18

（六）中 杆

准备动作完成后，上挥杆时转肩转髋。躯干向后转体不超过身体的假设垂直线。手臂握杆的最高点在右肩下方，然后下挥杆击球、送杆、收杆于左肩上，完成中杆动作。（图 14–1–19）

图 14–1–19

（七）长　杆

准备动作完成后，身体向后转体 20°　~ 40°　挥杆。挥杆到最高点时，握杆手在右肩斜上方。转体幅度比较大，这时两脚不动，只有膝关节、髋关节、腰关节、肩关节一体化的转体运动，使转体满弓，然后肩关节、手关节、肘关节下拉，加快下挥杆速度，击球的瞬间送杆、收杆于左侧头上部，完成收杆动作。（图 14–1–20）

图 14–1–20

三、技术训练

木球技术训练是由教练员来组织实施的，通过向学员讲授科学的木球理论知识，讲授木球各种技术，并通过有组织的反复练习，使学员掌握各种动作要领，不断提高技能，并逐步形成正确的、稳定的动作定型，增强适应性和实战能力。设置实用性、针对性、科学性的训练内容并认真组织实施，对提高训练质量尤为重要。

（一）市球训练原则

木球技术训练的规律要在实践中不断去探索，并进行科学归纳，再上升为理论去指导实践，从而形成木球训练的指导原则。在木球技术教学和训练的过程中要遵循以下四个训练原则：

1. 不间断原则

学员从初学到具有较高水平，必须经过长期不间断的训练，只有不间断训练，才会使机体逐渐产生适应性，使学员加深对木球技术动作的认识，形成良好的动作定型；只有不间断训练，才能不断修正学员不准确的动作姿势，使动作更加规范化。

2. 循序渐进原则

训练过程中训练方法、训练手段的选择以及训练负荷的安排等必须遵循由易到难、由简到繁、由浅到深、由未知到已知的循序渐进的过程。训练还要坚持从难、从严、从细和从比赛实际需要出发，这样训练才能收到好的效果。

3. 合理安排训练负荷原则

科学安排训练负荷是尽快提高木球技术水平的关键。训练负荷是指训练的密度和强度。在木球技术训练中，没有一定密度和强度的训练，是对时间、精力的浪费，是失败的训练。每天训练 7 小时以上，并多数为重复练习，会使学员感到很疲劳，从而失去训练的兴趣，同样是不可取的。因此，教学、训练的过程中一定要合理安排训练负荷。

4. 区别对待原则

教练员要深入了解队员的健康状况、家庭情况、性格、年龄、职业和文化程度等，根据每个人的体格状况和接受能力，在训练时要有针对性地区别对待，训练的要求应有所不同。

（二）木球技术训练方法

1. 击球训练方法

（1）挥杆练习法

首先必须学会挥杆的正确姿势，巩固挥杆基础，形成一个全新的良好习惯。这是一个技术性和机械式的练习，需要经过重复的动作来巩固，这个过程中可能会经受一些挫折，但要注意，此时不需要考虑球的运行情况，其目的不是了解球的方向在哪里，而是要掌握一个更适合自己的挥杆姿势和形成良好的习惯。这个过程需要 1 个月左右的时间，在这期间，不要考虑球的运行轨迹、落点、距离，也许这很难让人相信，但如果你将注意力放在动作、姿势等基础上，比如握杆、站姿、瞄球方向、球位等，那后面的实战练习就会有一个坚实的基础。这些练习是必须长期进行的，是打球之后发现问题并进行纠正的过程，而不是上场前的热身准备。

（2）实战练习法

接下来是学会如何在球场上打球，重点是目标、方向和球的运行路线，而不是姿势和动作。节奏和身体平衡在这个阶段必须强调，现在是让你走出练习场，以全新姿态面对球场的重要阶段。如果击出的球偏离目标越远，那么说明技术问题也越多，你只是在挥杆上花了不少工夫，而不懂如何在场上运用。此时需要更多的注意目标和方向，以及球应该怎样的运行的目标。

（3）完整击球练习法

在草坪上与击球方向垂直地在草坪钉两个长钉，两钉间距 15 厘米。按正常动作做击球动作，使杆头从两钉间通过而不碰任何一个钉，增加挥杆练习的密度，保证每次都击到球。这样有利于体会正确的挥杆击球动作，形成正确的动力定型，对初学者特别适合。体会正确的用力顺序，在练习时可每挥杆两次后在两钉间放球，然后做动作将球击出，以增加实战效果。

2. 攻门练习法

（1）攻门瞄准练习

在球道内，沿球和球门方向放置两长杆，间距 20 厘米，置球于一端。练习时，利用放置的两长杆作为瞄准参照物按正常技术动作击球，使球不碰触任何一杆。体会攻门完整动作，把握击球节奏。

（2）把握击球力度的练习

①感受球速法

在赛道上距球 3 米、6 米、9 米处各横放一球杆。正常攻门动作将球击出，由近及远，每个杆前停 3 个球。练习 3 组。体会草坪对球的阻力，把握球速，为准确的攻门做准备。

② 过空门练习法

将球门的木杯取下，再置于正常的位置。按正常攻门动作攻门，击球力度控制在球过空门后停留位置距门在 1 ~ 5 米的范围内。体会攻门时合适的击球力度，以防攻门不进时反弹出界。

（3）击球节奏的练习方法

借助节拍器练习。只需将节拍器放在地面上，为击球找准节奏，使其跟节拍器合拍。推杆应该处于上杆的末端，即在“嘀—嗒”声响到第二声的时候，应处于送杆的收尾阶段。节拍器的节奏可以调节，可以让适当的节奏成为“嘀—嗒”一声，继续练习，使其跟节拍器合拍，直到能连续不断地重复击球的节奏。在推杆的时候，只需默念：“嘀—嗒”。当站在球旁边的时候，节奏将很适合推杆。

3. 推杆和吊球训练方法

（1）单手推杆调杆练习

单手抓住球杆并开始击球。首先，当从不同的距离开始练习的时候，腕部不应该有任何多余的动作，在这种条件下才能够形成真正的滚动。其次，一定要放松，只有在放松的时候才能够获得最好的结果。每一种击球，腕部上翘都是不正常的，不论是轻击球、挥杆还是猛烈击球，只要做出这种动作都不能打好球。腕部僵硬的球手在比赛中经常成为失败者。

（2）推杆瞄准练习

当打完球时，球瓶或球杆路径也许会偏离轨道。不能瞄准将导致击打的球体偏离既定路径很远，因此保持杆头正对目标是至关重要的。为了让球瓶面对准目标线，可以进行简单的旗杆练习，即将球杆放在旗杆顶上，使杆头上的瞄准线处于旗杆的中间。虽然球瓶击球时有一点弧度，但应尽量使球瓶面正对旗杆。练习这个动作 30 秒左右，然后将球杆移离旗杆，回到赛道上，在赛道进行几次推杆。当练习击球的时候，应尽量准确地击球。

（3）球的运行感觉

各个木球场的球速各不相同，即使是同一个场地，在不同的时间球速也各不相同，因为草的长短和草的摩擦力都不一样。当不习惯新场地的球速时，尤其是当它跟以前打过的球场草地大不相同时，就会产生挫折感。一个简单而又有效的方法是“谨慎推杆”。

（4）推杆与吊球练习

进行推杆与吊球练习的目的在于训练推杆与吊球技巧，通过练习而养成条件反射动作，从而使推杆与吊球更正确与稳定。通过这些简单的练习，你会清楚地了解到杆头行进的路线，从而清楚地了解到杆头行进的缺点。但是请注意，所有有关推杆的练习，皆以距离 8 米内为准。如遇到更长距离的推杆时，应稍微延伸上杆动作。

找一处适合做直线推杆的平坦场地，在目标点左右各摆一支长球杆作为对准轨道，让推杆能在两只长球杆中间通过，借此训练平行对准。虽然推杆距离仅有 2 米，但是这种训练效果很好。这种方法不仅可以训练推杆与吊球技术，同时也在训练将球推进球门的意识，因为当遇到20米或30米的长推时，很难分辨这一杆推得好坏。利用这种练习法，即便没推正，球还会撞到标志杆过门，只要你做修正，勤加苦练，推杆技术一定能够达到稳定。摆放两支球杆这种方法的另一个好处是可以利用它纠正平行对准。虽然推杆的姿势千姿百态，但标准的姿势还是两脚、臀部与肩膀皆平行于目标线。在做击球准备姿势时，唯一能看见的只有自己的两脚，因此可以以此为参考，将推杆面的方向与两脚边线平行。推杆面有个很小的斜度，为2° ~ 5° 。在做击球准备姿势时，双手往前一些，使其位置刚好在球面前方的正上方处。发力必须使球在越过一定的距离后仍能自如地滚过去。将球放置在离左脚约6.7厘米的延长线上。上杆时，应感觉到杆头犹如将要触及草地般贴近地面，让球微微顺势上扬，以球瓶面正中央击中球，才能使球平稳地滚动。

4. 短、中、长杆练习方法

以下三种训练法能够帮助增加挥杆的击球力量、使球杆保持在正确挥杆平面上。

（1）扛杠铃转体

肩扛40 ~ 50千克的杠铃转体。模仿上杆动作，挥杆速度为标准速度的一半。转体时，要注意：

① 先转肩，再转髋。先使肩部转动3厘米，再去转髋。

② 后侧膝部不要弯曲，确保将身体重心移至右脚，可以感觉到躯干的肌肉紧绷。

③ 完成以上动作后，向前转体，模仿下杆、收杆。这一次要先转髋，再转肩。坚持练习几天，每天重复这个动作多次，将会自然地以正确的动作顺序上杆，做出有力的转绕动作。

（2）模仿站姿

站立，右手松开球杆，左臂在体前笔直地伸展。右臂置于腹部，双手臂握杆，以控制躯干的稳定。头颈向目标反方向，杆头不要离开地面，使胸部保持朝向地面，稳定身体中心轴。

（3）高姿势练习

站位，只用右手握杆，将左手置于胸骨前方，用右手上杆至顶点。此时应检查：

① 左手应移至右脚上方。

② 右臂弯曲90° 。

③ 右前臂的中点应该与右耳齐平，使身体和手臂的动作保持协调一致。

第二节 木球比赛规则简介

一、木球球具

木球球具包括球、球杆，球门及其附属用品。比赛球具必须符合国际木球总会审定的规格和标准。国际木球总会鼓励木球爱好者研发球具和探讨技术规则，提高参与木球运动的兴趣，但必须经过国际木球总会的批准方可使用。

（一）球

球须为圆形球体，选用优质木材经多种工艺制作而成，颜色有两种：一种是保持原木质花纹涂清漆而成，另一种是用漆涂成枣红色，球体上印有木球标志和号码。直径 9.5 厘米 ± 0.2 厘米；重量为 350 克 ± 60 克。（图 14–2–1）

（二）球 杆

1. 球杆为T字形，且为木质制成，球杆总重量约为 800 克。

2. 球杆总长 90 厘米 ± 10 厘米（含握杆和球瓶部分）。（图 14–2–2）

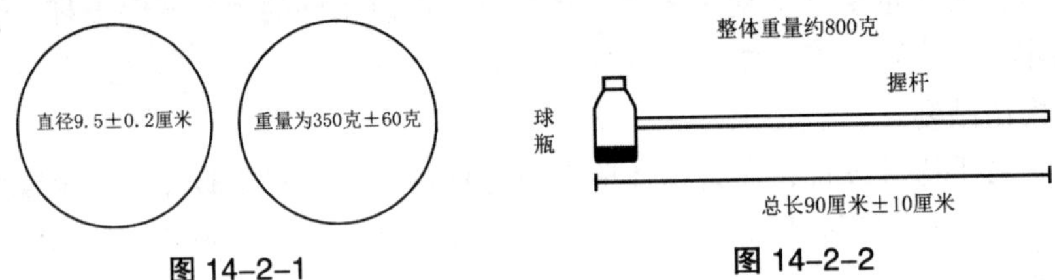

图 14–2–1　　图 14–2–2

3. 球瓶。球杆头之球瓶长 21.5 厘米 ± 0.5 厘米；瓶头直径 3.5 厘米 ± 0.1 厘米，瓶底套上一圆形橡皮垫，橡皮垫直径 6.6 厘米 ± 0.2 厘米，底厚 1.5 厘米，高 3.8 厘米 ± 0.1 厘米，缘壁厚 0.5 厘米。（图 14–2–3、图 14–2–4）

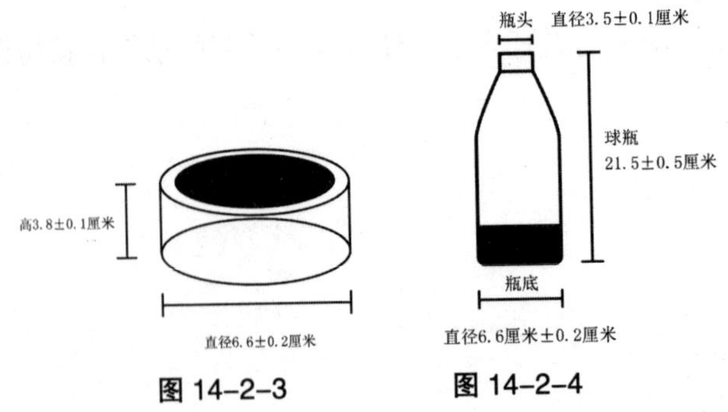

图 14–2–3　　图 14–2–4

（三）球 门

1. 球门呈“■”形且由木质制成，并附有金属棒、栓头、橡胶管等配件。

2. 球门以两支球瓶为球门柱，固定于地面上，球杯距地面 5 厘米 ±0.5 厘米，球门柱内缘宽度为 15 厘米 ±0.5 厘米。（图 14-2-5）

（四）球门设备规格（图 14-2-6）

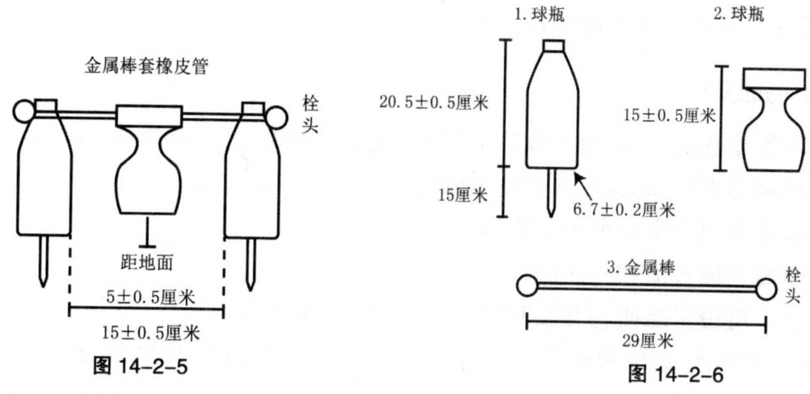

图 14-2-5

图 14-2-6

二、木球场地

木球属于休闲、健身运动，寓竞技于一体的新兴运动项目，休闲健身的场地在庭院、花坛、公园、田野、山坡、海边、沙滩、雪地，不受规划限制，可以随心所欲，只要玩得开心，达到休闲健身的目的就行。如果有竞赛性质的比赛，就要依据规则要求，根据比赛对象的身体状态，设计不同距离、不同形状、不同难度的球道，尽量使其符合规划。根据 2008 年规则对木球场地的规格要求，依据比赛的使用现状，可将木球场地分为草地、沙滩两种。木球场地草坪又分为人造草坪和自然草坪、泥土地三种。木球沙滩场地又分为人工沙滩场地和自然沙滩场地两种。

（一）通　则

1. 木球场地应设置在宽阔的草地或土地上，规划比赛球道。

2. 木球场地可利用自然物作为界限和球道障碍物做界线，如树、路边、树林边沿、挡墙、土坡或土堆等物作为参照物和标志线。

3. 球道根据地形可设置不同宽度的观赏区。

4. 木球比赛场地应有平面设计图，标示球道地形及全景，以便于运动员、裁判员、观众纵观全景。

（二）场地规格

1. 球道在比赛时进行修整，尽量使草地、地面平整。

2. 球道宽度根据地形规划，最宽处不超过 10 米，最窄处不得少于 3 米。

3. 球道长度：50 米以下为短道，51 ~ 80 米为中道，81 ~ 130 米为长道。

4. 12 个球道中，至少有 4 个弯道，其中 2 个左弯道、2 个右弯道。

5. 12 个球道中至少有 2 个短道、2 个长道。

6. 球道长度测量方法：从发球线中心点沿球道中央到球门中心点为球道的实际距离。

7. 球道发球区，是一个 2 米 ×3 米的长方形，发球时可将球置于发球区的任何点。

8. 球门区：球门区应以球门为中心，大约以 5 米为直径的圆形球门区（不画线的），球门区后边距球道线应有 2 米的缓冲地区。

9. 球门设在球门区的中心点上，球门可以朝任何方向。

10. 发球区及球门区地面尽量平坦无障碍。

（三）场地要求

1. 木球场地规划为 12 道（或其倍数），最好分为 A、B 两块场地。

2. 木球场地 12 道总长度为 700 米以上。

3. 球道地面或草堆以平坦为原则。

4. 球道规则成直道和弯曲球道。

5. 球道上可设置障碍物和临时界线（路边、林边等）。

6. 木球场地根据场地面积，规划出长、中、短不同距离的球道。球道长度为 30 ~ 130 米。

7. 球道线为直径约 1 厘米的白色或黄色圆绳。

8. 根据地区气候和地形影响，主办单位可酌情使用规则精神。

（四）场地设计原则

根据木球场地的通则和规格要求，场地设计的原则是在不违反规则精神的情况下，依据场地地形尽情地构思与发挥，设计出新颖、科学，具有实用性和观赏性的球道，使运动员、观众耳目一新，为运动员取得最佳成绩创造条件，为观众欣赏比赛提供最佳环境。

1. 场地平整原则

规则中有三处谈到场地平整，一是球道中央平整，有利于球的滚动；二是发球区平坦，有利于击球；三是球门区平坦，有利于攻门。在设置发球区和球门区时尽量使之平坦无障碍物，如设计难度时，上坡或下坡也要考虑上述三个方面的平坦原则。

2. 长度均衡原则

规则中规定有长道、中道、短道，因此在设计时要考虑均衡的原则，防止出现不是长道多就是短道少的现象，规则中规定至少 2 个长道、2 个短道。设计时要根据比赛对象设计出不同的球道，如青年比赛，适当增加长道，老年、少年比赛适当增加短道，中年组适当增加中道。一般情况下，比赛时间长，场地平坦，场地阻力小，难度一般，长、中、短道保持均衡的原则，长、短道各占 30%，中道占 40%，使长、中、短球道总长度达 700 米以上。

3. 道形多样化原则

为增强比赛的趣味性和观赏性，在场地设计中要增加球道的多样化，如有直道、弯道；有内弯道、外弯道，有左弯道、右弯道，在道形上要变化多样，不要重复，使队员在每一道都有新鲜感。尽量不要出现S形、Z形和U形的球道，这样的球道会使运动员感到心烦，不利于比赛的顺利进行，更容易造成伤害。

4. 自然地形设计原则

木球运动倡导的是环保理念，木球比赛保持大自然的地形地貌，不能因为木球比赛而去破坏大自然的原生态，不管球道中间有树木、花草、上坡、下坡，以保持不破坏环境和生态为目的，以自然地形球道设计为最佳，这样更符合“红色木球 绿色的运动”的宗旨。

5. 难度适宜原则

球道设置要难度适宜，不要难度太大，很多队员都难以完成，这样就失去了设计球道的意义。设计时要使 60% ~ 70% 的运动员都能完成，难度低的道 90% ~ 100% 的队员都能完成，大家都感到有难度，但又能完成，这就达到了难度适宜的目的。

6. 运动量适中原则

球道设置与运动员的体力消耗呈正比，根据有氧运动的原则，比赛期间的运动心率可达到 100 ~ 120 次/分。12 道运动员打 1 小时左右，体力感到有点累时，也就达到了运动负荷适中的锻炼目的。木球运动是中低强度的运动负荷，以有氧代谢供能为主的长时间运动。通过有氧运动，能让全身各组织、器官得到良好的氧气和营养供应。因此，设计球道时，以运动员活动 1 小时左右为最佳，达到球道设计的难度和运动量适中的目的。

7. 加减杆相等的原则

规则规定，在长球道上设置 30 米的限制线和 5 米的减杆线。比赛中有限制线，就要设置减杆线，要安排在长道上，使整个比赛中形成加减杆相等的均衡原则。

三、木球竞赛规则

（一）通　则

1. 木球比赛应依大会竞赛规程和国际木球规则进行。

2. 每位球员必须赛完第一至第十二个（或规定）球道后，依比赛总杆数多少判定胜负。

3. 球员如有未赛完一球道或中止比赛，均不予核计该球员比赛成绩。

（二）比赛制度

1. 比赛方式有以下几种：

（1）个人赛：以个人为单位的比赛；

（2）双人赛：以两男、两女或一男一女为单位的比赛；

（3）团队赛：以队为单位的比赛。

2. 比赛方法有以下几种：

（1）杆数赛：以十二个球道（或其倍数）击球总杆数低者为胜；

（2）球道赛：十二个球道（或其倍数）中获胜球道（杆数低者）多者为胜。

（三）比赛进行

1. 比赛开始

（1）当裁判员宣布比赛开始，球员应依编配或抽签顺序开始发球比赛。

（2）当裁判员宣布比赛开始后，参赛者若迟到 5 分钟或拒绝参赛，则取消比赛资格。

（3）当球员进入发球区发球时，其他球员应退至发球区后方，以利安全。

（4）发球时应将球放置于发球区内，并向球门方向发球。

2. 比赛中

（1）比赛时，比赛球穿过球门金属棒，并位于球杯后方、球体不得接触球杯，即为完成一球道比赛，如比赛球通过球门仍与球杯有接触，须以原过门方向继续打击。若球通过球门且离开球杯后再滚回接触球杯时，当有裁判员或司线员目击即判定过门成功；无裁判员或司线员目击时则以同组多数球员看到即判定过门，球员间如有争议时以球体静止点为判决依据。

（2）比赛中球体落在界线外地面上，即为界外球。若球离开界线在滚回接触界线时，当有裁判员或司线员目击即判定界外球；无裁判员或司线员目击时以同组多数球员看到即判定界外球，球员间若有争议，则以球体静止点为判决依据。

（3）在发生界外球情形，尚未轮到打击顺序时，需先将球拾回并置于出界点线外一颗球以外的位置，待轮到打击顺序时再将球置于以出界点为中心，两个球瓶长度为半径的球道上击球，但须加记一杆。

（4）比赛球如果掉落或进入坑洞、树丛、水塘等障碍内，无法打击时，得移出置于障碍物入界点为中心，按界外球处理或无限向后延伸的球道上新球位，但须加计一杆。

（5）比赛中，球员挥杆时其他球员应退至打击者的球道两侧或后方三米以上的安全距离。

（6）球门前方或后方，球道上的球均可直接攻门。

（7）比赛中如因不可抗拒的天然事故，决定是否继续进行比赛，由大会宣布。

（8）完成一球道比赛后，才能继续进行下一球道比赛，类推至全部球道赛完为止。

（9）下一球道发球顺序，可依编配号码顺序轮流发球。

（10）比赛中球员如需更换球具时，球具须经大会检查合格后才可使用。比赛球则须赛完一球道后才能更换（若比赛球损坏时不受此限）。

（11）球员击球时，若在击中球之同时，球杆断裂仍被视为完成一次击球。不可要求重新打击。

（12）比赛球被不同球道之球碰击，新停球点为其球位，若球被碰击出界，则以界外球处理，但不需罚计。

（13）球员身体任何一部分或球具不得触及自己或他人的比赛球。

（14）攻门或击球时，手握球杆不得握触球瓶。

（15）打击时，球杆不得由两腿胯下击球或攻门。

（16）每一球道距离球门 5 米，若设有标示线，线外直接攻门而完成过门时，该球道杆数减一杆。

（17）中长球道中如设有 30 米超越线时，球员发球若未超越此线者加计一杆，若 30 米内出界或超越此线后球再出界时，以界外球处理。

3. 胜负结果

（1）每位球员必须有每一球道的比赛杆数，以及赛完十二个球道（或其倍数）的总杆数记录，否则不予核算成绩。

（2）胜负判定。

① 杆数赛：每位球员赛完每一场十二个球道（或其倍数）的总杆数判定胜负，以低杆者为胜。若总杆数相同者，以十二个球道杆数低的球道多者为胜，依此类推，或由大会指定方法判定。团体赛胜负判定，以团队最佳四人总杆数总和低者为胜。若总杆数相同时，以各该队个人总杆数低者为胜，依此类推。若情况完全相同，则由大会指定方法判定之。

② 球道赛：每一场球赛中获胜球道多者为胜，若相同时，由大会指定球道加赛至分出胜负为止。

4. 发球犯规及罚则

（1）裁判员做出打击手势，球员就位后，该球员应在十秒钟内完成击球动作，违者警告，再犯时，罚加计一杆。

（2）发球时，球员应将球置于发球线或发球区地面上，从静止状态下开始击球，违者罚计一杆，重新发球，计第二杆。

（3）发球后，球未能离开发球区应计一杆，再重新发球，计第二杆。

5. 击球犯规及罚则

（1）每次击球时，宜以两脚站立双手握球杆置于球体后方的静态下开始挥杆打击。不可在行走中击球，违者罚加计一杆，并从新球位击下一杆。

（2）击球时，若因挥空杆或击球前之预备挥杆练习（不得碰触球体），均不计杆，但不得一而再地练习而拖延比赛，违者警告，再犯时罚计一杆。

（3）轮到打击顺序时，球员不得有拖延行为，应在十秒钟内完成击球，违者警告，再犯时罚计一杆。

（4）球员击球时，前方球道上禁止有人穿越、走动。若球员犯规，该犯规球员罚计一杆。

（5）球员击球时，其他球员不得喊叫或有不当言行而影响打击，违者罚计一杆。

（6）击球时，因挥杆而碰触球体或使球体移动，即算一次击球，计一杆。

（7）击球时须以球杆头碰击球体，瓶头、瓶底均可使用。禁止以球瓶侧面或以握杆击球，违者罚加计一杆，并从新球位击下一杆。

（8）禁止以球杆做持球推送动作，违者罚加计一杆并从新球位击下一杆。

（9）滚动中的球不可连击，违者罚加计一杆，并从新球位击下一杆。

（10）攻门或击球时禁止以手握触球瓶打击，违者罚加记一杆。若击球过门不算，则从新球位重新打击。

6. 比赛时犯规及罚则

（1）球道上的比赛球，依距球门远者先击球或经裁判员指示击球。不可任意击球，违者罚加计一杆，并从新球位击下一杆。

（2）球道上的比赛球，因击球而球体落在球道界线外地面上时，以界外球论，每次界外球，均须罚加计一杆。

（3）比赛时，凡有可能妨碍行进路线之球，球员皆可要求先打或捡起，而捡起前应在紧邻球体正后方的球道上先做标记，再捡起球体，但须经裁判员同意后执行。违者罚计一杆。

（4）比赛球如碰撞到作为界线之障碍物再弹回在球道上的球不以出界论；若碰撞界线外之障碍物，则以出界论，并按界外球处理。

（5）在各种弯曲式球道上比赛时，球体必须在球道上进行，不可截弯以取直方式击球飞越界外区，违者以界外球论。

（6）球道上的比赛球，因击球而碰撞时：

① 被他人击中之球未出界则以新球位为准，若球过门，则算完成该球道比赛；若球出界，则以界外球处理，但不罚杆。

② 若打击者之球因碰撞而出界，则以界外球处理，罚计一杆。

③ 若打击者之球因碰撞后仍留在球道上，则以新静止点为准。

（7）比赛进行中，球员如违反运动员精神，则警告并要求违者改善，同时罚计一杆。再犯时，则取消比赛资格。

（8）比赛球员身体任何一部分或其所持球具碰触自己或他人所打之比赛球时，罚计一杆，而球之停止点为新球位。

（9）比赛球员未依规定挥杆打击或由双腿胯下击球，违者罚加计一杆，并从新球位击下一杆（过门不算）。

（10）比赛中球员如需更换球具时，球具须经大会检查合格后才可使用，比赛用球则须赛完一球道后才能更换（若比赛球损坏则不受此限），违者取消比赛资格。

（11）球员于击球前，不得整理球体前方或后方之球道，违者罚计一杆。

7. 球门区犯规及罚则

（1）球门区内的比赛球，球道赛时以距离球门远者先打，杆数赛时则以距离球门近者先打，违者罚加计一杆。若击球过门不算，并从新球位击下一杆。

（2）球员不可故意破坏球门，违者警告，并罚计一杆，再犯者取消比赛资格。

（四）裁判职责

1. 裁判长

（1）了解大会竞赛办法和比赛方式。

（2）分配裁判员工作及传达注意事项。

（3）督导裁判员执行比赛的状况。

（4）协助解决裁判员执行时所发生的问题。

（5）决赛成绩的核算。

（6）若有申诉或抗议议案时，则得请求召开仲裁委员会议，并向委员会报告事件经过。

（7）必要时于赛前向球员宣布裁判规则及注意事项。

2. 裁判员

（1）核对比赛球员名单及球具检查。

（2）宣告每一球道之比赛开始及球员打击顺序的作业。

（3）宣告每一球道比赛结束及参赛球员的击球杆数记录。

（4）带领比赛球员依球道号序完成比赛。

（5）比赛中违例、犯规等事件之处理，宣告暂停及再开始比赛之事宜。

（6）记录球员击球杆数和违规。

（7）核对比赛结果以及要求球员签名确认。

（8）裁判员在球场上移动或前行路线，必须不影响球员击球。

（9）裁判员在球场上站立位置，必须能明视球员击球及球体前进路线的位置为佳。

3. 司线员

比赛须配备司线员，以辅助裁判员判定球是否出界与出界点位置。

（五）裁判员手势

（1）比赛开始：手臂伸直向前下斜 45°，手掌张开手指并拢并指向发球线，同时口喊“比赛开始”。（图 14–2–7）

（2）击打球手势：手臂前伸与肩同高，掌心朝下以食指指向该打击者与球门方向做多次水平摆动。（图 14–2–8）

（3）球出界：握拳，跷起拇指，手臂微弯由体前方上摆过肩至头后方，并做多次摆动，表示球已出界。（图 14–2–9）

（4）犯规：手臂靠耳向上伸直，并面向打击者。（图 14–2–10）

（5）暂停：双手掌在胸前做T字形，以示暂停。（图 14–2–11）

（6）过门：手臂伸直，竖起拇指指向打击者，以示成功完成击球过门，并予以祝贺赞赏之意。（图 14–2–12）

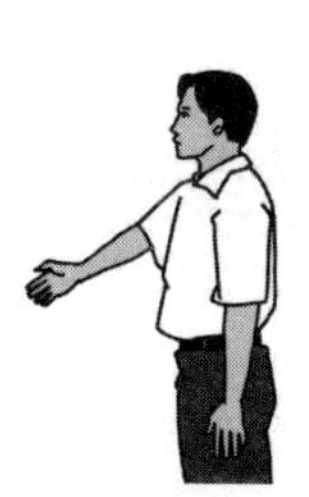
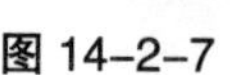
图 14–2–7

图 14–2–8

图 14–2–9

图 14–2–10

图 14–2–11

图 14–2–12

民族
传统体育篇

第十五章 舞龙舞狮

第一节 舞 龙

一、舞龙基本技术

舞龙的技术动作主要划分为五大类："8"字舞龙类动作、游龙类动作、穿腾类动作、翻滚类动作、组图造型类动作。根据动作完成的难易程度又可划分为A级难度动作、B级难度动作和C级难度动作。

（一）"8"字舞龙动作

舞龙者将龙体在人体左右两侧交替做"8"字环绕的舞龙动作。"8"字舞龙动作包括原地"8"字舞龙和行进间"8"字舞龙，而且，其动作可以结合伴奏锣鼓的节奏作快慢变化。同时，也可以充分利用舞龙者的身体姿势变化，如单跪、靠背、跳步、抱腰、绕身等身体姿势，做各种不同的"8"字舞龙。做"8"字舞龙时，龙体的运动轨迹要顺畅、圆润，人体的各种造型姿势要优美，快速舞龙要突出速度、力量，并保持龙体运动轨迹流畅。做"8"字舞龙动作时，经常容易出现动作不圆顺，队员的速度不一致，龙体运动与人体不协调、不统一，造成人龙脱节、龙体触地、舞动速度太慢等错误。（图 15-1-1）

原地"8"字舞龙

行进间"8"字舞龙

图 15-1-1

（二）游龙动作

游龙是舞龙者在快速奔跑游走过程中，通过龙体高低、左右、快慢的起伏行进，充分展现龙的婉转回旋、左右盘翻、屈伸绵延等动态特征。游龙动作主要包括直线行进、曲线行进、走圆场、起伏行进、行进中越障碍等动作。龙体在行进中应遵循圆、弧、曲线的运动规律，舞龙者应协调地随龙体起伏行进。（图 15–1–2）

图 15–1–2

（三）穿腾动作

穿腾包括穿越和腾越两种方式。龙体动作线路呈交叉形式，龙珠、龙头、龙身各节依次从龙身下穿过称为“穿越”。龙珠、龙头、龙身各节依次从龙身上越过称为“腾越”。穿腾动作主要包括穿龙尾、龙穿身、越龙尾、首尾穿肚、穿尾越龙身、腾身穿尾、龙脱衣、龙戏尾等动作。在做穿越和腾越动作时，龙形应保持饱满，穿腾动作流畅不停顿，速度均匀，轻松利索、不拖地，不碰踩龙身。

（四）翻滚动作

当龙身运动到舞龙者脚下时，舞龙者利用滚翻、手翻等动作从龙身越过，称为滚翻动作。做滚翻动作时，必须在不影响龙身运动的速度、幅度、美感的前提下，及时完成，而且，所做滚翻动作应干净利索，规范准确，并保持龙身运动轨迹流畅圆顺，龙形饱满。

（五）组图造型动作

龙体在运动中组成活动的图案和相对静止的龙体造型。要求活动图案画面清晰，静止造型形象逼真，以形传神，以形传意，与龙珠配合协调，组图造型连接、解脱要紧凑、利索。主要内容包括龙门造型、塔盘造型、龙出宫造型、龙舟造型、上肩高塔造型、龙尾高翘、组字造型、大横“8”字花慢行进等。（图 15–1–3）

龙门造型

塔盘造型

图 15–1–3

二、舞龙比赛规则简介

（一）场地及器材

1. 竞赛场地

竞赛场地为边长 20 米的正方形平整场地（特殊情况，正方形的边长不得少于 18 米），要求地面平整、清洁，场地边线宽 0.05 米，边线内沿为比赛场地。边线周围至少有1米宽的无障碍区。场地上空从地面量起，至少有 8 米的无障碍空间。

2. 器　材

舞龙运动的器材主要有：龙珠、龙头、龙身、龙尾，以及鼓乐等。在比赛中对龙珠、龙头和龙身的器材规格都有着严格的规定。如龙珠的球体直径不少于 0.35 米，杆高（含珠）不低于 1.20 米；对龙头的规定是龙头的重量不得少于 3 千克，杆高（含龙头）不低于 1.8 米；龙身则要求以九节布龙参赛，龙身为封闭式圆筒型，直径不少于 0.35 米，全长不少于 18 米，龙身杆高（含龙身直径）不低于 1.6 米，两杆之间距离大致相等。对于龙体、龙尾、龙珠的重量则没有限制。

（二）评分标准

1. 规定套路的评分标准

（1）动作规格。

（2）布局、结构、精神面貌。

（3）音乐伴奏。

（4）服饰。

2. 自选套路的评分标准

（1）动作规格。

（2）编排。

（3）音乐伴奏。

（4）服饰、器材。

（5）动作创新，动作难度。

第二节　舞　狮

一、舞狮基本技术

（一）狮头的握法

（1）单阴手：单手握狮头，手背朝上，大拇指托狮舌，其余四指握在狮舌上方。
（2）单阳手：动作与单阴手相反，手心朝上。
（3）双阴手：动作与单阴手相同，两手握于狮舌两侧头角处。
（3）双阳手：握法与双阴手相反，握的部位相同。
另外，根据表演狮子神态的需要还有开口式、闭口式等握法。

（二）狮尾的握法

1. 单手握法（图 15-2-1）

舞狮尾者一手用大拇指插入舞狮头者的腰带，其余 4 指轻抓腰带，另一手可做摆尾等动作。

2. 双手握法（图 15-2-2）

双手大拇指插入舞狮头者的腰带，做各种动作时应紧握。

图 15-2-1

图 15-2-2

（三）基本步法

（1）上步和退步：两脚平行站立，左（或右）脚向前进步，另一脚跟上，即为上步，反之为退步。（图 15-2-3）

（2）侧步：包括左侧步和右侧步。两脚平行站立，左（或右）脚向左（或右）侧进一大步，另一脚跟上，即为左侧步，反之为右侧步。（图 15-2-4）

（3）交叉步：分为左、右交叉步。移动方向的异侧脚向运动方向一侧跨出一大步（经两腿交叉），另一脚随即向运动方向一侧跨出一步成平行站立。（图 15-2-5）

图 15-2-3

图 15-2-4

图 15-2-5

（4）跳步：跳步没有具体严格的要求，可随着舞狮的方向任意跳跃，可单脚跳，也可双脚跳。

除以上方法外，还有单跳步、跨跳步、击步、碎步、并脚直立跳、双飞脚、打转身等。

（四）基本动作

（1）摇头摆尾：两人在原地，舞狮头者不断地将狮头东摆西摇，舞狮尾者随着狮头的摆动协调地进行摆尾。（图 15-2-6）

图 15-2-6

（2）叩首：2 人 1 组，舞狮头者将狮头持于头上，用小碎步快速向前跑动，在跑动过程中将狮头举起，并不停地左右摇头和眨眼，舞狮尾者低头塌腰，双手搂住前者腰部，用小碎步或左右摆尾跟着前者行进运动，然后，用同样的碎步动作退回，两者配合做狮子叩拜动作。动作方向为先左后右，最后向中间叩拜，叩拜时下肢伴随做小跳步动作。

（3）翻滚：2 人 1 组，后面队员抓住前面队员腰的两侧，身体重心下降，屈腿半蹲，一脚用力蹬地，向一侧滚动，滚身时前者须将狮头举高。

（4）叠罗汉：舞狮尾者站马步，舞狮头者两脚站于狮尾者的膝盖上，舞狮尾者扶住舞狮头者的腰，使其平衡、稳定，舞狮头者持狮头做各种动作。

（5）引狮员基本动作：引狮员的动作分静态动作和动态动作，静态动作是指引狮员静态亮相的动作，如弓步亮相、高虚步亮相、马步亮相等。动态动作是指引狮员在运动过程中完成的动作，如行步、跳跃、翻腾等。

舞狮子的技术动作有许多，舞动时，可根据舞狮者的身体素质、能力素质、训练水平和表演条件，以及各地的传统习俗，有选择地进行组合而编排成套路。

二、舞狮比赛规则简介

（一）场地及器材

1. 场　地

竞赛场地为边长 20 米的正方形（特殊情况下，正方形的边长不得少于 18 米），要求地面平整、清洁，边线宽为 0.05 米，边线内沿以内为比赛场地，边线外至少有 1 米宽的无障碍区，场地上空从地面量起，至少有 8 米的无障碍空间。比赛应在地毯或木板上进行。

2. 器　材

要求狮头、狮背大小均匀、协调。

（1）北　狮

引球球体直径不少于 0.3（±0.02）米，颜色、图案不限。狮身为包身覆盖形，两狮颜色要有区别或有不同标志。扮狮的运动员其服饰要与狮子的颜色、狮毛一致，运动员的鞋应为狮爪形覆盖。高台层的搭台面高度不超过 3 米。5 个梅花桩立桩，最低 0.8 米，最高为 1.6 米，桩上圆盘面直径不超过 0.38 米（含保护圈垫）。

（2）南　狮

桩阵中桩的高度不得超过 3 米，最低不低于 0.5 米，其中半数桩必须达到 2 米，桩顶脚踏圆盘直径不超过 0.38 米（含保护圈垫），桩阵长度不得超过 15 米，最短不少于 10 米（含曲线计算），宽度不得超过 1.5 米，不能少于 0.5 米。

（二）竞赛方法

按竞赛类型分为单项赛、全能赛，按性别分为男子组、女子组，按比赛成绩分为等级赛，按比赛项目分为规定套路、自选套路、传统套路、技能舞狮以及其他舞狮（形式不限）。南狮比赛为单狮（2 人），桩阵上比赛要有采青。北狮比赛为双狮（4 人）加引狮员（1 人），在地面、高台或桩上比赛。舞狮比赛的时间为 10 ~ 15 分钟，布置器材时间不超过 15 分钟。舞狮比赛以得分高者名次列前。

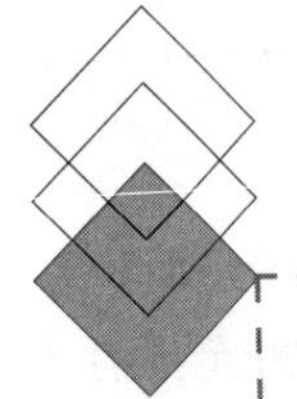

第十六章 蹴球

第一节 蹴球基本技术

蹴球运动的基本技术，按蹴球的动作方法分，可分为前蹴球和挤压球两种；按本球的滚动形式分，可分为上旋球和下旋球（回旋球）两种；按本球撞击目标球后的运行状态分，可分为正撞球和分球两种。下面重点介绍前蹴球和挤压球两项技术。

一、前蹴球

技术要领（以右脚蹴球为例）：依据前蹴球动作顺序将前蹴球技术分为准备姿势、蹴球脚瞄准、支撑腿站立、蹴球脚触球和向前蹴球五个部分。（图 16–1–1 ～图 16–1–6）

（一）准备姿势

运动员在距离本球后 60 厘米处自然站立，全身放松，凝视目标球。

（二）蹴球脚瞄准

以左腿为支撑腿，右腿向前跨一步，右脚在距离本球后 2 厘米处，使右脚、本球、目标球处于同一条直线上，瞄准目标球，左膝自然弯曲。

（三）支撑腿站立

左腿向前移动，右脚在球后外侧站定，脚尖稍外展，左膝微屈，身体重心落在左腿上，右腿放松。

（四）蹴球脚触球

蹴球脚提起，脚跟在球正后方 15 厘米处着地，脚掌前部在球上方距球约 2 厘米处，脚的方向瞄准进攻方向，方向调正后，即以脚掌轻轻压住球，不能使球发生任何移动，凝视目标球。此时，支撑腿膝关节微屈，支撑全部体重，维持身体平衡；蹴球腿膝关节自然弯曲，脚尖勾起，脚掌压在球上。

（五）向前蹴球

腰腹发力，抬右腿，球经脚底踹出向前滚动，支撑腿保持身体平衡。

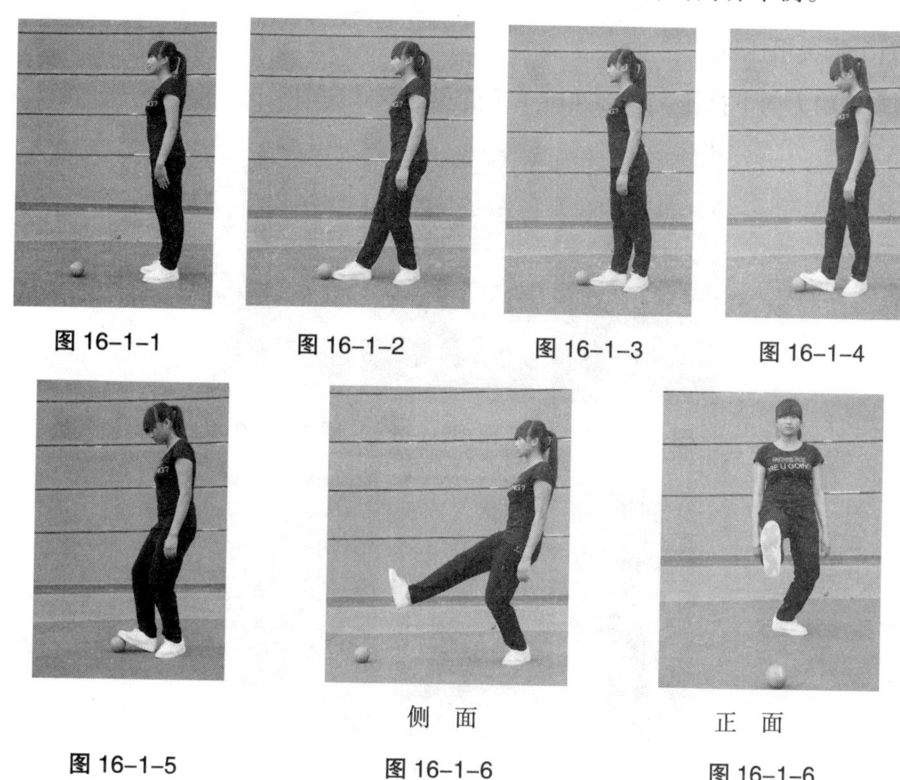

图 16–1–1 图 16–1–2 图 16–1–3 图 16–1–4

侧 面 正 面

图 16–1–5 图 16–1–6 图 16–1–6

二、挤压球

以右脚蹴球为例，依据挤压球动作顺序将挤压球技术分为准备姿势、蹴球脚瞄准、支撑腿站立、蹴球脚触球和脚尖挤压球五个部分。（图 16–1–7 ～图 16–1–12）

（一）准备姿势

运动员在距离本球后 60 厘米处自然站立，全身放松，凝视目标球。

（二）蹴球脚瞄准

以左腿为支撑腿，右腿向前跨一步，右脚在距离本球后 2 厘米处，使右脚、本球、目标球处于同一条直线上，瞄准目标球，左膝自然弯曲。

（三）支撑腿站立

左腿向前移动，右脚在球后外侧站定，脚尖稍外展，左膝微屈，身体重心落在左腿上，右腿放松。

（四）蹴球脚触球

蹴球脚提起，脚跟在球正后方 15 厘米处着地，脚掌前部在球上方距球约 2 厘米处，脚的方向瞄准进攻方向，方向调正后，即以脚尖轻轻压住球的 1/3 处，不能使球发生任何移动，凝视目标球。

（五）脚尖挤压球

前脚掌用力向下挤压，球以回旋（下旋）的形式向前滚出。

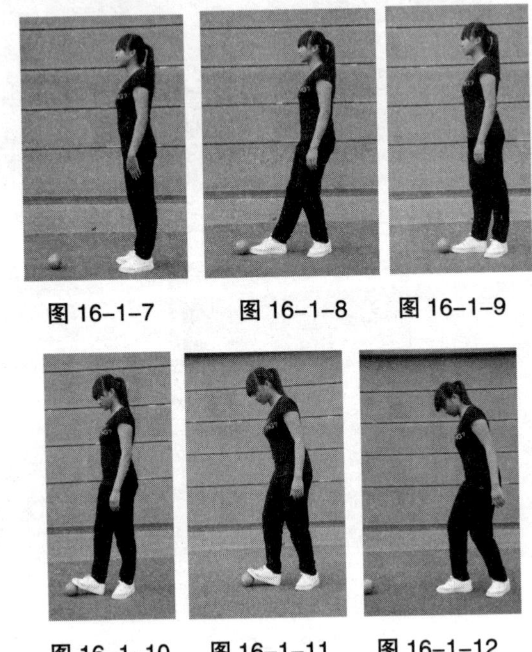

图 16–1–7　图 16–1–8　图 16–1–9

图 16–1–10　图 16–1–11　图 16–1–12

第二节　蹴球基本战术

一、首轮发球战术

首轮发球是指比赛开始按①号、❷号、③号、❹号顺序，每人将自己的球从同号发球区蹴入场内。经发球进入场内的球即为有效球，有进攻和被进攻权。由于蹴球比赛按顺序上场进攻的特点，首轮发球后即由首发队的 1 号先进攻，因此，首轮发球的战术思想应是①号、③号占据场上有利进攻的位置，❷号、❹号应尽可能远离①号、③号，避开①号、③号的进攻，具体布局如图 16–2–1 所示。①号、③号球穿过中心圆或在中心圆内，占据场地中央地区，便于向各个方向发动进攻；❷号、❹号只好选择对角场区，远离中央地区，处在①号、③号较难进攻的位置。

二、五分球战术

五分球战术是指根据临场球势，在连蹴也只能攻击对方同一球的情况下，第一蹴不将对方球蹴出界，而在第二蹴时再将对方球蹴出界，造成得 1+4=5 分的机会。如果一蹴就将对方的球蹴出界，连蹴时又无法击到对方另一球，这样只能得到 4 分。

如图 16-2-2 所示，③号球如果一蹴即将❹号球击出界，这时❷号球处于 7 ~ 8 米之外的对角场区，连蹴没有意义只得 4 分，因此，应选择 5 分球战术，第二蹴再将❹号球蹴出界，可得 5 分。

三、八分球战术

八分球战术是指在第一蹴和连蹴时都能将对方球蹴出界的情况下，要在第一蹴就果断地将对方的一个球蹴出界，第二蹴时又将对方的另一个球蹴出界外，造成得 4+4=8 分的机会。

如图 16-2-3 所示，❷号球先将①号球蹴出界外得 4 分，连蹴时再将③号球蹴出界外再得 4 分。此时，①号球放入中心停球区，③号球从 3 号发球区发球，对❷号、❹号球不会构成威胁，因此，❷号、❹号既得高分又处于有利形势。

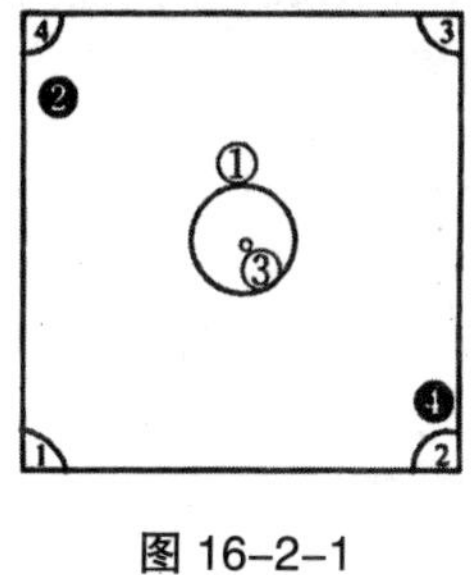

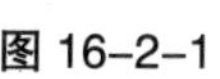
图 16-2-1

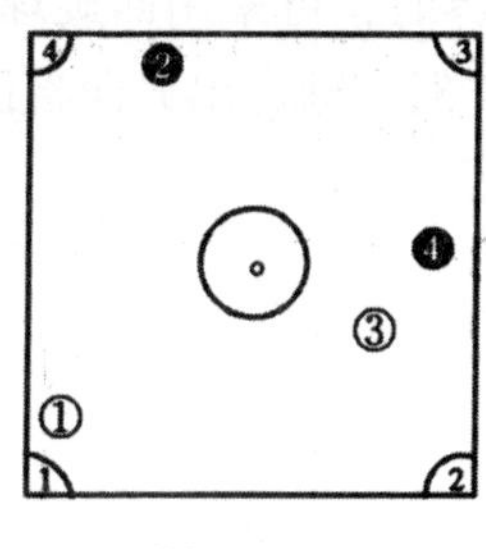

图 16-2-2

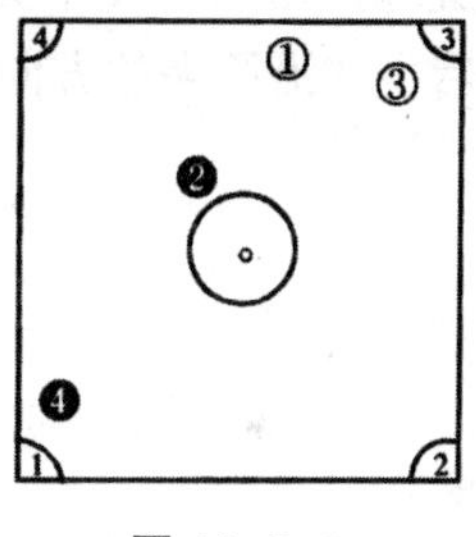

图 16-2-3

四、双球战术

双球是指在一次蹴球过程中，利用分球技术使主球先后连续撞击两个目标球，造成获得连蹴两次的机会。比赛中获得两次连蹴权，即一次蹴球中有三次蹴球机会，大大增强了攻击力量，有时可以使场上形势大大改观，因此，蹴球比赛中大家都积极利用双球战术。

如图 16-2-4 所示，利用分球技术，❹号球撞击①号球后，再分球撞击③号球，即可得 1+1=2 分，并获两次连蹴权。然后，先将③号球蹴出界外，再将①号球蹴出界外。这样，这一次进攻可得 2+4+4=10 分。

五、回避球战术

回避球是指本方对较远距离进攻无把握，而采用前进 1 米战术又会将本方球推至对方容易进攻的范围时，队员提出申请，经裁判员同意，可以不向对方球进攻而蹴向任何方向、任何距离以避开对方进攻的球。每局比赛每个队员享有 1 次回避球申请权。

利用规则给予的回避球申请权，实施回避球战术，能变被动为主动，掩饰自己蹴远球技术不过硬的不足，给对方制造不利的局势，调节进攻节奏，为本方赢得有利形势。

如图 16-2-5 所示，4 个球散居场地四角，轮到①号队员进攻时，如采用向❷号球或❶号球前进 1 米的战术，则将球推至❹号球易进攻的范围，此时采用回避球战术，①号球蹴向③号发球区附近，给对方❷号队员进攻制造难度，使本方处于有利形势。

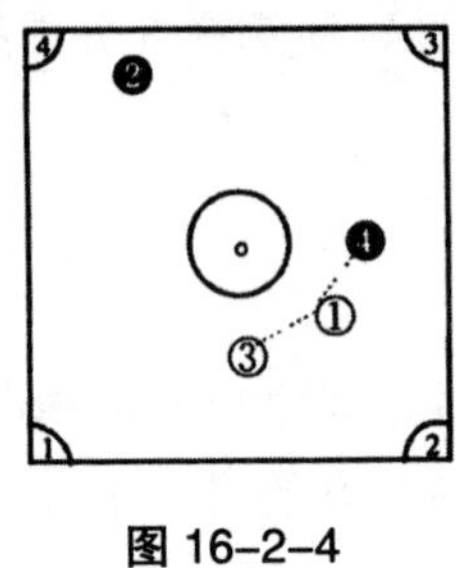

图 16-2-4

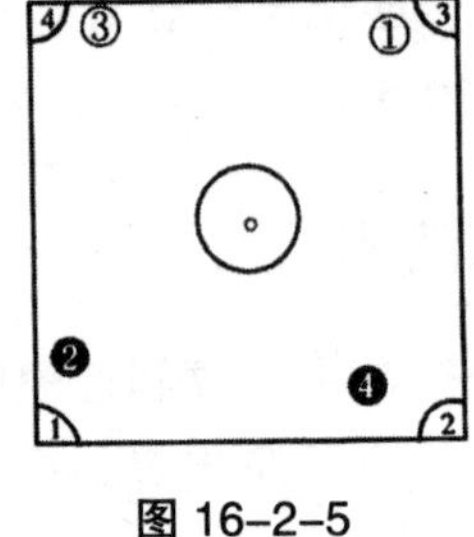

图 16-2-5

六、回旋球战术

当对方球处在边线附近或压在边线上，而本方球与对方球间距在 30 厘米左右，用上旋球撞击可能使本方球也出界时，可采用回旋球战术。由于回旋球的性能特点，撞击后主球沿原来的方向滚回，将对方球击出界而自己不会出界。

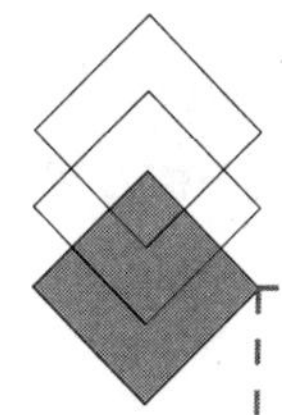

第十七章

板鞋竞速

第一节　板鞋竞速基本技术

板鞋竞速的基本技术包括预备姿势、行走技术和跑动技术。

一、预备姿势

两脚前后开立，与肩同宽，两眼平视前方，两手扶在同伴的肩上或腰部，做好踏步准备。

二、行走技术

（一）原地踏步—向前走—快速跑

当同伴都做好准备以后，为达到步调整齐一致，由一人或一起喊口令“一、二、一”或“左、右、左”并原地踏步，声音和步调要一致，熟练后，两手不攀扶其他人，自然摆臂向前走，再慢慢过渡到自然跑、快速跑。

（二）弯道走

弯道走必须改变身体姿势及摆臂和后蹬的方向。跑进时身体应向左倾斜，右肩高于左肩；右臂摆动幅度大且稍向外，左臂摆动幅度小且靠近体侧；右脚前抬时内扣，后蹬时用前脚掌的内侧扣紧板鞋，左脚稍向外，脚外侧用力；右脚步幅稍大于左脚；转弯后身体逐渐过渡到正常姿势，快速向前跑。

三、跑动技术

完整的跑动按照顺序可分为起跑、起跑后的加速跑、途中跑和终点跑四个部分。

（一）起　跑

板鞋竞速的起跑有“各就位”和鸣枪两个环节。（图 17–1–1）

当发令员发出“各就位”口令时，运动员将板鞋置于跑道起跑线后，运动员共同套好板鞋，两脚前后开立，与肩同宽，身体稍前倾，重心稍降低并稍前移，注意力集中，两眼平视前方。

当听到发令枪响后，后脚迅速向前上方提膝前迈，向前跑出。

（二）起跑后的加速跑

起跑后的加速跑是指向前迈出的板鞋着地，到进入途中跑之前的这一段距离，其任务是在较短时间内尽快达到较高速度，迅速转入途中跑。

起跑后向前迈出的第一步不宜过大，重心迅速前移，两臂积极摆动，保持身体协调、平衡，步长逐渐加大，步频逐渐加快。

（三）途中跑

途中跑是板鞋竞速全程跑中距离最长、速度最快的一段，其任务是达到并保持高速度跑。（图 17–1–2）

途中跑是一个不断重复的周期性动作，途中跑技术包括两腿动作、摆臂动作、头和身体姿势。因为板鞋竞速是三人同穿一对板鞋共同完成动作，所以要求三人的动作要协调一致，如果有一人动作不一致，就会导致队员失去平衡、鞋脱落或摔倒，队员之间要注意腿部动作和摆臂动作的协调配合。摆动腿尽量高抬，支撑腿要用力后蹬，两臂积极摆动，配合腿部动作，尽量缩短腾空时间，减小身体的上下起伏，保持身体稳定，上体适当前倾，眼睛向前平视。

板鞋竞速运动的强度较大，后程的耐力是保持高速度跑完全程的不可忽视的重要因素；保持稳定的步频和步长，避免后程因体力不足而失去对鞋的控制，这一点也非常重要。

弯道跑时，身体应向内倾斜，以获得合适的向心力保持人体的稳定和跑动的速度。

（四）终点跑

终点跑的任务是尽力保持途中跑的高速度，跑过终点，争取好名次。由于体力关系，要注意撞线时控制好身体位置以防跌倒，应基本保持途中跑姿势，到达终点后应在降低速度的情况下停下来，以保证安全。（图 17–1–3）

图 17–1–1

图 17–1–2

图 17–1–3

第二节 板鞋竞速比赛规则简介

一、比赛方法

竞赛分单项比赛和接力比赛两大类。

（一）起跑口令

（1）“各就位”：运动员将板鞋置于跑道起跑线前，运动员共同套好板鞋，任何一只的板鞋不得触及或超过起跑线。

（2）鸣枪：枪响后，运动员方可起动跑进。

（二）途中跑

运动员在比赛过程中，如果出现某一队员的脚脱离板鞋触地或摔倒，须在触地（落地）处重新套好板鞋继续比赛。

（三）终 点

以第一名运动员身体躯干的任何部位抵达终点线及其垂直面为到达终点，运动员的身体和板鞋须全部超过终点线后才能分离。

（四）接力赛

（1）接力区：每个接力区长度为 10 米，在中心线前后各 5 米，交接的开始与结束均从接力区分界线的后沿算起。

（2）要求：① 接力赛采用多副板鞋组成多棒进行比赛（图 17-2-1）；② 第一棒队员和第二棒队员的交接必须在接力区内完成；③ 完成交接的队员应停留在各自的分道或接力区内，直到跑道畅通后方可离开；④ 每队服装须统一。

图 17-2-1

二、犯规与判罚

（一）犯 规

（1）抢跑：鸣枪前跑进起跑线。

（2）窜道：运动员在比赛过程中窜离本跑道。

（3）比赛中运动员的脚脱离板鞋触地，未在原地穿好板鞋。

（4）运动员抵达终点时，两只板鞋的一部分仍未过线，脚与板鞋分离。

（5）运动员在比赛过程中，有阻挡或妨碍其他运动员跑进的行为。

（6）接力赛：队员在接力区外交接接力棒；在退出接力区时，阻挡或妨碍其他运动员跑进。

（二）判 罚

（1）抢跑犯规：第一次给予警告，第二次取消犯规者该项目比赛资格。

（2）违反其他犯规规则中之一者，取消犯规者该项目比赛资格。

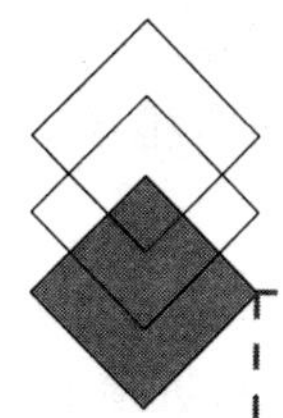

第十八章

高脚竞速

第一节　高脚竞速基本技术

一、握“马”（握杆）

两脚开立，将两高脚马平行立于体前，两高脚马间距基本与肩同宽（40 ~ 50 厘米），两手虎口向上，四指并拢，握紧高脚马上部，手部高度低于肩部约 10 厘米。

二、上“马”（踏镫）

在两手分别握好高脚马后，两脚依次踩上踏镫，此时两臂紧张，握杆部位靠近身体，手脚配合提杆抬腿，左右交替迈步，以行走或其他移动方式来维持身体平衡。

三、行走技术

两手紧握高脚马上端，高脚马不能产生旋转或晃动，在基本能够保持平衡的情况下，一腿迈步时，身体重心先向对侧移动，迈步一侧手向上提高脚马，同时同侧腿提膝，支撑重心的一侧腿保持身体的平稳，待迈步脚落地时，身体重心向落地一侧腿移动，另一侧开始迈步，依次交替进行。

四、跑动技术

（一）起　跑

起跑包括“各就位”“预备”和鸣枪三个部分。

1.“各就位”

听到“各就位”口令后，两高脚马立于起跑线后（杆底部不得触及或超过起跑线），两手握高脚马的上部，两臂处于自然伸直状态，身体直立。（图 18–1–1）

2.“预备”

听到“预备”口令后，一只脚踏上踏镫，踩稳后身体重心前移，踩在踏镫上的腿压紧，杆前倾，重心前移到踏上踏镫一侧的腿上，立于地面的腿屈膝，脚跟稍离地，前脚掌用力撑地。两臂稍屈，两手紧握高脚马。眼看前下方，集中注意力听枪声。（图 18–1–2）

3. 鸣　枪

听到枪声后，踏地脚同侧的手迅速将高脚马向前提拉一步，踏地脚同时跟进踏上踏镫，先踩在踏镫上的脚随之向前迈出第二步。（图 18–1–3）

（二）加速跑

起跑后的加速跑距离通常在 20 ～ 30 米，其任务是在较短时间内尽快获得较高速度，迅速转入途中跑。起跑后向前迈出的第一步不宜过大，步幅由小到大，频率逐渐加快，加速时两腿交替用力后蹬和前摆，两臂上提脚杆，两杆着地点的横向距离基本与肩同宽。

图 18–1–1

图 18–1–2

图 18–1–3

（三）途中跑

途中跑的任务是发挥加速跑获得的速度并保持高速度跑。其技术包括两腿动作、提摆臂动作、头和身体姿势。

由于跑动时抬腿动作和同侧臂的提摆是一致的，所以要注意摆腿和前臂上提的协调配合。摆动腿尽量高抬，同侧臂的前臂尽量上提高脚马，而支撑腿后蹬时应强有力地蹬伸髋关节、膝关节和踝关节。此外，要注意两手抓紧高脚马，以防止杆旋转，保持身体稳定。上体适当前倾，不要弓背，不要低头，眼睛平视。要用力后蹬，尽量减小高脚马与地面的夹角，缩短腾空时间，减小身体的上下起伏。同侧臂配合后蹬，控制好高脚马，前臂尽量下压。

（四）弯道跑

弯道跑时由于身体重心较高，跑动中离心力较大，因此要控制好高脚马与身体向内倾斜的角度。为了克服离心力的影响，在进入弯道跑时身体应逐渐向左倾斜，右臂摆幅加大，并稍向内摆，左臂加大向外提杆的动作；右腿前摆时，膝部稍内转，左腿前摆时，膝部稍外转。在跑完弯道即将进入直道时，身体逐渐恢复到正常跑的姿势。（图 18–1–4）

（五）终点跑

终点跑要动员全身力量，以最快的速度冲向终点，争取好名次。要注意撞线时控制好身体位置以防跌倒。运动员应基本保持途中跑姿势，到达终点后向前减速缓冲跑10米左右再跳下高脚马，以保证安全。（图 18–1–5）

五、接力技术

根据竞赛规则，队员必须在规定的10米接力区内完成接力，一个队共用一副高脚马。因此，交接用时越少越好，当前一个队员的马杆踏入接力区后，应当迅速减速跳下高脚马，尽快将高脚马交给下一个队员，接力队员接到高脚马后，必须在接力区内踏上高脚马，并迅速向前跑进。（图 18–1–6）

应根据队员的实力和对方运动员的情况安排接力顺序。一般情况下，把实力最强、冲刺能力好的队员放在最后，但有时也把实力最强的队员放在第一个，从一开始就超过对方，形成心理上的优势。此外，在4×100米接力中，第一个队员和第三个队员还应善于跑弯道。

图 18–1–4

图 18–1–5

图 18–1–6

第二节 高脚竞速比赛规则简介

一、比赛办法

（一）采用分道跑

所有竞赛项目均采用分道跑。

（二）起跑口令

1.“各就位”

运动员上跑道，将两根高脚杆立于起跑线后，杆底部不得触及或超过起跑线。

2.“预备”

运动员以任意一只脚上踏镫，另一只脚必须立于起跑线后的地面，做好起跑的最后准备。

3. 鸣　枪

运动员听到枪声后，另一只踏地的脚立即踏上踏镫向前跑进。

（三）途中跑

在途中跑时，脚必须踩在踏镫上，如出现落地则必须在落地处重新踏上踏镫才能继续向前跑进。

（四）终　点

运动员身体躯干的任何部位（不包括头、颈、臂、腿和脚）抵达终点线及其垂直面为到达终点，运动员的身体和高脚马须全部过终点线后才能分离。

（五）接力赛

接力赛采用一副高脚马，交接必须在接力区内完成。混合接力赛时，第一棒、第三棒为女队员，第二棒、第四棒为男队员。

（六）名次判定

以比赛用时少者名次列前，例如，比赛分预赛、复赛和决赛，则以决赛成绩决定名次。

二、犯规与判罚

（一）抢　跑

鸣枪前立于地面的脚离地为抢跑犯规。第一次给予警告，第二次取消犯规者该项目比赛资格。

（二）窜　道

跑进中窜入其他跑道，特别是从外道窜入内道，视为犯规，取消比赛资格。

（三）落　地

运动员从高脚马摔下地或一只脚从踏镫上滑落下地，未在落地处重新踏上踏镫，取消比赛资格。

（四）人杆分离

运动员抵达终点时，身体或高脚马的一部分还未过线，脚与踏镫分离，取消比赛资格。

（五）其　他

接力赛中在接力区外交接高脚马或退出接力区时阻挡或妨碍其他运动员跑进，取消比赛资格。

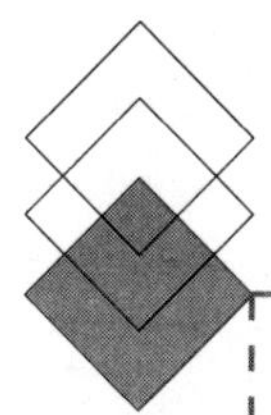

第十九章

押　加

第一节　押加基本技术

一、准备技术

准备技术在押加比赛中非常重要，良好的准备技术既能够保证运动员处于最佳的发力和防守姿势，又能最大限度地发挥力量而不被对手轻易取胜。同时，押加比赛是短时间内以力量素质为主的对抗性竞技项目，技术动作比较连贯，发力、防守和相持都与准备技术紧密相连，准备技术关系到整个比赛的成功与失败。押加运动员应根据个人特点，如身高、体重、个性（善于进攻或是善于防守）、习惯的不同，选择不同的准备姿势。

套好绳后，两眼平视前方，注意力高度集中，呼吸短促平稳。两脚左右分开（或前后开立）比肩略宽，两脚以最大面积着地并与地面成45° 角，双腿弯曲，两手手指自然张开，正对前方（或内旋）扒地俯撑，肩略低于髋，直腰顶颈，重心向前，随时准备发力。（图 19-1-1）

二、发力技术

发力技术是指在很短的时间内，使运动员充分发挥肌肉的力量，在瞬间爆发出最大力量的技术。在保持基本姿势的基础上，两脚前脚掌扒地用力交替快速蹬地，重心前移，同时腰腹部用力绷紧，两手用力扒地，与脚配合前进。前移时，双腿一前一后同时发力向前，在双腿没完全伸直的情况下，两手扒地向前移动，同时后腿快速向前移动。上体保持基本姿势，直腰挺胸，重心平稳。（图 19-1-2）

图 19–1–1

图 19–1–2

三、连续用力技术

当发力过后，即进入连续用力阶段。连续用力阶段主要是以腿、腰、肩、颈和手臂的力量向前爬拉。在此过程中，可采用直线前进、左右前进和跳跃前进的方式进行，直到取得胜利。（图 19–1–3）

四、相持技术

在比赛中如果双方势均力敌，则进入相持阶段，这一阶段的技术动作对比赛胜负具有决定性的作用。相持阶段，双腿持续快速短促发力，通过绳带传来的“力感”随时发力，并根据情况不断变化前进的方向，以打乱对手的发力节奏。（图 19–1–4）

图 19–1–3

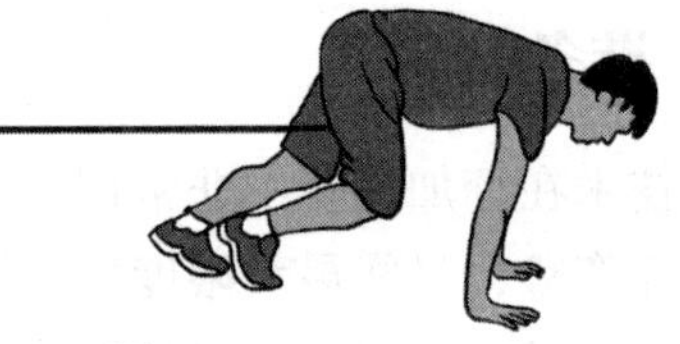
图 19–1–4

五、防守技术

在比赛中，进入被动防守时，要及时调整基本姿势，变被动为主动，伺机进攻。两脚前脚掌蹬地支撑以最大限度增大摩擦力，双腿稍直，髋高肩低，全身用力以静制动。根据绳带传来的“力感”利用对手发力的间隙发力反击。

第二节　押加比赛规则简介

一、赛　制

比赛可采用淘汰制或循环制。

二、比赛场数

运动员一天比赛场数不得超过两场，特殊情况除外。两场之间至少有 30 分钟的休息时间。

三、体重分级

（1）男子项目分为 8 个级别：55 公斤级、61 公斤级、68 公斤级、76 公斤级、85 公斤级、95 公斤级、110 公斤级、110 公斤以上级。

（2）女子项目分为 7 个级别：48 公斤级、53 公斤级、58 公斤级、63 公斤级、69 公斤级、75 公斤级、75 公斤以上级。

四、称量体重

（1）称量体重应在比赛前 2 小时进行，全部比赛只称量一次体重，并在一个小时内完成，过时以弃权论。

（2）称量体重先由体重轻的级别开始，每人称量一次。如称量后运动员的体重超过原属级别，并在规定称量时间内达不到报名竞赛的级别要求，将被取消该级别的比赛资格。

五、比赛方法

（1）比赛礼节：比赛开始前和比赛结束后，双方运动员应相互握手，并与场上裁判员握手致意。

（2）比赛姿势：四肢着地，带子两端的圆环分别套在双方运动员的颈部，带子在胸前和两腿中间穿过。双方运动员身体距中线最近点的距离应该相等，运动员向各自的前方用力。

（3）比赛胜负：带子中间的坠条垂直于中线，裁判员发令后比赛开始，在运动员向前方用力的过程中，以坠条拉过自己一侧的决胜线为胜。

（4）每局比赛应以一方获胜为结束，但在一局比赛中遇到双方相持达到 90 秒不能分出胜负时，则暂停比赛，休息 60 秒后重新开始比赛。

（5）一局比赛中，如两个 90 秒仍没有决出胜负，则在第三次比赛中，裁判发出口令后的 30 秒内，以垂直于中线的坠条偏向中线一侧的一方为胜。

（6）比赛过程中，如遇比赛绳子断裂，应换新的比赛带子重新比赛，已完成的比赛成绩有效。

六、比赛要求

（1）每局比赛的开始和结束，均以场上裁判员的鸣哨为准。

（2）在比赛进行中，当记录台发出信号，场上的裁判员发出停止口令时，双方运动员应立即停止比赛。

（3）全场比赛结束，场上裁判员宣布该场比赛结束后，运动员方可离开比赛场地。

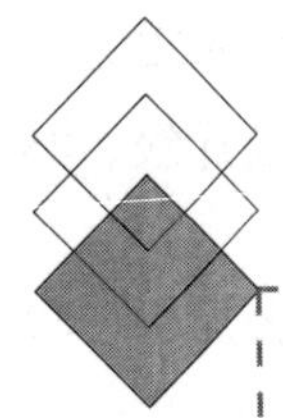

附　录

《国家学生体质健康标准》简介

附录一《国家学生体质健康标准》实施说明

一、说　明

《国家学生体质健康标准》(以下简称《标准》)从身体形态、身体机能和身体素质等方面综合评定学生的体质健康水平，是促进学生体质健康发展、激励学生积极进行身体锻炼的教育手段，是国家学生发展核心素养体系和学业质量标准的重要组成部分，是学生体质健康的个体评价标准。

本标准将适用对象中高校部分分为：大学一、二年级为一组，三、四年级为一组。

大学各组别的测试指标均为必测指标。其中，身体形态类中的身高、体重，身体机能类中的肺活量，以及身体素质类中的50米跑、坐位体前屈为各年级学生共性指标。

本标准的学年总分由标准分与附加分之和构成，满分为120分。标准分由各单项指标得分与权重乘积之和组成，满分为100分。附加分根据实测成绩确定，即对成绩超过100分的加分指标进行加分，满分为20分；大学的加分指标为男生引体向上和1000米跑，女生1分钟仰卧起坐和800米跑，各指标加分幅度均为10分。

根据学生学年总分评定等级：90.0分及以上为优秀，80.0 ~ 89.9分为良好，60.0 ~ 79.9分为及格，59.9分及以下为不及格。

每个学生每学年评定一次，记入《〈国家学生体质健康标准〉登记卡》。特殊学制的学校，在填写登记卡时可以按规定和需求相应地增减栏目。学生毕业时的成绩和等级，按毕业当年学年总分的50%与其他学年总分平均得分的50%之和进行评定。

学生测试成绩评定达到良好及以上者，方可参加评优与评奖；成绩达到优秀者，方可获体育奖学分。测试成绩评定不及格者，在本学年度准予补测一次，补测仍不及格，则学年成绩评定为不及格。普通高等学校学生毕业时，《标准》测试的成绩达不到 50 分者按结业或肄业处理。

二、单项指标与权重

附表 1–1　测试指标与权重

测试对象	单项指标	权　重
大学各年级	体重指数（BMI）	15%
	肺活量	15%
	50 米跑	20%
	坐位体前屈	10%
	立定跳远	10%
	引体向上（男）/1 分钟仰卧起坐（女）	10%
	1000 米跑（男）/800 米跑（女）	20%

注：体重指数（BMI）= 体重（千克）/ 身高 ^{2}（米 ^{2}）

附录二《国家学生体质健康标准》的测试方法

一、1 分钟仰卧起坐（女）

仰卧起坐

受试者仰卧于垫上，两腿屈膝，小腿与地面成 45° 角左右，两手轻轻地搭在双耳侧。脚底与地面平行。受试者坐起时两肘触及或超过双膝为完成一次。仰卧时两肩胛必须触垫（附图 2–1）

附图 2–1

二、引体向上（男）

引体向上

受试者跳起双手正握杠，两手与肩同宽成直臂悬垂。静止后，两臂同时用力引体（身体不能有附加动作），上拉到下颌超过横杠上缘为完成一次。记录引体次数。

三、立定跳远

立定跳远

受试者两脚自然分开站立，站在起跳线后，脚尖不得踩线（最好用线绳做起跳线）。两脚原地同时起跳，不得有垫步或连跳动作。丈量起跳线后缘至最近着地点后

的垂直距离，以厘米为单位，不计小数。

四、坐位体前屈

坐位体前屈

受试者两腿伸直，两脚平蹬测试纵板坐在平地上，两脚分开 10 ~ 15 厘米，上体前屈，两臂伸直，用两手中指指尖逐渐向前推动游标，直到不能前推为止（附图 2–2）。测试计的脚蹬纵板内沿平面为 0 点，向内为负值，向前为正值。记录以厘米为单位，保留一位小数。测试两次，取最好成绩。

附图 2–2

五、800 米（女）、1000 米（男）跑

800 米（女）、1000 米（男）跑

受试者至少两人一组进行测试，站立式起跑。当听到“跑”的口令后开始起跑。计时员看到旗动可开表计时，当受试者的躯干部到达终点线垂直面时停表。以分、秒为单位记录测试成绩，不计小数。

六、50 米跑

受试者至少两人一组测试。站立起跑，受试者听到“跑”的口令后开始起跑。发令员在发出口令同时要摆动发令旗。计时员视旗动开表计时，受试者躯干部到达终点线的垂直面停表。

七、肺活量

首先告知受试者不必紧张，并且要尽全力，以中等速度和力度吹气效果最好。令受试者面对肺活量计站立，手持吹气口嘴，测试过程口嘴或鼻处不能漏气，若漏气，则应调整口嘴和用鼻夹（或自己捏鼻孔）；学会深吸气（避免耸肩提气，应该像闻花似的慢吸气）。受试者进行一两次较平日深一些的呼吸动作后，更深地吸一口气，屏住气向口嘴处慢慢呼出至不能再呼为止，防止此时从口嘴处吸气。测试中不得中途二次吸气。吹气完毕后，液晶屏上最终显示的数字即为肺活量毫升值。以毫升为单位，不保留小数。

50 米跑

八、体　重

肺活量

测试时，杠杆秤应放在平坦地面上，调整 0 点至刻度尺水平位。受试者赤足，男性受试者身着短裤；女性受试者身着短裤、短袖衫，站在秤台中央。（附图 2–3）

九、身　高

受试者赤足，立正姿势站在身高计的底板上（上肢自然下垂，足跟并拢，足尖分开成 60° 角）。足跟、骶骨部及两肩胛区与立柱相接触，躯干自然挺直，头部正直，耳屏上缘与眼眶下缘呈水平位。（附图 2–4）

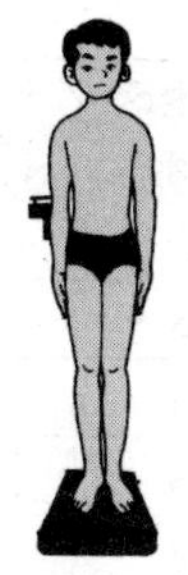
附图 2-3

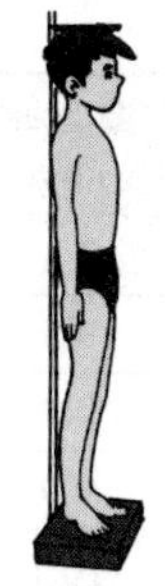
附图 2-4

附录三《国家学生体质健康标准》测试评分表

附表 3-1 体重指数（BMI）单项评分表 （单位：千克 / 米²）

等 级	单项得分	大学男生	大学女生
正 常	100	17.9 ～ 23.9	17.2 ～ 23.9
低体重	80	≤ 17.8	≤ 17.1
超 重		24.0 ～ 27.9	24.0 ～ 27.9
肥 胖	60	≥ 28.0	≥ 28.0

附表 3-2 大学男生各测试项目评分表 （大一、大二适用）

等 级	单项得分	肺活量 / 毫升	50 米跑 / 秒	坐位体前屈 / 厘米	立定跳远 / 厘米	引体向上 / 次	耐力跑 1000 米 / （分·秒）
优 秀	100	5040	6.7	24.9	273	19	3'17"
	95	4920	6.8	23.1	268	18	3'22"
	90	4800	6.9	21.3	263	17	3'27"
良 好	85	4550	7.0	19.5	256	16	3'34"
	80	4300	7.1	17.7	248	15	3'42"
及 格	78	4180	7.3	16.3	244		3'47"
	76	4060	7.5	14.9	240	14	3'52"
	74	3940	7.7	13.5	236		3'57"
	72	3820	7.9	12.1	232	13	4'02"
	70	3700	8.1	10.7	228		4'07"
	68	3580	8.3	9.3	224	12	4'12"
	66	3460	8.5	7.9	220		4'17"
	64	3340	8.7	6.5	216	11	4'22"
	62	3220	8.9	5.1	212		4'27"
	60	3100	9.1	3.7	208	10	4'32"

续 表

等　级	单项得分	肺活量/毫升	50米跑/秒	坐位体前屈/厘米	立定跳远/厘米	引体向上/次	耐力跑1000米/（分·秒）
不及格	50	2940	9.3	2.7	203	9	4'52"
	40	2780	9.5	1.7	198	8	5'12"
	30	2620	9.7	0.7	193	7	5'32"
	20	2460	9.9	–0.3	188	6	5'52"
	10	2300	10.1	–1.3	183	5	6'12"

附表 3–3　大学男生各测试项目评分表　（大三、大四适用）

等　级	单项得分	肺活量/毫升	50米跑/秒	坐位体前屈/厘米	立定跳远/厘米	引体向上/次	耐力跑1000米/（分·秒）
优　秀	100	5140	6.6	25.1	275	20	3'15"
	95	5020	6.7	23.3	270	19	3'20"
	90	4900	6.8	21.5	265	18	3'25"
良　好	85	4650	6.9	19.9	258	17	3'32"
	80	4400	7.0	18.2	250	16	3'40"
及　格	78	4280	7.2	16.8	246		3'45"
	76	4160	7.4	15.4	242	15	3'50"
	74	4040	7.6	14.0	238		3'55"
	72	3920	7.8	12.6	234	14	4'00"
	70	3800	8.0	11.2	230		4'05"
	68	3680	8.2	9.8	226	13	4'10"
	66	3560	8.4	8.4	222		4'15"
	64	3440	8.6	7.0	218	12	4'20"
	62	3320	8.8	5.6	214		4'25"
	60	3200	9.0	4.2	210	11	4'30"
不及格	50	3030	9.2	3.2	205	10	4'50"
	40	2860	9.4	2.2	200	9	5'10"
	30	2690	9.6	1.2	195	8	5'30"
	20	2520	9.8	0.2	190	7	5'50"
	10	2350	10.0	–0.8	185	6	6'10"

附表 3–4　大学女生各测试项目评分表　（大一、大二适用）

等　级	单项得分	肺活量/毫升	50米跑/秒	坐位体前屈/厘米	立定跳远/厘米	1分钟仰卧起坐/次	耐力跑800米/（分·秒）
优　秀	100	3400	7.5	25.8	207	56	3'18"
	95	3350	7.6	24.0	201	54	3'24"
	90	3300	7.7	22.2	195	52	3'30"
良　好	85	3150	8.0	20.6	188	49	3'37"
	80	3000	8.3	19.0	181	46	3'44"

续 表

等 级	单项得分	肺活量/毫升	50 米跑/秒	坐位体前屈/厘米	立定跳远/厘米	1 分钟仰卧起坐/次	耐力跑 800 米/（分·秒）
及 格	78	2900	8.5	17.7	178	44	3'49"
	76	2800	8.7	16.4	175	42	3'54"
	74	2700	8.9	15.1	172	40	3'59"
	72	2600	9.1	13.8	169	38	4'04"
	70	2500	9.3	12.5	166	36	4'09"
及 格	68	2400	9.5	11.2	163	34	4'14"
	66	2300	9.7	9.9	160	32	4'19"
	64	2200	9.9	8.6	157	30	4'24"
	62	2100	10.1	7.3	154	28	4'29"
	60	2000	10.3	6.0	151	26	4'34"
不及格	50	1960	10.5	5.2	146	24	4'44"
	40	1920	10.7	4.4	141	22	4'54"
	30	1880	10.9	3.6	136	20	5'04"
	20	1840	11.1	2.8	131	18	5'14"
	10	1800	11.3	2.0	126	16	5'24"

附表 3-5 大学女生各测试项目评分表 （大三、大四适用）

等 级	单项得分	肺活量/毫升	50 米跑/秒	坐位体前屈/厘米	立定跳远/厘米	1 分钟仰卧起坐/次	耐力跑 800 米/（分·秒）
优 秀	100	3450	7.4	26.3	208	57	3'16"
	95	3400	7.5	24.4	202	55	3'22"
	90	3350	7.6	22.4	196	53	3'28"
良 好	85	3200	7.9	21.0	189	50	3'35"
	80	3050	8.2	19.5	182	47	3'42"
及 格	78	2950	8.4	18.2	179	45	3'47"
	76	2850	8.6	16.9	176	43	3'52"
	74	2750	8.8	15.6	173	41	3'57"
	72	2650	9.0	14.3	170	39	4'02"
	70	2550	9.2	13.0	167	37	4'07"
	68	2450	9.4	11.7	164	35	4'12"
	66	2350	9.6	10.4	161	33	4'17"
	64	2250	9.8	9.1	158	31	4'22"
	62	2150	10.0	7.8	155	29	4'27"
	60	2050	10.2	6.5	152	27	4'32"
不及格	50	2010	10.4	5.7	147	25	4'42"
	40	1970	10.6	4.9	142	23	4'52"
	30	1930	10.8	4.1	137	21	5'02"
	20	1890	11.0	3.3	132	19	5'12"
	10	1850	11.2	2.5	127	17	5'22"

附表 3-6　大学生加分指标测试项目评分表一　（单位：次）

加　分	引体向上（男）		1 分钟仰卧起坐（女）	
	大一、大二	大三、大四	大一、大二	大三、大四
10	10	10	13	13
9	9	9	12	12
8	8	8	11	11
7	7	7	10	10
6	6	6	9	9
5	5	5	8	8
4	4	4	7	7
3	3	3	6	6
2	2	2	4	4
1	1	1	2	2

注：引体向上（男）、1 分钟仰卧起坐（女），均为高优指标，学生成绩超过单项评分 100 分后，以超过的次数所对应的分数进行加分。

附表 3-7　大学生加分指标测试项目评分表二　（单位：分 · 秒）

加　分	1000 米跑（男）		800 米跑（女）	
	大一、大二	大三、大四	大一、大二	大三、大四
10	-35"	-35"	-50"	-50"
9	-32"	-32"	-45"	-45"
8	-29"	-29"	-40"	-40"
7	-26"	-26"	-35"	-35"
6	-23"	-23"	-30"	-30"
5	-20"	-20"	-25"	-25"
4	-16"	-16"	-20"	-20"
3	-12"	-12"	-15"	-15"
2	-8"	-8"	-10"	-10"
1	-4"	-4"	-5"	-5"

注：1000 米跑（男）、800 米跑（女）均为低优指标，学生成绩低于单项评分 100 分后，以减少的秒数所对应的分数进行加分。